直升机突击

美国陆军航空兵

1962—1973

赫英斌／编著

民主与建设出版社
·北京·

图书在版编目（CIP）数据

直升机突击：美国陆军航空兵：1962—1973 / 赫
英斌编著 . —— 北京：民主与建设出版社，2024.2
  ISBN 978-7-5139-4493-9

  Ⅰ . ①直… Ⅱ . ①赫… Ⅲ . ①军用直升机 – 介绍 – 美
国 – 1962-1973 ②陆军航空兵 – 介绍 – 美国 – 1962-1973
Ⅳ . ① E712.51

  中国国家版本馆 CIP 数据核字 (2024) 第 035892 号

直升机突击：美国陆军航空兵：1962—1973

ZHISHENGJI TUJI MEIGUO LUJUN HANGKONGBING 1962—1973

编　　著	赫英斌
责任编辑	宁莲佳
封面设计	戴宗良
出版发行	民主与建设出版社有限责任公司
电　　话	（010）59417747　59419778
社　　址	北京市海淀区西三环中路 10 号望海楼 E 座 7 层
邮　　编	100142
印　　刷	重庆市国丰印务有限责任公司
版　　次	2024 年 2 月第 1 版
印　　次	2024 年 3 月第 1 次印刷
开　　本	787 毫米 ×1092 毫米　1/16
印　　张	16.5
字　　数	416 千字
书　　号	ISBN 978-7-5139-4493-9
定　　价	139.80 元

注：如有印、装质量问题，请与出版社联系。

CONTENTS 目录

前　言

影片一开始，一队直升机在开阔的稻田上空编队飞过。"休伊"（Huey）旋翼发出"嗖嗖嗖"的响声，很快消失在背景中。直升机进入着陆区（LZ），遭遇到附近敌方部队的防空火力时，枪声在背景音乐中回响。敌人仍然隐藏在茂密的地面植被下面，他们的位置只能通过枪口闪光才能发现。"休伊"直升机降落后，士兵们迅速离机，在"休伊"起飞前迅速散开，速度和降落时一样快。部队在开阔的稻田里呈扇形散开，在泥泞的稻田中艰难跋涉，警惕地寻找敌人的踪迹。这整个过程似乎是以慢动作进行的，需要几分钟，但实际上只需要几秒钟，这些直升机在地面停留的时间越长，它们就越容易受到敌人火力的攻击。

上面的场景并不是取自好莱坞大片，而是由贝尔直升机公司赞助的2005年上映的纪录片《直升机战争中的"休伊"》中的镜头，这个纪录片是《黑暗之心：越战编年史》系列的一部分。贝尔直升机公司负责研发和制造了越战标志性的UH-1"休伊"直升机。

直升机是一种垂直起落飞行器，具有固定翼飞机所不具备的特殊能力，如悬停、垂直起飞、倒飞等，因此其应用潜力和价值是十分明显的，20世纪初直升机的出现对交通、通信，以及其他众多领域产生了深远的影响。在战场上，直升机为战斗部队提供了一种快速机动工具，在战争中逐渐发展并获得了日益重要的地位，成为一种高效、致命的武器。与此同时，直升机在战争中也扮演了重要的辅助角色，例如急救医疗、后勤补给、搜索与救援，以及许多其他用途。

美军直升机的发展，在许多方面反映了美国社会的快速发展及变化，同时也反映出美国人的技术和效率理念。第二次世界大战期间，美国首次在战争中使用了直升机，当滑翔机部队无法找到在缅甸被击落的美国轰炸机时，直升机被召唤介入并成功救出了机组人员。考虑到直升机巨大的发展潜力，军事规划人员开始专注组建旋翼机部队以支撑美国军事武力。在朝鲜战争中，直升机的使用更加广泛，最为著名的是H-13直升机，它在将伤员后送到战地医院方面发挥了重要作用，但当时的直升机数量并不多，仅在有限的侦察行动中发挥了很小的作用。在整个越南战争期间，直升机技术不断发展，性能得以大幅度提高。1965年，美军作战部队抵达越南时，全新型号的直升机正在批量装备部队并投入使用，而现有装备型号则在不断得到改进，武器系统试验也在同步推进。

越南地形以密林和高地为主，交通不便，特别是在雨季，道路泥泞而狭窄，这种特殊的地理环境是对美国发动战争的传统方式的巨大挑战，装甲车、卡车和坦克在越南的用处不大，而且经常成为负担，行动缓慢，是游击队的大目标。美国采用了直升机这个在当时最为先进的军事技术成果来部分解决这一挑战，从本质上来说，直升机还可以让美军及其盟军完全避开道路伏击。在越南战争中，美军高度依赖直升机，数以千计的直升机在整个战区内迅速机动，运送人员增援地面部队，提供后勤补给，进行航空侦察、紧急医疗救护并撤离伤员，以及近距离空中支援等，直升机在战争中的作用得到了极大的扩展。机动性与火力是美军在越南作战的关键，而直升机兼具了这两方面的优点，越南的特殊地理环境造就了直升机战场主角的地位，所以越南战争也被称为"直升机战争"。就美军而言，在越南真正发挥关键作用的是直升机。

美军在越战中大规模使用直升机，除了直升机本身机动灵活、可垂直起飞而不依赖机场等优点外，还与美军的空中机动突击战术的发展与应用密不可分，直升机在越南战争中的广泛使用充分证明了它在诸兵种联合作战中的重要战术价值。越南战争通常被视为直升机作为美国军火库的重要组成部分被接受和发展的分水岭，直升机慢慢成为美国陆军作战行动的基石。正如《飞行控制：直升机作为一种越南象征的社会历史》的作者阿拉斯代尔·斯帕克（Alasdair Spark）在他的《直升机社会史》中指出的那样，"直升机成了美国的试金石，象征着超凡的美国力量的金属化身"。虽然越战时期美国陆军航空兵基本上是直升机部队，但也使用一些固定翼飞机来支援陆军部队，这些飞机主要用于执行侦察和后勤支援等任务。

最初陆军派往越南的直升机部队，称为运输连（轻型直升机），装备过时的CH-21双旋翼直升机，当时是作为没有武装的部队运输连队来到越南的。进入越南后，CH-21直升机很明显需要保护以免受地面火力的攻击。为了提供这种保护，一种实验性的武装直升机连组建了起来，这就是通用战术运输直升机连（Utility Tactical Transport Helicopter Company，通常简称为UTT）。

从1963年开始，在这些重新更名的单位和其他新到单位中的CH-21直升机很快被无处不在的俗称"休伊"的贝尔UH-1系列直升机所取代。"休伊"对参加越南战争的美国军人来说，其重要性就像二战时期的吉普车一样，成为越南战争永恒的象征之一。尽管许多其他型号的飞机在越南战争中也发挥了作用，但"休伊"是最为著名和最令人难忘的，几乎每名参战士兵都在"休伊"的无数角色中经历过或者受益过，包括运送食品、子弹、饮水、邮件、部队、伤员或提供火力。"休伊"直升机一度成为历史上辨识度最高的飞机之一，人们不仅通过眼睛，还能通过声音来辨别它，通常在看到直升机之前，就能听到其主旋翼叶片发出的清晰的"嗖嗖"声。

最初服役的UH-1A和早期的UH-1B武装直升机分别被称为"光头"（Slick）和"炮艇"（Gunship）。"光头"之所以得名，是因为部队运输用直升机仅装有舱门机枪，机身外面两侧没有安装外部武器，这样机身就有着光滑的外形。它还被称为"裸机"，尽管直升机确实装备了由机组人员操作使用的灵活的舱门机枪。至于"炮艇"，正如其名称所暗示的，是全副武装的直升机，除了灵活的舱门机枪，还挂载着机枪、火箭弹和自动榴弹发射器等各种武器组合。大多数直升机有4名机组成员——2名飞行员（资格较老的担任机长）、1名机组长（也可称为机工长）和1名舱门射手，机组长也兼任舱门射手。在大多数武装直升机里，副驾驶员通常负责操作武器，而"眼镜蛇"（Cobra）武装直升机由两名驾驶员操作，副驾驶坐在前舱。观察直升机由于更为轻巧敏捷，只有一名飞行员和一名机组长兼观察员。

到了1965年，大多数突击直升机连的UH-1A和UH-1B被越战终极通用直升机——更大的UH-1D和UH-1H取代，也有不少连队继续使用他们的UH-1B和UH-1C作为武装直升机。UH-1C是在陆军中服役的最为复杂的四座武装直升机，UH-1B和UH-1C同贝尔AH-1G"眼镜蛇"攻击直升机具有相同的旋翼系统，比早期武装直升机有更好的机动性。1967年以后，有一些突击直升机连转为使用"眼镜蛇"攻击直升机，但也有许多仍继续使用老式的"休伊"战斗。

　　"休伊"直升机是越战时期美国陆军最为重要的直升机，并留下了三种角色的永久烙印：第一种是上面介绍过的"光头"，指部队运输直升机；第二种是武装直升机，顾名思义，就是安装了攻击性武器的直升机；第三种是医疗后送或者救护直升机，称为"除尘"（Dustoff）。"休伊"直升机最初的传统任务是运输和补给，但其适应性使得军方将"休伊"用于各种目的，充当了各种各样的战斗支援角色。例如有的"休伊"被用作空中指挥和控制中心，这些直升机配备了先进的无线电设备。还有一些作为心理战直升机，在越南各地散发传单，也有的安装扩音器，向游击队播送劝降宣传信息等。《贝尔UH-1休伊"光头" 1962—1975》的作者克里斯·毕晓普（Chris Bishop）总结道："'休伊'成为越南战争的标志。它是黄金时段新闻报道的明星，其独特的外形和双叶旋翼的声音比当时任何其他飞机都更为全世界所熟悉。"

　　虽然"休伊"可以说是越南战争中最具辨识度的直升机，但它并不是战争中使用的唯一直升机。"休伊"和其他直升机的标志性地位不仅有新闻媒体的宣传报道推动，也有美国陆军航空兵的广告、纪录片和电影的推波助澜，其结果就是，直升机成为越南战争的突出代表。在很多方面，"直升机和士兵一样，都是越战老兵"。现在，是时候去探究直升机是如何从战斗武器发展成为文化符号的了。

　　本书通过对越南战争时期的美国陆军航空兵包括旋翼和固定翼飞机部队的全景式介绍，阐明越战时期美国陆军航空兵部队的发展、部署和使用，使读者对以大规模使用直升机为突出特点的越南战争有更为深入的认识，加深对这场直升机战争的理解，更充分地了解现代战争中陆军航空兵的作用和使用。

　　关于直升机型号，有一点要说明：陆军航空兵航空器代号在1962年9月之前使用旧代号系统，1962年9月美国三军统一了航空器命名规则，这给陆军所有装备的飞机型号带来了变化，如H-21直升机型号变更为CH-21，为了保持统一，使文本更加规范和严谨，文章中涉及的飞机型号以1962年9月为界，同种机型此前采用旧型号表述，此后采用新型号表述。正文里，除必要情况外，不再另行说明。

　　此外，需要声明的是，美国干涉他国内政介入并侵略越南早有公论，本人力图从纯军事角度去解析越战中的美国陆军航空兵，请读者朋友注意。由于受参考资料、时间、篇幅以及本人水平所限，内容难免有错漏或不当之处，还请读者朋友们批评指正。

　　本书图片已获得授权，特此声明。

赫英斌

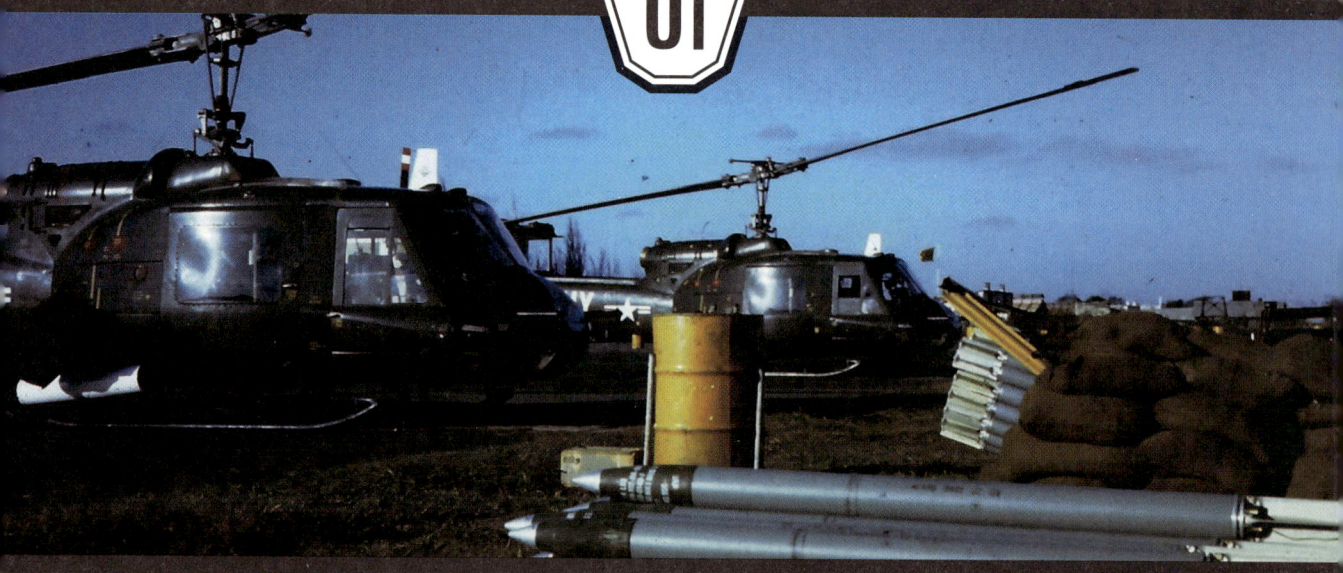

第一章

陆军航空兵与
空中机动理论

01

早期岁月

直升机的概念可以追溯到几个世纪以前，航空史界现在一般认为，15世纪由达·芬奇设计了第一种具有直升机特征的飞行器方案。他在1483年的札记中画出了直升机草图，并标明：这架飞行机器的升力是由旋转着的螺旋桨提供的。20世纪早期，德国和美国在直升机领域进行了各种各样的尝试，试图研发一种可以垂直起降的飞行器，但发动机动力不足阻碍了这些尝试。

第二次世界大战刺激了航空技术的发展，美国军事领导层了解了旋翼飞机的潜在价值，美国陆军于1942年开始订购和测试西科斯基（Sikorsky）直升机。两年后的1944年4月下旬，一架西科斯基R-4直升机被用来营救第1空中突击队的21名士兵。直升机的测试和使用证明了直升机的实用性及其脆弱性，促使1945年1月第1飞机维修队（水上）被部署到太平洋，同年晚些时候成立了其他移动维修单位，这是因为有更多的作战部队接收了直升机，并主要用于救援和侦察行动。美国第一个陆军直升机中队——第1直升机中队在1944年成立，于1945年2—5月被部署到中缅印战区执行战斗任务，该中队于1945年11月解除动员，三年后撤编。虽然二战后期德国和美国都使用了早期直升机，但由于性能不足且数量很少，这些直升机对战争进程并没有造成什么影响，但这些早期机型为未来直升机的进一步发展播下了种子。

二战结束后至朝鲜战争之间的过渡期，人们对直升机的兴趣有了显著提高，许多国家开始着手研制直升机。在美国，海军陆战队长期以来一直拥有自己的空中力量。海军陆战队很早就意识到直升机在两栖作战中的潜力，早在1946年就有人建议使用直升机进行"垂直侧翼"攻击，陆战队开始研究如何能更好地使用这种飞行器。1947年年底，海军陆战队第一支直升机试验部队投入使用。由于受到资金的限制，以及直升机技术还远未成熟，直升机性能不足并且承载能力有限，阻碍了许多有意义的尝试。

美国1947年的《国家安全法》批准成立了美国空军，空军脱离陆军成为独立军种，这对陆军航空产生了深远的影响。陆军对空军最大的担忧是空军可能根本没有兴趣参与支持地面指挥官的战术任务，这促使陆军决定自行提供航空支援。1947年的《国家安全法》和随后于1948年签署的《基韦斯特协定》（Key West Agreement）规定了美国陆军和空军的任务。空军的角色是为陆军提供近距离作战和后勤空中支援，包括航拍、战术侦察、空运、支援、空投作战补给，以及阻断敌人的地面电力和通信。陆军的角色是指挥地面作战，提高陆军的机动性、指挥、控制和后勤保障，在核战条件下促使战场更加分散，且流动性更大。此外，陆军不能侵犯空军的任何角色。

英军在1948—1960年的马来亚"紧急状态"中大规模地使用了直升机，主要任务是运送部队、空降伞兵、撤离伤员、侦察、通信和使用落叶剂，直接影响了美国陆军航空兵，特别是在医疗后送和侦察领域。

朝鲜战争为直升机在医疗后送、侦察和运输方面再次发挥作用提供了舞台，直升机承担的主

▲ 1944年，印度，直升机驾驶员卡特·哈曼（Carter Harman，后排左侧）、副驾驶（后排右侧）和第1空中突击队（1st Air Commando group）的维修人员，他们是美国首批在战场上使用直升机的人员，他们身后是世界上第一种成规模生产的西科斯基YR-4B直升机。

要任务是医疗后送。1952年8月，美国陆军正式成立直升机救护分队，作为医疗后送的一部分。基于这些直升机分队，陆军医疗服务在医疗后送方面取得了巨大的成功，这些直升机救护分队是首批正式的陆军航空兵组织。陆军还与空军合作，形成了一套高效的救援系统，用于在敌后搜救被击落的飞行员。

朝鲜战争促使美国军方高层希望获得更好的技术，以支持直升机执行的无数任务。朝鲜战争也产生了对更新技术的需求，最终促成美国陆军航空兵的组织变革。

法国人使用直升机来对抗游击队，在阿尔及利亚，法国人第一次把直升机当作武器载机来使用。美方人员密切关注着这些信息，为本国直升机发展提供有用的借鉴信息。

为了提高直升机的使用效率，美国陆军于1952年开始研究空中机动概念，这涉及通过直升机对部队进行战术运动。1952年8月21日军方做出决定，一旦研制出有能力的运兵直升机就组建12个直升机营。但直至朝鲜战争结束，军方距离这个目标仍然很遥远，当时的直升机技术以及制造能力的限制使这个目标根本就不可能实现。

战争一结束，美国军方就有了更充裕的时间和资金。根据在朝鲜积累的经验，以及法国使用直升机的报告，军方沿着两条不同的路线进行试验，继续发展直升机战术。1955年，大陆军团司令部（Continental Army Command，缩写CONARC）进行测试，以确定使用陆军飞机作为坦克歼击载机的可能性和可行性。这些测试确立了对条令、战术和技术的要求，因而产生了对新型武装攻击直升机的需求，为了减少直升机在攻击时的损失而使用了火力压制理论，促使武装攻击直升机的出现，这些研究成果将在以后开花结果。军方拥有了诸如H-21"肖尼"（Shawnee）运输直升机、西科斯基H-34运输直升机，以及H-37重型运输直升机等一系列新型直升机。有了这些新型直升机的加入，军方得以更加充分地认识到通过空中进行部队和装备机动的能力。

空中机动战术的诞生

真正激发美国陆军领导阶层对空中机动性想象力的是1954年4月出现在《哈珀斯》（Harper's）杂志上的一篇简明文章，文章标题是《骑兵，我指的不是马！》（Cavalry, and I don't mean horses!），作者是詹姆斯·加文（James Gavin）少将，二战期间的第82空降师师长，不久后他将成为代理陆军参谋长。加文在文章中主张使用空运的机械化部队作为现代骑兵，他积极推动了空中机动理论和"空中骑兵"（Sky Cavalry）的实际实施，指示本宁堡步兵学校发展一种直升机战术。该学校的空降兵系变成了空降兵—陆军航空兵系，并且有一个空中机动部来研究这个理论，一个直升机连被配属给该部对研究中的理论进行野外试验。1955年在本宁堡步兵学校担任空降兵—陆军航空兵系主任的是约翰·托尔森三世（John Tolson Ⅲ），他是另一位在战斗中扩大直升机使用的推动者。托尔森在1999年题为《空中机动性，1961—1971》（Airmobility, 1961-1971）的专著中定义了空中机动性，他将这个术语描述为一种"设想使用陆军建制的空中交通工具来确保机动性、火力、情报、支援以及指挥和控制平衡的理论"。托尔森和他的团队汇集了必要的人员和设备来制订空中机动性的程序、组织概念和物资要求，托尔森在专著中强调空中机动性理论并不是越南权宜之计的产物，他将空中机动性理论追溯到二战时期的空降行动，以及直升机在朝鲜的使用所带来的影响。根据托尔森的说法，尽管越南战争是第一次空中机动性的大型战斗试验，但没有十年前的某些关键决定，在东南亚遂行空中突击行动是不可能的，"五十年代中

◀　少将詹姆斯·加文帮助军队转变思维使用直升机，他写下了著名的《骑兵，我指的不是马！》。

期是新战术和新技术的孕育期"。

与此同时，美国陆军在发展直升机机载武器方面迈出了第一步。20世纪50年代，美国陆军不断努力为直升机配备武器，其核心是陆军航空学校。该学校最初建在俄克拉荷马州的锡尔堡（Fort Sill），1954年搬到了亚拉巴马州的拉克堡（Fort Rucker），领导这次搬迁的是卡尔·赫顿（Carl Hutton）准将。赫顿积极支持用武器装备直升机，并设计了可行的"空中骑兵"装备、理论和改进编制，赢得了"攻击直升机之父"的荣誉称呼。

1956年6月，赫顿要求杰伊·范德普尔（Jay Vanderpool）上校监督一个尚未获得批准和拨款的研究项目，"以证明武装直升机和发展百分之百武装空中机动部队的可行性"，并要求秘密工作，范德普尔不得不自行采购直升机、武器和其他试验设备。项目开始不到一个月，他的试验小组就在学校内获得了"范德普尔的傻瓜们"（Vanderpool's Fools）的绰号。到试验结束时，他们已制订出旅级以下的武装直升机基本文件框架。1959年3月，第7292航空作战侦察连开始一系列重组和更名，最后导致1965年第9骑兵团第1中队成立，这支部队作为陆军最初的空中机动部队成为第1骑兵师的一部分被派往越南。

拉克堡的人员后来向当时的陆军航空兵首位主官和空中机动的长期倡导者汉密尔顿·豪兹（Hamilton Howze）少将介绍了其研究成果。豪兹被公认为空中机动理论和当时陆军航空兵学说的背后知识力量，他于1955—1958年担任陆军部第一任陆军航空兵主任期间，为陆军航空兵的使用制订了新的战术原则，并帮助航空中心和学校在拉克堡建立起新家，他本人后来成为第82空降师师长。

1956年6月，通过试验和大量的野外实测，军方逐渐意识到了直升机的潜力。在对战术、军备以及直升机前景进行持续研究后，1958年首次讨论了"武装空中"师。当时的直升机虽然在性能上取得了一些进步，但仍然不足，直升机制造商正在等待陆军对直升机性能指标的指示，但当时陆军到底需要什么样的直升机连他们自己也不知道。这种混乱情况于1959年发生了改变，《陆军飞机发展计划》（Army Aircraft Development Plan）于1959年10月开始实施，陆军建议发展包括固定翼和旋转翼的轻型观察机、载人监视机和战术运输机。

1960年1月15日，根据陆军参谋长指示，陆军飞机需求审查委员会（The Army Aircraft Requirements

▲ 1957年11月7日，在奥德堡（Fort Ord）的战斗实验中心进行机动性试验时，一架陆军CH-21直升机从亨特·利格特军事预备基地的空地上吊起一辆吉普车。

Review Board）成立，由戈登·罗杰斯（Gordon Rogers）将军担任主席，因此该委员会也被称为罗杰斯委员会（Rogers Board）。成立该委员会的目的是使飞机生产计划满足陆军的需求。2月1日，45家公司提交了119个设计方案，在对所有设计方案进行评估后，罗杰斯委员会于2月29日—3月6日在门罗堡（Fort Monroe）召开会议，审查了陆军飞机发展计划，讨论了陆军航空兵的作用和任务，预估了陆军需要的资金，评估了战斗需要以及详细的采购计划。

罗杰斯委员会对三种类型的飞机——观察机、监视机和运输机提出了建议。在观察机领域，它主张立即进行一次新型直升机设计竞赛，选择至少两种设计进行全面研发，并且进行竞争性测试。竞争选中的设计将在1964财政年度开始生产，并最终逐步淘汰现有的H-19、H-21和H-34直升机。正是该委员会建议采购贝尔HU-1（即UH-1"休伊"）直升机，该型直升机将成为美国陆军历史上用途最为广泛的直升机，越南战争中它将无处不在。在监视机领域，罗杰斯委员会认为，在渗透侦察机用于军事领域之前，必须对感应装置、数据链和情报处理进行更多的测试。在进行这些研究的同时，委员会建议研制一种新型飞机，完成工作目标的时间是1970年。在运输机领域，委员会确定需要更加具体而明确的陆军空运支持应急计划，同时还需要制订一个方案，在20世纪70年代初为"支努干"（Chinook）和"驯鹿"（Caribou）提供垂直或短距起飞与降落的长航程替代机型。

委员会还提出另外两项不为人知的建议。委员会建议应建立一种至少每十年更新换代一种机型的政策，如果军事行动需要或技术允许的话，这个更换时间可以提前。委员会另一个建议是陆军部和大陆军团司令部应准备进行一项更深入的研究，以确定空中作战部队的概念是否可行，以及是否应启用一个试验单位来测试其可行性。1960年3月19日，陆军参谋长批准了罗杰斯委员会的建议，并指定各参谋机构负责执行这些建议。关于空中作战部队，则责成负责作战的副参谋长来编写这方面的建议。

对陆军空中机动理论来说，罗杰斯委员会的重要性被后来出现的豪兹委员会（Howze Board）和第11空中突击师的测试所掩盖了。罗杰斯委员会可以说是一个里程碑，正是该委员会提出的一系列建议动作，对美国后来的空中机动理论产生了深远的影响。

1962年4月，美国陆军航空兵的扩张得到了极大的推动。美国国防部长罗伯特·斯特兰奇·麦克纳马拉（Robert Strange McNamara）发表了一份备忘录，声称陆军的飞机采购计划是保守的，并质疑陆军采购的飞机。麦克纳马拉大力推动国防改革，他倡议大胆发展新战术，在战术机动性和航空作战能力上取得更为重大的进展。

为了实现这一点，应麦克纳马拉的直接要求，1962年4月，陆军立即成立了陆军战术机动性需求委员会（Army Tactical Mobility Requirement Board），由曾作为罗杰斯委员会成员的第18空降军军长汉密尔顿·豪兹中将担任主席，这个委员会也就非正式地被称为豪兹委员会，目的是审查和测试将直升机集成到美国陆军的新理论。这个委员会据说始于美国大陆军团司令部司令赫伯特·鲍威尔（Herbert Powell）将军于1962年5月3日写的一封信，但实际上这个委员会在这个日期之前就已经开始运作了，其最终成员包括240名军事人员和53名文职人员，另外还包括分配给它的部队测试、作战分析和兵棋推演人员。委员会由理事会、审查委员会、顾问小组和秘书处组成。委员会主席、审查委员会和秘书处组成了一个额外的指导委员会。大部分工作由工作委员会和工作小组完成，7个委员会分别是侦察、安全和目标获取，战术机动性，火力，后勤行动和后勤补给，作战研究，野外测试，以及计划、政策和预算；

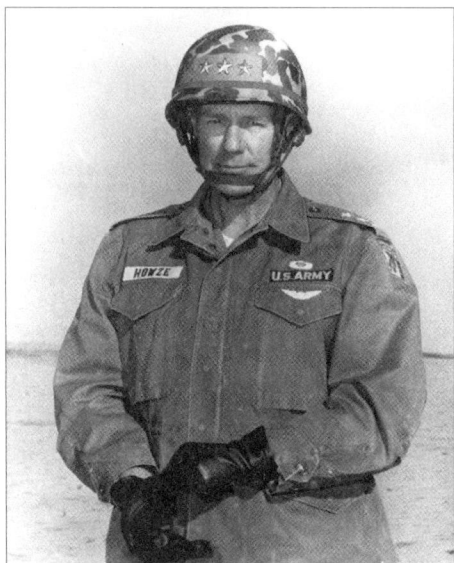

▲ 1962 年 4 月，陆军战术机动性需求委员会主席汉密尔顿·豪兹中将。

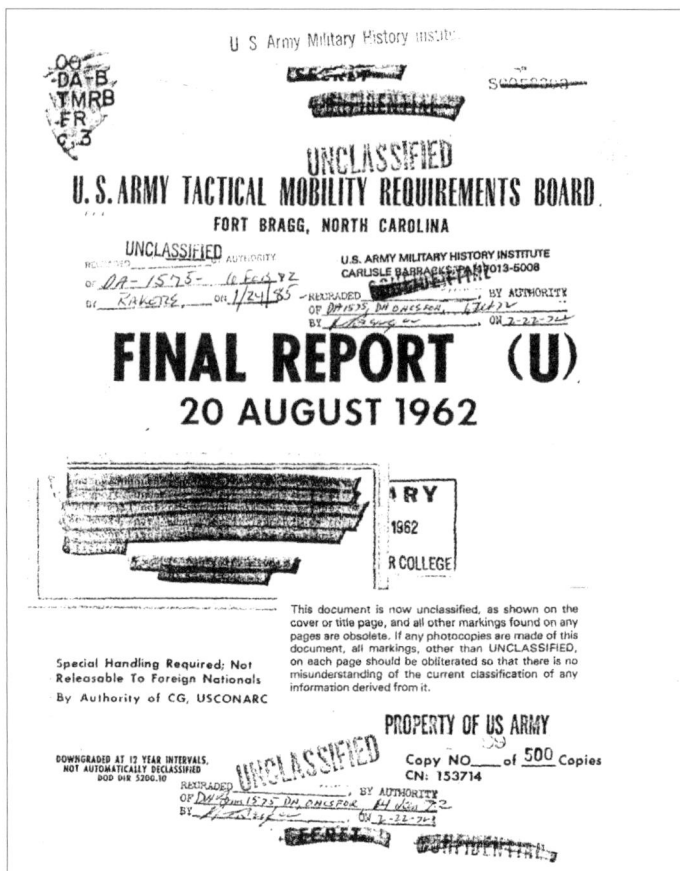

▶ 1962 年 8 月 20 日陆军战术机动性需求委员会最终报告的影印件封面。

8个工作组（在委员会完成工作后成立）分别是反叛乱，战斗部队，后勤部队，远程，战略区域，作战研究，野外测试，以及计划、政策和预算。这些小组在实际工作中有很大的自由度。

豪兹委员会虽然组建时间很短，但委员会章程赋予了它很大的权力，其职责是研究、测试和评估空中机动部队组织和运行的各个方面，可以采取包括野外测试、军事演习、海外访问、调查研究等一切方式。第82空降师的一部分部队、陆军航空部队，甚至空军的飞机也参加了测试。这些实地测试主要是通过军事演习让空中机动部队和地面部队以相互对抗的方式来进行详细的对比，前后共计进行了包括实弹演习在内的40多次测试，总共使用了150架陆军飞机，其中既有旋翼机也有固定翼飞机。

1962年8月20日，豪兹委员会的最终报告被递交给了国防部。在这份报告的建议中，最为主要的战术创新是空中突击师和空中骑兵作战旅。这两种编制，部队中大部分轮式车辆将由直升机和轻型飞机代替。另外，武装直升机和OV-1飞机将取代部队中的大部分火炮和装甲车辆。豪兹委员会设想的这两种部队将只拥有不影响其机动能力的有限传统装备，而重点在于加强部队运输、装备机动和火力支援的空中能力。

与拥有100架飞机的标准师相比，设想中的空中突击师将拥有459架飞机，它拥有的地面车辆将从3452辆大幅减少到1100辆，数量不及标准师的三分之一，这样做的目的是实现空中机动性，并有效减少战略部署时对空运的依赖。火炮将只拥有105毫米榴弹炮和"小约翰"火箭炮（可由"支努干"直升机空运的火箭炮）。为了补充因取消大部分火炮和装甲车辆而被大大削弱的火力，该师将使用24架武装的"莫霍克"（Mohawk）固定翼飞机和36架装备2.75英寸①火箭弹的"休伊"直升机。空中突击师作战部队中的三分之一可以通过师属直升机一次性空运，这无疑是一项重大的改变，其中涉及的可不仅仅是一个战术机动性问题。通过航空力量，该师在行动的所有方面都将得到加强，包括侦察、火力支援、后勤、指挥和控制等等。

至于委员会建议的空中骑兵作战旅，它将拥有316架飞机，其中144架是攻击直升机。这支部队发挥的作用将会是骑兵的典型作用——掩护、侦察和开展迟滞行动。不同于空中突击师就是为了参与地面作战而设计，空中骑兵作战旅，包括其反坦克能力在内，都是为了空中使用。

委员会向麦克纳马拉提出了5个备选方案，用空中机动部队来取代传统部队，使陆军结构更加现代化。在5个备选方案中，委员会推荐选择第三个方案，并认为它"最符合要求，最符合陆军的任务和总体结构"。在这个为期6年的计划目标中，11个陆军师将被改编，组成包括5个空中突击师、3个空中骑兵作战旅和5个空中运输旅的新型部队，并提高其他作战部队的机动性和后勤支援的效率。

委员会报告得出结论，直升机应被广泛纳入军队的结构中，并指出陆军直升机在5年内的数量应从不足5000架增加到8000架以上。为了完成部队改编，委员会强调陆军航空人员计划必须在数量和质量上进行改进，它提出的替代方案是1966年需要8900名飞行员，1968年增加到20600人。委员会预见到对准尉飞行员的需求将会增加，并建议在5年内将准尉飞行员和准尉军官的比例定为1∶1。报告中还建议对军官的职业规划进行重大改革，加强对他们的训练、管理和使用。

1962年余下的时间里，国防部对委员会的报告进行了详细的研究和评估，这份报告仅主体部分就厚达3500页。经过再审查后，军方决定组织、训练和试验空中突击师和空中骑兵作战旅，并于1963年1月的第一周发布了执行的命令。

在美国国内，军方一直在有条不紊地推进相关进程。与此同时，美国日益介入并深陷到越南冲突当中。得益于美国陆军和海军陆战队的航空部队在越南的先期部署，在越南获得的那些空中机动经验将有助于塑造这些试验部队的未来。

部署陆军航空兵

1961年11月3日，泰勒一行在越南调查后正式向肯尼迪提出报告，建议派遣战斗部队进入越南，并派遣美国武装直升机部队和提供大量的轻型飞机。1961年10月，第18机场作战分队（Airfield Operating Detachment，缩写AOD）和两架U-1A"水獭"（Otter）从冲绳部署到越南后，1961年11月1日，来自华盛顿州刘易斯堡（Lewisburg）的第57运输连（轻型直升机）和北卡罗来纳州布拉格堡（Fort Bragg）的第8运输连（轻型直升机）接到先期通知，准备部署到一个未公开的海外演习地区。

在被运送到加利福尼亚的奥克兰军用航空站后，两个连队的H-21直升机被包裹起来以防盐水侵蚀，并被装上"卡德"号（Card）飞机运输舰的飞行甲板，这两个单位的H-13直升机分别装箱运输。在飞机运输舰甲板上，还有连队的车辆和其他装备。

---

① 1英寸合2.54厘米。

　　12月11日，"卡德"号抵达西贡，停靠在自由街，大批人群聚集在岸边观看H-21直升机。直升机的目的地是新山一机场，这是西贡的军民两用机场，距城市约10英里^①，位于城市的西部。这两个连队的部署对越南和美国来说都具有重要影响：对越南来说，这是美国在越南第一次部署正规军事力量；而对美国来说，则从此正式开辟了军事发展史上的空中机动新时代。

　　离开"卡德"号12天后，直升机部队执行了在越南的第一次直升机空中行动——"斧头行动"（Operation Chopper），完成了美军陆军航空兵空中突击实战的首秀。与此同时，美军开始了给南越陆军提供空中机动作战方面的训练，以帮助其掌握这种新战术。

　　由于仅有两个H-21直升机连，力量显然不足，可以行动的区域也受到了严重的限制，两个连仅能在新山一基地附近的农村地区行动。另一个H-21直升机连——第93运输连（轻型直升机）也被部署到了越南。3个连队就位后，第1军区由驻岘港的第93运输连支援，第2军区由驻归仁的第8运输连支援，第3军区由驻西贡新山一机场的第57运输连支援。泰勒将军的建议得到了实施，3个直升机连已经部署到位。1962年1月，第45运输营（运输机）被命令从俄克拉荷马州的锡尔堡前往越南，负责指挥3个H-21直升机部队，成为第二支驻扎在新山一空军基地的陆军航空兵部队。

　　1961年年底，在冲绳的第9后勤司令部被要求向越南派遣后勤支援小组，这个小组的任务是在越南的美国陆军航空部队和美国琉球群岛陆军（USARYIS）间建立并运作一个供应系统。这个小小的美国陆军支援小组（暂编）发展成为美国陆军支援大队（暂编），成长为美国陆军支援越南司令部（U. S. Army Support Command，Vietnam），后来发展成为美国驻越南陆军（USARV）。

▲ 1961年12月11日，"卡德"号飞机运输舰抵达西贡，舰上有直升机、飞行员和地勤人员，美国入侵越南以来第一次部署正规军事力量。

▲ 1962年，停泊在西贡的"卡德"号飞机运输舰又运来一批CH-21"肖尼"直升机。

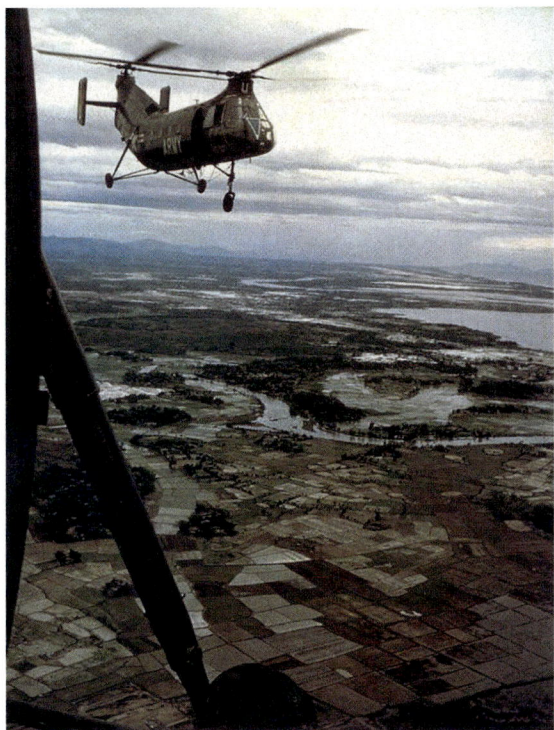

▲ 1962 年 1 月 12 日的"斧头行动"是由 H-21 直升机执行的在越南战争中的第一次空中机动行动。

美国军事援助越南司令部（MACV）于 1962 年 2 月 8 日正式成立，首任司令是保罗·哈金斯（Paul Harkins）。美国军事援助越南顾问团飞行分队是于 1954 年 10 月在越南成立的第一个单位，装备 L-20A（即后来的 U-6A）"海狸"（Beaver）通用运输机和 L-23"塞米诺尔"（Seminole）六座双发运输机共 4 架飞机，重新更名为美国军事援助越南司令部—美国军事援助越南顾问团飞行分队，这个飞行分队驾驶着他们完美无瑕的红色和白色贵宾飞机为这两个指挥部提供运输飞行。

1962 年 3 月，美国陆军支援大队番号取消了"暂编"二字，在行政及后勤支援方面仍然隶属琉球群岛陆军，但由美国军事援助越南司令部陆军指挥官指挥。所有在越南的美国陆军单位都被配属给陆军支援大队，但越南所有航空连仍由美国军事援助越南顾问团的副团长查尔斯·蒂姆斯（Charles Timmes）将军进行作战指挥。航空兵部队由蒂姆斯将军掌控。分配到越南陆军部队的美国高级顾问可以直接请求美国陆军航空兵的支援。

由于初期尚未建立有效的后勤系统，3 个连队的飞机备件短缺到让人难以忍受的程度，这妨碍了这些连队的持续作战能力。为了减少备件问题，1962 年 2 月，装备固定翼飞机"水獭"的第 18 航空连由"卡德"号装载部署到越南。第 18 航空连很快将连部基地迁到芽庄，其飞行排则驻扎在能有效支援特种部队营地遍布整个军区的基地。"低、慢、可靠"成为该连队的座右铭，且"水獭"很快证明在建立通用航空网络方面的价值，将广泛分布的航空连与其支援单位联合起来。同样在 2 月，第 339 运输连（直接支援）被部署到芽庄，负责第 18 航空连"水獭"的维修支援，并为在越南各地附属每个直升机单位的运输直升机战场维修分队提供后备支援。

美军派往越南的航空部队开始加速部署，1962 年 3 月，第 3 无线电研究队（Radio Research Unit，缩写 RRU）驻扎在新山一空军基地，这个无线电拦截情报收集单位被配属给美国军事援助越南司令部，但出于保密目的，人员由陆军安全局配备，并向马里兰州米德堡的国家安全局报告。1963 年 6 月，第 3 无线电研究队的航空班正式成立，配有改装后专门用于电子情报收集的 L-20A"海狸"和 RL-23D"塞米诺尔"。虽然未广为宣传，陆军安全局机组人员和他们的飞机经常被称为"间谍"。

在第 45 运输营部署到位后不久，为回应这个指挥营的需求，3 月 6 日，第四个陆军直升机部队，位于加州奥德堡的第 33 运输连收到通知，准备于 4 月 18 日起程前往越南。与此同时，保罗·哈金斯将军请求派一个海军陆战队直升机中队增援陆军，这个建议来自蒂姆斯将军，实际上，为了补充当时的秘密应急计划，假如北越进攻南越，海军陆战队将分配到这个地区防守。第 33 运输连将暂时待在美国，位于冲绳的一个海军陆战队直升机部队收到了这次行动的通知。

1962年4月15日，装备西科斯基H–34直升机的第362中队（HMM–362）被部署到湄公河三角洲的朔庄，当时第93运输连刚刚进驻第1军区，因此海军陆战队被暂时派往朔庄直到可以轮换，也由此开始了陆战队直升机部队向越南部署的进程。第362中队因其指挥官阿奇·克拉普（Archie Clapp）中校的名字而赢得了"阿奇的天使"（Archie＇s Angels）的绰号，这个绰号后来演变成了中队的呼号"丑陋的天使"（Ugly Angels）。正是该中队发展了著名的"飞鹰"（Eagle Flight）战术。

"飞鹰"战术

"飞鹰"源于1962年5月19日的一次行动，战术灵感来自克拉普中校。"飞鹰"被美国军事援助越南司令部定义为"一种战术概念，包括使用一支小型、自给自足、训练有素的直升机部队，'飞鹰'固有的灵活性是其中最为重要的因素，它可以单独或与其他部队一起立即执行任务"，这种战术意味着一群由武装直升机和运输直升机组成的机队待命或在空中寻找机会目标。一支典型的"飞鹰"编队包括以下几个部分：1架武装"休伊"作为指挥和控制机，由美军陆军航空兵指挥官和南越陆军指挥官担任指挥；7架非武装的"休伊"用于运送战斗部队；5架武装"休伊"为运送部队的直升机提供火力支援和护航；还有1架"休伊"通常被指定为医疗后送直升机；再加上装载的南越陆军部队。"飞鹰"编队通常处于待命状态，有时甚至在空中搜索自己的目标。这些"飞鹰"编队不仅可以立即用于那些仅需最低限度准备的任务，还为进行更大规模的行动提供了基础。由于不需要经过太多时间来进行准备，这种编队在执行空中机动任务时有着更大的灵活性，因为在时间紧迫的情况下需要立即做出反应，而这种反应被战争一再证明非常宝贵。在战术试验获得初步成功后，它很快受到了部队的欢迎，到1964年11月，越南的所有直升机连都组织了自己的"飞鹰"编队，每个连至少有一架直升机处于警戒状态。游击队也迅速分析了美军的所有新战术，称"飞鹰"战术为"老鹰抓小鸡"。

1962年4月，5架贝尔HU–1A直升机随第57医疗分队（直升机救护）抵达越南，这是陆军部署越南的第一支直升机医疗后送部队，也是首批进入越南的陆军"休伊"直升机。陆军的固定翼飞机部署了由德·哈维兰加拿大公司（DHC）制造的"水獭"，由同一公司制造的"驯鹿"也被部署至越南。值得注意的是，有一架序号为57–3080的YAC–1"驯鹿"直升机提前5个月就在越南部署使用，该机于1961年8月21日抵达西贡，由美国国防部高级研究计划局（Advanced Research Project Agency）进行测试，在第一个完整的航空连抵达越南前，"驯鹿"运输机在越南就得到了广泛好评。1962年7月，第1航空连的第1排带着8架德·哈维兰的"驯鹿"抵达越南。这个排独立行动，2架在岘港，2架在芽庄，4架在新山一空军基地。同样在7月，一支HU–1A直升机飞行班抵达，配属给第45运输营，任务是支援第1、第2和第3军区的美国军事援助越南顾问团的顾问。

1962年8月，在朔庄的第362中队被部署至越南的第二个直升机中队——第163中队（HMM–163）接替。9月9日，陆战队第163中队与驻岘港的第93运输连交换了驻地。通过这次驻地交换，大部陆军直升机部队都集中到了越南南部。

虽然在芽庄的第339运输连被指派为所有直升机部队提供后备支援，但实际上由于距离太远，湄公河三角洲的部队无法得到有效的支援，直到1962年10月第611运输连（直接支援）抵达，这种情况才有所缓解。这个连有1架U-1A"水獭"、1架U-6A"海狸"和1架CH-21（变更型号后的H-21）被分配到回收排，并迅速为自己赢得好名声，连队热情地投入到回收被击落的飞机、提供备件、修理受损飞机的任务当中，同时提供后备维修支援，以减轻各部队维修分队的繁重工作。第611运输连是第一批被授予"飞行员优异飞行十字勋章"的部队之一，连队作为"战斗维修连"在行动中创造了令人羡慕的纪录。

1962年9月，第81运输连（轻型直升机）和第33运输连（轻型直升机）分别抵达波来古和边和空军基地，从而完成CH-21直升机部队向越南的部署。至此，有5个CH-21直升机连在越南部署，并分别驻扎在4个军区内。通过CH-21直升机的早期空中机动行动，南越陆军对空中机动有了最初的认识。

武装直升机登场

CH-21部队在越南试验了各种防御技术，但收效甚微，一方面是机枪威力不足而且射程有限，另一方面是由于CH-21直升机机身相对偏大而机动性又不足，这种直升机并不适合承担火力压制任务。为了找到解决问题的方法，陆军研究了使用各种机枪和火箭弹武装新型"休伊"直升机的可能性。一支UH-1直升机试验单位被组建并部署到泰国进行演习，这支先驱部队被称为通用战术运输直升机连，由15架UH-1A武装直升机组成，于1962年夏在冲绳和泰国开始测试武装直升机的各种战术策略。军人们设计了一种临时系统，这样火箭发射器和机枪就可以安装到直升机上，并安装了在日本冲绳制造的武器系统，旨在为CH-21运输直升机提供保护性火力。第一套武器系统由两挺7.62毫米机枪和2.75英寸火箭发射架组成，安装在"休伊"直升机的滑橇起落架上。1962年10月上旬通用战术运输直升机连到达新山一，在那里支援第33、第57和第93直升机连的CH-21直升机。

1962年11月，通用战术运输直升机连得到了11架UH-1B直升机的加强，UH-1B在工厂里安装了由4挺M60机枪组成的武器系统，以及带有不同安装架的16枚2.75英寸火箭弹。在美国军事援助越南司令部的直接指挥下，这个通用战术运输直升机连将测试武装直升机作为部队运输直升机"护航舰"或"炮艇"的作用，并发展了武装直升机使用的许多战术。在1962年10月—1963年3月，这个测试部队有两个任务：一个是参加实际行动，进行真正的战斗，为运输直升机提供武装保护；另一个则是为评估人员提供数据，而评估人员也时常亲自参加战斗。

武装直升机战术整体发展，很大程度上要归功于陆军建立的由爱德华·罗尼（Edward Rowny）准将领导的陆军越南概念小组（Army Concepts Team in Vietnam，缩写ACTIV），小组评估人员结合战斗和特种部队行动，测试了"莫霍克""驯鹿"和武装直升机，研究了各种使用武装直升机的计划和战术。这个小组的第一批航空代表于1962年9月抵达西贡，该小组不仅关心陆军航空兵或航空兵战术，在引进新型飞行和武器系统方面也发挥了重要作用。

1962年10月—1963年3月，陆军越南概念小组对通用战术运输直升机连的效能进行了评估，并随后评估了直升机的伪装效果。UH-1A所有高可见度的标记在抵达越南后几乎都被清除了，而UH-1B则采用了陆军高可见度的涂装方案行动。从1963年中期到1964年，通用战术运输直升机连的一些UH-1B使用双色和三色迷彩涂装进行了测试。为了更好地隐蔽自己，到1962年10月，CH-21部队已经开始降低其直升机上的高可见度标记，遮盖住了机身上巨大的白色"US ARMY"和美国陆军星徽标志，因为人们认为这些标记太过明显，给对手提供了很好的瞄准点。此外，一些部队开始伪装他们的直升机，这种风气于1962年12月从归仁的第8运输连蔓延到西贡地区的部队，因此到1963年中期，许多CH-21直升机带有独特的三色伪装方案，包括在橄榄绿底色上涂着蓝绿色和棕褐色。

武装直升机的早期测试为将来的行动提供了大量有用的信息，武装直升机的"陪护"角色分为三个不同的阶段：途中阶段、进场阶段和着陆阶段。在途中阶段，直升机以相对安全的高度飞行，这个阶段几乎没有遭到埋伏的危险。在进场阶段，在距离着陆区几英里的地方，直升机将逐步降低高度。除了直升机由于机械故障和地面火力而坠落，这两个阶段对武装"休伊"直升机来说几乎不需要做什么。如果某架直升机出现了问题，一架护航直升机将离开编队，在救援行动期间为机组人员提供火力压制和掩护。在最后的着陆区阶段，护航机将发挥最为重要的作用。在整个行动过程中，护航机将始终在着陆区上方，为运输直升机提供支援。

在着陆阶段初期，武装"休伊"将在运输直升机之前进入着陆区，以查明该着陆区是否被敌人占领。如果遭遇地面火力，那里将被认为是一个热着陆区，护航机将使用机枪和火箭弹压制敌军火力。在整个着陆过程中，武装"休伊"将在着陆区上空掩护脆弱的运输直升机，此时武装直升机将长时间暴露在敌人火力下，尤其是在着陆区面积狭小而且一次只能供几架部队运输机使用的情况下。虽然武装直升机在行动中遭到敌人地面火力袭击，但在1962年10月16日—1963年3月15日，仅有一架护航直升机被击

▲ 1963年3月，正准备登上CH-21直升机的南越伞兵，最后一名伞兵背着一把军号。

▲ 第68武装直升机连使用了陆军通用战术运输直升机连的人员和装备，于1964年8月15日建成。正在飞行的这架UH-1B仍能看到通用战术运输直升机连1963年年底采用的黄色交叉马刀标志。

落。在此期间，该部队战斗支援飞行了1779个小时，有11架直升机被地面火力击中。对比同时期没有武装直升机护航的直升机行动，更能显示出武装直升机的有效性。在同一时期，没有护航的运输直升机被命中率翻了一倍多，而有护航的运输直升机被命中率下降了25%。

经过测试发现，拥有5~7架全副武装的"休伊"直升机的一个排可以支援20~25架运输直升机。然而由于武装直升机安装了武器系统，承担护航任务的直升机将无法运输部队。武装直升机除了拥有向前射击的火箭弹和机枪外，还拥有2个舱门射手，可以在必要时提供侧面掩护，在交战时可以给武器重新装填，并且可以帮助修理出现故障的武器以防火力出现中断。因为直升机搭载了这些武器弹药和射手，速度下降，因此如果武装直升机在离地升空或攻击沿途目标时出现了延误，就将无法赶上运输直升机编队。陆军意识到，解决这个问题的唯一方法就是升级UH-1直升机的引擎，或者从零开始发展全新的武装直升机。升级引擎的工作很快就完成了，但研制新武装直升机花费了很长时间。

在武装直升机和通用战术运输直升机连测试结束，并拥有了更多的"休伊"可以替换CH-21直升机后，美国陆军部决定将越南境内的直升机连按照全新的空中机动连编制和装备进行换编。新的空中机动连将编有一个由8架安装了武器系统的UH-1B直升机组成的武装排，以及两个各由8架UH-1B运输直升机构成的运输排。通用战术运输直升机连仍然留在越南，继续支援没有武装直升机的海军陆战队及陆军部队。

陆军将武装直升机引入战斗引起了美国空军的不安，这可能导致他们的传统角色被篡夺，而热心的飞行员和媒体对此不以为意，当时的报道将通用战术运输直升机连的武装"休伊"称为"战士""飞虎队""空中的凯迪拉克"。美国空军于1962年12月首次尝试定义武装直升机的作用，并在1963年继续监视陆军使用武装直升机的情况，且对"休伊"直升机似乎被用于"进攻"极力反对。陆军成功地反驳了这些不同的声音。

面临挑战

美国陆军继续派遣航空兵部队，1962年11月，第23特种作战航空分队的6架格鲁曼（Grumman）OV-1C"莫霍克"抵达芽庄时，陆军评估了这种武装飞机。

由毕业于西点军校的小约瑟夫·沃伦·史迪威（Joseph WarrenStilwell, Jr.）准将指挥的美国陆军越南支援大队（The U.S Army Support Group, Vietnam）的任务是为所有陆军活动提供行政、战斗和后勤支持，但不包括美国军事援助越南顾问团，史迪威准将在支持和鼓励陆军航空兵在越南对武器和战术进行早期实验和作战测试方面所发

▲ 1966年，游击队员正在向经过的飞机开火，他们的武器可以追溯到第一次印度支那战争。

挥的作用还没有得到充分的提及和认可。

1962年的大部分时间里，南越陆军因为获得新的机动性，从而获得了战场主动权。很显然，要想获得战场上的胜利，对手就必须采取主动和被动措施反制空中机动战术，并恢复部队士气。游击队的主动措施包括训练部队识别飞行目标：CH-21直升机，因为很大，看起来像蠕虫，被称为"角虫"（Angle Worm）；较小的UH-1直升机，因为看起来像一个勺子，被称为"勺子"（Scoop）。为对抗直升机，战士应设置好提前量，并在直升机悬停或着陆时向其发动机开火。采取的被动措施就比较原始了，但通常也是有效的，包括在潜在的着陆区安放尖锐的杆子，以及设置由着陆直升机旋翼冲击触发的简易弓箭系统。

对美国空中机动战术的第一个重大挑战发生在北邑村，北邑战役成为陆军航空兵在战争中的转折点。北邑战役对南越来说是一场惨败，南越出动了1500名步兵、10架"肖尼"、5架"休伊"、13辆M113装甲车，但伤亡惨重，即便各方公布的统计数据并不相同。参战的15架直升机中14架被击中，5架被击落。第93运输连的10架直升机全被火力击中，4架被击落，仅有3架直升机可飞回机场。

这次战役凸显出，面对顽强的对手时，武装直升机仍不足以替代固定翼战机护航，并且还暴露出"肖尼"直升机尺寸过大、动力不足、不易操控等缺陷。在此次战斗的战后总结中，军方详细列举了导致失败的各种因素。空军就特别指出，武装直升机并不能够完全取代固定翼飞机的掩护作用，尤其是在对付顽强并且依托坚固阵地的守军时。在针对轻防御的目标时可以取消空中支援，但如果仅凭武装直升机，可能无法在不遭受重大损失的情况下压制敌人的地面重型火力。这次战役同时反映出游击队正在寻找对抗直升机的方法，并正在克服对直升机的恐惧。为了对抗美军的直升机，游击队会部署更多、口径更大的防空武器，并改进战术，以抵消敌人的空中优势。

◀ 一名越南女兵正在使用一挺 12.7 毫米德什卡重机枪瞄准。该机枪源于 DShK-38 重机枪，二战后经改进成为 DShK-38/46，有效射程 2000 米，战斗射速每分钟 80~125 发，中国改进仿制称为 54 式高射机枪，越南战争中美军称之为 0.51 英寸口径机枪。

逐步升级

北邑战役对美国陆军航空兵在越南战争中的角色产生了重大而长远的影响，从而说服陆军支援大队指挥官同意将第57医疗分队重新部署到新山一，并重新考虑交战规则。北邑战役的结果致使要求放松对陆军飞行员限制的压力增加了，美国参战的性质已经发生了改变，陆军飞行员不再为南越陆军提供简单的直升机运输服务，他们正演变得更加复杂和致命：一个成熟的战斗人员，可以主动寻找、追寻和杀死敌人。值得注意的是，新的空中机动轻型直升机连有一个武装直升机排，同时也使编制为陆军飞行员的作战武器官可以被选择作为航空部队指挥官。1963年2月，交战规则做了修改，以前只有在遭到射击时才能回击，现在允许向身份明确威胁其安全或被护送的运输直升机安全的对象开火。

▲ 第330运输连回收排装备的一架"支努干"直升机，机鼻饰有连徽，GS 是"通用支援"（General Support）的缩写。回收排只有来自第765运输营的约5名飞行员，负责2架（有时是3架）直升机。

北邑战役表明，面对有准备的阵地，武装直升机效率有限。通用战术运输直升机连继续扩大其作用，加强了侦察和武装护航。为了适应作战要求，新的作战程序被制订出来：在固定翼战斗机出于安全等原因中断支援后，武装"休伊"将立即接替进行火力支援，并在最后一刻对着陆区进行侦察以防海军陆战队的H–34遭到敌人的伏击。尽管起初还有人持怀疑态度，但陆战队的直升机飞行员很快就相信了武装直升机概念，并将陆军的武装护航融入飞行作战当中。由于通用战术运输直升机连开创性的作用、杰出的成就和优秀的记录，该连被休斯工具公司飞机部授予了优异陆军航空单位奖。

1963年5月25日，第19运输连第1排的4架CH–37B"莫哈维"（Mojave）乘坐海军"布罗斯特伦"号（Brostrom）离开仁川港前往越南，这支部队由陆军越南概念小组作战指挥，于6月3日抵达西贡。4架直升机被平均分配给第339和第611运输连，其中配属给第611运输连的一架直升机后来转给同样位于头顿的第330运输连。4架"莫哈维"可以在不用大规模拆解飞机的情况下回收被击落的飞机，为直接支援单位提供了急需的重型起重能力。

一个新的航空连的到来预示着CH–21直升机即将告别越南。第114空中机动连（Air Mobile Company）与第11空中突击师同时成立，于1963年5月10日抵达新山一，目的地是湄公河三角洲永隆尘土飞扬的简易机场。1963年8月7日，第114空中机动连改称第114航空连（轻型空中机动）（Air Mobile Light，缩写AML），该连配备了注定要逐步取代CH–21直升机的UH–1B直升机。老式CH–21直升机性能落后所带来的困境，一定程度被第114航空连及其新型的UH–1B直升机的到来所缓解，陆军航空部队正从提供一种替代形式的快速运输工具过渡到综合空中机动系统。

6月23日，所有的CH–21部队重新进行了更名。随着航空部队在1963年不断地部署和增长，原来的第45运输营的行政资源已经捉襟见肘，以至于部署第二个航空营被认为对于局势缓解是必需的。第二个指挥单位——第52航空营于1963年3月被部署至波来古，接管了以前由第45运输营指挥的第1和第2军区所有航空单位，而第45运输营本身于9月24日更名为第145航空营。随着UH–1B被引入陆军，不同型号的"休伊"将会出人意料地成为越南战争永恒的象征。

原始连队及其新番号

第8运输连（轻型直升机），1961年11月12日—1963年6月25日，更名为第117航空连。

第18运输连（轻型固定翼运输机），1962年2月7日—1963年9月，调给第145航空营。

第33运输连（轻型直升机），1962年9月17日—1963年6月25日，更名为第118航空连。

第57运输连（轻型直升机），1961年12月11日—1963年6月25日，更名为第120航空连。

第81运输连（轻型直升机），1962年9月—1963年6月，更名为第119航空连。

第93运输连（轻型直升机），1962年—1963年6月，更名为第121航空连。

通用战术运输直升机连，1962年10月2日—1964年8月15日，更名为第68武装直升机连。

▲ 1967年的永隆陆军机场前门，也是香农—赖特大院入口通道，大门标牌上罗列有以此为基地的第114和第175突击直升机连徽章，后面是美国各州旗帜组成的"美国林荫大道"。

▲ 1964 年 1 月朔庄机场的维修机库，里面停放着多架正在维修的第 121 航空连的 CH-21 直升机。

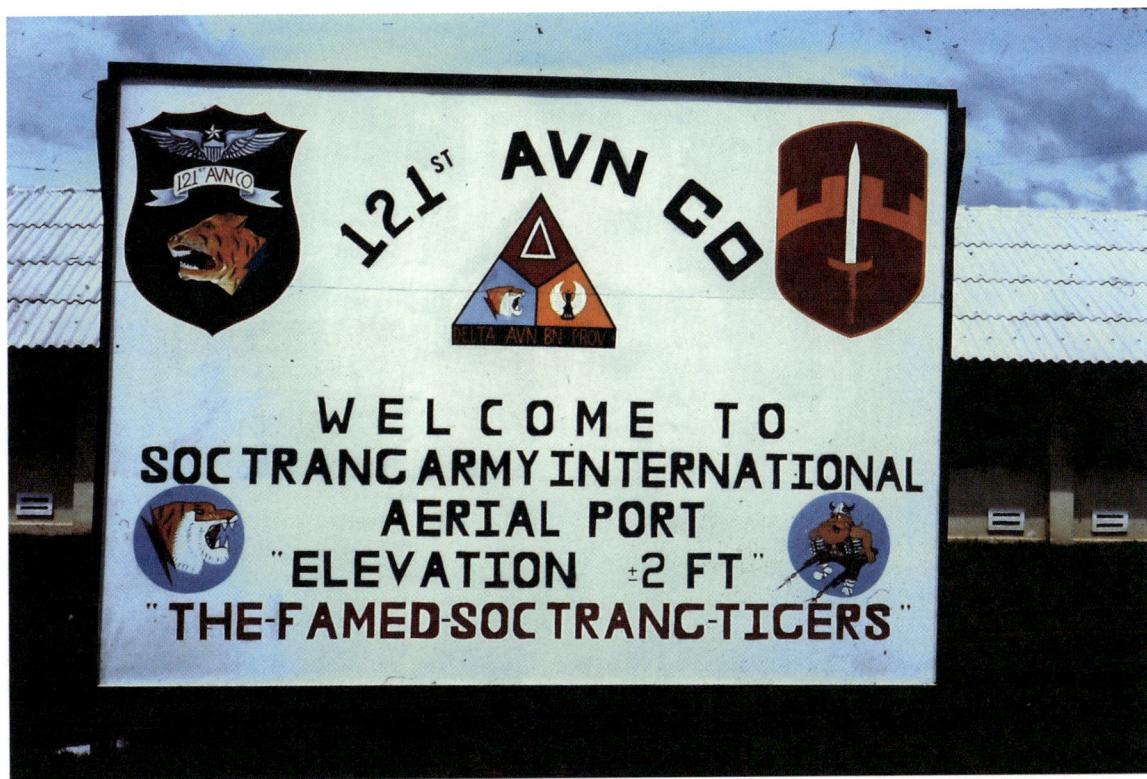

▲ 1965 年年初，在朔庄陆军机场的第 121 航空连标牌上面写着"欢迎来到朔庄陆军国际航空港"。标牌中间是三角洲航空营营徽，右下角是第 3 排徽章。

▲ 1964—1965 年，朔庄机场一角第 121 航空连的 UH-1D 武装直升机，前景是堆放的火箭弹。

▲ 1970 年，在边和的第 118 突击直升机连第 2 排的"蓝 4"UH-1H 直升机"沼泽狐 IV"（Swamp Fox IV）机鼻涂装，"雷鸟"下方是罗马数字 IV，这是向"蓝 4"前身发烟直升机"污染 IV"（Pollution IV）致敬。

▲ 1968 年，第 121 突击直升机连成员在朔庄驻地的连队作战室前的草坪上野餐，可以看到门的上方装饰的"朔庄老虎"标志。

▲ 第119突击直升机连"短吻鳄"（Gators）由在越南飞行CH-21直升机的第81运输连演变而来，"飞龙"表明其上级单位是第52航空营。图中是第2飞行排"蓝短嘴鳄"（Blue Gators）的一架运输直升机，机鼻带有排徽。武装直升机排最初的呼号是"寡妇制造者"（Widow Makers），他们的武装直升机机鼻上绘有一种武装鳄鱼徽章，这个名字引起了威斯特摩兰将军的不满后，呼号最终变成了"鳄鱼"（Crocodiles 或 Crocs）。

▲ 1967年，在头顿停靠的第120航空连（由第57运输连更名而来）的一架UH-1B武装直升机，所有武器已经被拆下维护。注意机鼻上的学位帽。美联社驻越南代表马尔科姆·布朗（Malcolm Browne）因中立、准确的报道而受到运输直升机部队的尊敬，他于1962年写了一篇关于第57运输连的专题报道，称他们为"直升机兵的院长"，这个名字于是与该单位产生了联系，最终缩短为"院长"，并由后身单位第120航空连继承。

▲ 1968 年，从另一架直升机上拍摄的第 118 突击直升机连的"土匪 4"，机腹涂有"KILL"字样。1968 年年末的某个时候，在拆除驾驶舱门和货舱门的同时，连队武装直升机中的一些或全部在腹部用大字涂上了"KILL"字样，据说此举大获成功，当"土匪"低空飞过头顶时，收到了许多喊叫声和竖起的大拇指。

第330运输连（陆军飞机重型维修与供应连）于1963年4月被部署到越南，驻扎在头顿空军基地，为在越南的陆军航空兵部队提供四级维修保障，并在跑道外开设了车间。第一支装备O–1"猎鸟犬"（Bird Dog）的部队——第73航空连（监视机）（轻型）抵达越南。连队的22架O–1D"猎鸟犬"于5月23日在新山一机场由机械师重新组装起来，就如同1962年2月第18航空连的U–1A"水獭"飞机一样。第73航空连很快就在芽庄设立连部，其下属的飞机分布在15个不同的地点执行任务，从北部的顺化直到南部的薄寮。这些O–1主要用于回应美军越南顾问的侦察需求，但也可以用于炮火引导、目标获取、指挥与控制、信息接收、医疗后送、无线电中继和再补给等。

前面介绍有两个航空营已被部署到了越南，为给第4军区提供指挥与控制能力，第三个航空营于1963年7月4日在越南组建，番号为"三角洲航空营"（暂编）。同样在7月，第二支"驯鹿"部队——第61航空连于1963年7月抵达，驻扎在头顿，以加强第1航空连的支援能力。此时，在陆军飞机上使用迷彩伪装的试验仍在继续，陆军正在尝试许多创新方法。

由史迪威准将指挥的美国陆军越南支援大队于1964年3月1日更名为美国陆军支援越南司令部。在第二个月，参谋长联席会议最终批准解散美国军事援助越南顾问团，并于5月15日重组美国军事援助越南司令部。在越南作战的指挥官和计划者对空中机动战术不断进行思考与反思、执行和完善，而美国在越南执行的人事政策促使驻越军人每年要轮换一次，因此许多经验教训陆军航空兵要不断地重新吸取。

▲ 第 330 运输连（通用支援）是美国陆军最大、用途最广的飞机维修连队之一，于 1963 年 4 月抵达越南，驻扎在头顿，于 1972 年 4 月离开越南，成为在越南服役时间最长的支援连队之一，为 1000 多架飞机提供支援。起初该连需依靠其他部队来回收被击落的飞机，大概在 1966 年 9 月，连队才被分配了 3 架 CH-47 直升机来执行回收任务，这架回收排的"支努干"的机身标明了其回收的成绩。

▲ 1964 年，在邦美蜀的一处简易机场上，隶属于第 61 航空连的一架"驯鹿"正在滑跑。

第二章

陆军航空兵与
空中机动作战

02

第11空中突击师

根据豪兹委员会的建议，美国国内正在试验完全由直升机组成部队的可行性，而美军在越南早期直升机行动中积累的经验，也将有助于打造这支新部队。为试验部队选择的番号是"第11空中突击师（试验）"，选择这个名称有重振二战期间发挥了突出作用的空降师的意思。1963年2月15日，第11空中突击师和支援的第10航空运输旅（试验）作为试验部队在佐治亚州的本宁堡组建，第10航空运输旅负责管理和飞行分配给这个师的直升机。这是豪兹委员会所设想的部队，航空运输旅其下属单位能提供人员、装备和物资的空中运输，以支援战斗部队。

第10航空运输旅旅部人员来自本宁堡的第3运输营（运输机），而该运输营是1962年夏根据豪兹委员会提出的建议进行的空中机动测试的测试单位之一，满员时，第10航空运输旅有130架直升机和固定翼飞机，批准实力3541人。第11空中突击师的师长是哈里·金纳德（Harry Kinnard）少将，他是一名长期支持陆军航空兵的飞行员。师内士兵从整个陆军抽调。为了充分吸收在越南获得的经验，部署越南的部队和第11空中突击师之间经常有人员、情报和装备方面的交流。除此之外，这个师还有一个额外的任务，就是组建和训练6支空中机动连队到越南战区执行任务。

第11空中突击师研究和改进了空中突击战术以及有效运作所需要的装备，并在各种演习中对直升机从指挥和控制到侦察、掩护和空中补给等方面进行了测试，以评估作战飞机的能力，找出空中机动部队从全面战争到反游击行动的各种战斗情况下能做什么和不能做什么。

空中机动理论和战术的测试在大陆军团司令部的指挥下进行，测试主管是C. W. G. 里奇（C. W. G. Rich）中将，他是本宁堡步兵中心主任，测试部队在大陆军团司令部的直接指挥下进行组织和训练。陆军在弗吉尼亚州贝尔沃堡（Fort Belvoir）新的战斗发展司令部（Combat Developments Command）负责监督测试和评估的发展与实施。

当时人们真正担心的是空中突击师在夜间和恶劣天气条件下的行动能力、面对防空火力的脆弱性以及对直升机维护的需求。为了在恶劣天气下开展飞行训练，对飞行安全的要求被放宽了，以最大限度地进行贴近实战的训练。在两次测试演习间隙的6个月中，金纳德少将组织部队进行了8次大规模演习，以便全师做好准备。1964年10月14日开始，在卡罗来纳州进行了规模更大的"空中突击Ⅱ"测试演习，观察员、导调员、裁判员以及行政支援都来自第2步兵师。

野外演习中，第11空中突击师将面对最为艰难的考验，对抗由罗伯特·约克（Robert York）少将指挥的第82空降师。演习中，一场飓风袭击了东海岸，空军支援飞机停飞，两个营在恶劣天气中发现了突破口，并将部队在最大航程处放了下来。演习结束后的评估总结了第11空中突击师的短板，包括地面机动能力差、极易受到装甲攻击、作战能力严重受恶劣天气和长时间作战的影响等。与此同时，测试演习也显示出该师作战节奏快、反应时间极短、远距离作战能力强、在不同方向上作战灵活性强、有能力在无后备力量的情况下展开作战，以及在关键时刻可以利用空中机动能力集中兵力等优点。

在测试中，第11空中突击师展现了另一种令人吃惊的能力，就是空中补给能力。"空中突击Ⅱ"演习表明，该师有能力在广阔的地域内搜寻敌人并找到它，然后集中所有必要的火力和部队来摧毁它。显然，在低强度战争和反游击战争中，该师无与伦比的战术机动性使其成为控制大片地域的优秀部队。相比之下，在对抗装备齐全的现代化军队的高强度作战中，一个直升机师很容易受到攻击，遭到重大损失的风险也很大。由于演习非常成功，师级的"空中突击Ⅲ"演习被取消了。测试的最终结论是，作为一支掩护队或者一支机动后备部队，该师是非常有价值的。

第11空中突击师毕竟是一个试验部队，随着试验完成，五角大楼需要决定是否将这支部队转变为陆军建制内的一支实际建制单位。经过测试，该师很好地向军方计划人员证明了建立空中机动部队是合理的。在接到军方的建议后，国防部长麦克纳马拉于1965年6月28日宣布成立一个新师，并尽快将其部署到东南亚。

第1骑兵师

1965年7月1日，第1骑兵师（空中机动）正式组建，使用了第11空中突击师、第2步兵师、第10航空运输旅的资产，以及从整个陆军抽调的直升机部队。该师将拥有434架直升机，其中大多数是UH-1"休伊"直升机。当时第1骑兵师在朝鲜服役，它的军旗和第2步兵师进行了互换。之所以称其为"骑兵师"，是因为人们认为"骑兵"的称号可以更有效地形容该师"空中骑兵"的能力。根据扩充计划，该师应在1965年7月底前齐装满员。为了实现这个目标，军方做出重大的努力，每支部队和仓库都可以被征用以满足该师需要。该师最初仅有9500人，而实际需要15900人，指定部队中有一半的人员将要退伍或者不符合海外部署资格，其中还有数百名经验丰富的机组人员和维修人员。该师进行了重新改编，并加紧训练以提高作战效率。

第1骑兵师在战略和战术上都可以进行空中机动，装备更加轻便的空中机动师，其"重量"仅有步兵师的三分之一左右，并且经常接受机动训练。除了CH-47直升机需要C-133运输机运送外，其他所有装备都可以通过C-130运输机进行战略机动。当采用最为常见的船舶运送进行战略部署时，空中机动师需要的运输量要比一个标准师少得多。空中机动师一旦抵达战区，就会拥有惊人的战术机动能力。如果从一个地区移运到另一个地区，直升机会根据距离的远近进行多次起降。大部分人员和装备将由战区内的运输机例如C-123和C-130运输机来运送，有时候重型装备会通过地面运抵新的行动地域。

空中机动师设想既可以参加化学战、生物战与核战争，也可以参加第三世界国家的常规战争，还可以用来打击叛乱。空中机动师在后来用行动证明了它是在越南的理想选择，其空中机动能力允许其在更广阔的区域和更复杂的地域中行动，它的灵活性和机动性使其拥有可以迅速向偏远地区投送大量兵力的能力，使战场的平衡发生改变。它有能力在短时间内调动空中火力支援，引入增援部队，给交战部队提供补给，疏散伤员，从不利位置撤出部队。同时，它拥有的航空侦察能力和目标捕获能力也非常强大。

部署空中机动师到越南作战，是对空中机动理论的全面检验，也是对其能力的最终考验。第1骑兵师首批赴越的是由小约翰·赖特（John Wright, Jr.）准将率领的32名官兵组成的前期联络分队，1965年8月9日出发，两天后抵达越南。从8月14日开始，连续6天，由1040名官兵组成的先遣队带着包括9架UH-1B直升机在内的132吨物资前往佐治亚州的沃纳·罗宾斯空军基地（Warner Robins Air Force Base），在那里由美国军事空运司令部的C-124和C-130运输机进行空运，于8月19—27日分批抵达芽庄。先遣队在与前期联络分队会合后，在中部高地距离沿海城市归仁内陆36英里的安溪特种部队营地附近建立一个作战基地，以迎接全师的到来。7月底，第1骑兵师乘坐包括6艘运兵舰和"拳击手"号（USS Boxer）两栖攻击舰在内的海军船只进行部署，最后于9月18日抵达越南。到10月3日，第1骑兵师所属部队都在安溪驻扎下来。该师清理丛林而成的停机坪被称为"高尔夫球场"（Golf Course），这里注定会成为当时世界上最大的野外机场。

空中机动师在编制上类似标准的步兵师，拥有15786人的实力，但其装备上体现了机动性强的特点。全师拥有较少的轻型车辆和卡车，以及工程和通信等重型装备，更多的是轻型装备。全师共拥有约1600部车辆，数量仅约占步兵师的一半，却装备有434架直升机（在获得其他航空部队增援加强之前）组成的一支规模大得多的航空部队。与之相比，一个步兵师仅约有100架直升机。第1骑兵师抵达越南时，仅拥有8个步兵营，其中3个营具备空降能力，后来又接收了一个第9营，师属营继承了以前骑兵部队的传统。需要说明的是，后来改编成空中机动师的第101空降师与第1骑兵师不同，拥有10个营。步兵营分配给旅，通常3个营组成一个旅。每个步兵营由1个营部和营部直属连（通信排、补给排、维修排和营部班）、3个步兵连（武器排和3个步兵排）和战斗支援连（侦察排、迫击炮排、反坦克排）组成。1968年，战斗支援连变成第四个步兵连，这样就可以提供一个连来保卫一个火力基地，并且仍拥有3个作战连。第1骑兵师和第101空降师的炮兵部队也有所不同，一个是105毫米榴弹炮营，另一个是155毫米榴弹炮营。

除了3个营的航空大队外，师的其他部队也拥有直升机。师属炮兵部队还拥有一个大型的航空火箭炮营（Aerial rocket artillery，缩写ARA），外加一个装备轻型侦察直升机（LOH）

▲ 1965年，"拳击手"两栖攻击舰装载第1骑兵师的直升机前往越南。

▲ "拳击手"号两栖攻击舰甲板上装载着第1骑兵师的直升机，该舰共运送了1200人、205架直升机和6架OV-1战场监视机，直升机型号包括CH-53、CH-47和UH-1。

的炮兵连，用于炮兵观察。空中机动师内直升机使用很普及，师属医疗营拥有自己的医疗直升机，航空维修营也有16架直升机，用于维修联络小组和运送备件飞行使用。在实际的使用中，由于各种原因，直升机数量可能会变少，也可能增多。除了装备大量的直升机来保证空中机动师拥有出色的机动能力，直升机本身的性能也在不断提升，这进一步提高了全师的空中机动能力。1965年美军作战部队抵达越南时，全新型号的直升机正在批量装备部队并投入使用，而现装备型号则在不断得到改进，武器系统试验也在同步推进。

◀ 1971 年 的 安 溪 机场〔拉德克里夫基地（Camp Radcliffe）〕与"高尔夫球场"的航拍照。

▲ 1965 年，第 1 骑兵师在越南的一次空中机动行动中的"休伊"直升机编队。

▲ 1969年，隆平，第199轻步兵旅第3步兵团第1营D连的官兵在M113装甲输送车的掩护下开展行动，一架UH-1D直升机从头顶飞过。直升机为地面作战带来了一种全新的手段。

德浪河谷

　　第1骑兵师的到来恰逢人民军开始旨在将南越拦腰切断的大规模行动，人民军计划对波莱梅特种部队营地发动进攻，攻击计划是典型的围点打援战术，通过袭击迫使敌方投入后备力量救援，然后再通过伏击消灭救援力量，从而达到严重削弱对手实力的目的。但由于当时守军有所防备，救援部队得到了第1骑兵师下属部队的空中支援，通过空运机动帮助基地击退了进攻，随后爆发了著名的德浪河谷战役。

　　德浪河谷战役表明，空中机动的理论经过了考验并被证明是有效的。如果没有直升机，在山区丛林地区，骑兵将无法与越南人民军的双脚相提并论。有了直升机，骑兵就可以在需要的时间和需要的地点进行部署。根据战斗的需要，增援部队和补给品可以通过直升机运送给一支陷入困境的部队，同时撤离其伤员。这样产生的结果是，虽然战斗初期对手可以在某个区域形成一定的数量优势，但有了直升机，美军指挥部就可以迅速通过增援协助参战部队，同时部署其他部队来包围吃掉敌人。即使敌方的地面火力在某个时间段可能会阻碍直升机着陆，但很少能够在相当长的时间内完全封闭着陆区。可以说，德浪河谷战役强化了在越南要想取得作战行动的成功直升机不可或缺的这个事实。

　　交战双方都从德浪河谷战役中吸取教训，美军每名参战人员都意识到，直升机在战斗中发挥了至关重要的作用，并为美国人带来了胜利。对于此次战役，威斯特摩兰总结道："毫无疑问，这再次证明了美国人有能力与敌人遭遇并击败敌人在战场上可以派出的最好的部队，也再次证明陆军空中机动理论的有效性。"

▲ 德浪河谷战役的一个镜头，直升机运来补给物资后准备接收伤兵进行后送。

▲ 作战行动中降落在丛林空地上隶属于第 1 骑兵师的第 227 航空营 C 连的一架直升机，直升机为交通不便的丛林地区提供了优秀的通行能力。

▲ 1970 年 2 月 10 日，第 242 突击支援直升机连的一架 CH-47 直升机将第 8 野战炮兵团第 1 营 A 炮兵连的火炮吊运到野猪山上的松树梁火力基地（Fire Support Base Pine Ridge）。连队徽章描绘有一头背上绑着两个旋翼毂的骡子，上面题有"骡子"（Muleskinners）字样，因为骡车队和骡子能在崎岖不平的地域搬运重物，因此连队选择这个呼号来表示"支努干"拥有同样的能力。

战争扩大

毫无疑问，德浪河谷战役使空中机动理论得到了证明。这场战役之后，主动权开始向美军及其盟军倾斜。

在陆续开展的军事行动中，新型的CH-47直升机表现出色，除了运送部队和物资外，"支努干"直升机还可将火炮吊运到临时火力基地就位，再从那里向步兵部队提供支援火力。只不过，虽然在行动中展现出了直升机的潜力，但另一方面也凸显出美国陆军兵力的严重短缺，仍没有足够的空中力量四处出击。

美国陆军的可用飞行员人数也达到了增加的极限，由于飞行员短缺，许多陆军飞行员不得不多次赴越南服役，直到军方培训出足够的飞行员。由于在越南战斗频繁，直升机机械损耗严重，很快出现短缺，这给飞机制造商的生产线造成很大压力，尤其是生产UH-1系列直升机的贝尔公司，种种问题都需要时间来解决。

美国陆军航空部队的核心是飞行员，他们要么是军官，要么是完成了为期32周准尉飞行员计划的准尉。在进行了时间不等的过渡训练后，他们才会被允许驾驶作战直升机。越南战场对飞行员的需求是如此之大，以至于多数飞行员直接被分配到美国本土的航空部队来获得必要的经验。为了弥补飞行员作战经验的匮乏，一旦飞行员抵达越南，他们就会被要求进行检验飞行，以核实他们掌握的知识和技能。

不论新飞行员是什么军衔，他们首先会被分配担任副驾驶员，并且在执行战斗任务前要飞满25小时的行政任务。随着越来越多的部队拥入越南，且直升机产量也达到了历史顶峰，对飞行员的需求越来越大，新飞行员的训练速度还是不够快。

陆军拒绝降低飞行员标准，每名少校军衔以下的飞行员都会被分配担任驾驶员。而且陆军飞行员与普通军人不同，服役期满返回美国后不到两年就会被再次送回越南继续服役。[1]为了填补飞行人员的不足，1966年，陆军预备役飞行员被要求转服现役，但只有60人接受这个要求。为了拼凑出足够数量的飞行员，美国陆军在世界其他地区的飞行员人数被缩减，欧洲仅剩250名，而韩国仅剩34名。1966年，陆军预计需要14300名飞行员。但尽管采取了各种各样的措施，包括新毕业生在内，也只有9700名飞行员可供使用，当年每月也仅新增120名飞行员。

1967年，陆军要求得到21500名飞行员，但实际只有12800名。为了满足对飞行员的需要，航空学校已经设法将每月毕业的新生增加到200人，但显然这个数字要达到两倍以上才行。为了应对人员短缺，军方扩大了在得克萨斯州沃特斯堡（Ft Wolters）的初级飞行学校和在亚拉巴马州拉克堡的陆军航空学校，并在佐治亚州的斯图尔特堡（Ft Stewart）开设了新的陆军飞行训练中心。在加大对飞行员的培养力度后，飞行员的供应状况才有所改善，但在整个越南战争期间飞行员依然短缺。

直升机部队

在越南的美国陆军各直升机部队被分为四类。

第一类是空中机动师，最初在越南唯一的此类单位是第1骑兵师。第101空降师的一个旅于1965年7月接到命令部署到越南，其余部队于1967年11月抵达。由于在越南并不需要大型的空降部队，1969年7

---

[1] 正规陆军在越南服役一年即可，但飞行员在越南服役一年期满后会被要求再次服役。

▲ 亚拉巴马州拉克堡的陆军航空中心正门。

月开始该师被改编为空中机动师，部队的编制结构发生了改变，并得到了额外的航空部队使其编制与第1骑兵师相同。空中机动师拥有可以完全自行指挥的直升机，并且规模要大得多，在使用直升机方面比其他部署在越南的师具有更大的灵活性。

第二类是隶属于某一个常规步兵师的航空部队，通常为营级规模，并且通常由两个连和一个空中骑兵连组成。如同其他空中机动部队的航空资产，这些资产处于所属师的控制之下。至于美国师，该师于1967年9月由在越南的轻步兵旅和其他部队组建，拥有一个3个营实力的航空大队。

除了上述两种师属航空部队，还有两种非师属航空部队，规模从连到旅都有。典型的第一种是非师属航空连，这些航空连组织为航空营，由美国军事援助越南司令部直接指挥，并在需要的时间和地点进行分配。在某个行动期间，这些航空部队可以临时交给另一支部队指挥。但行动结束之后，直升机连会恢复仍由美国军事援助越南司令部指挥。同时某个直升机连通常会与某个特定的师或旅联系在一起，始终支援该单位，但控制权并没有交给其所支援的单位。最后一种是那些配属某个特定单位的航空资产，例如通信、补给或者工程兵大队。直升机处于这些部队的指挥下，通常用于某种非战斗支援工作。

介绍完航空部队的种类，接下来要介绍的是航空部队的具体情况。空中机动师的两个突击直升机营，每个营有1个营部直属连、1个航空武器连（3个排）和装备"休伊"直升机的3个突击直升机连。独立的突击直升机连拥有2个"光头"排和1个武装直升机排。而突击支援直升机营拥有1个营部直属连和装备"支努干"直升机的3个突击支援直升机连（2个排）。不论是什么类型的航空连，拥有2~4个直升机排之外，还有1个机场勤务班，负责连队直升机机场的建立和运转，并协助连部进行作战控制。该连

▲ 在富利的第 213 突击支援直升机连"黑猫"的一架 CH-47C 直升机，机鼻上的连队"黑猫"标志很明显。在"联络城行动"结束后，连队呼号由"公共马车"正式改为"黑猫"，这缘于二战时期陆军航空兵的第 413 战斗轰炸机中队。原来的徽章是炸弹上画有一只黑猫，后改成一只愤怒地拱起背部的黑猫骑着"支努干"直升机进入战场。

▶ 1966—1967 年，停在归仁第 79 运输连机库边的直升机群，最前方是属于连队的饰有连徽的直升机。第 79 运输连是一个直接支援连，于 1965 年 8 月 27 日 —1971 年 3 月驻扎在归仁，然后转到绥和，直至 1972 年 4 月 29 日。

还有一个勤务排，包括飞机维修和飞机勤务班，这个排为该连提供飞机、车辆、武器和航空电子设备连队级别的维修和服务。

　　航空营与中队指挥官为中校，航空连、炮兵连和骑兵连是少校，排则由上尉指挥。直升机排被分成两个班，分别由中尉指挥。分配给排里的直升机数量根据类型不同而有所不同。所有的这些军官都是飞行员，驾驶自己的直升机，其他所有直升机都由准尉驾驶。非航空连和排则由上尉和中尉指挥，可以看出航空部队的指挥官级别要比非航空部队高。

　　步兵师和空降师的战斗航空营相对来说是一支小型部队，为所属师提供最低限度的航空支援。师还会得到负责其所在地区的航空大队的支援。战斗航空营由1个营部直属连、1个突击直升机连（3个排）和1个通用航空支援连组成。营部直属连的编制类似空中机动师航空营的营部直属连，但增加了1个空中交通管制排、1个空域管制队和1个探路者班（仅限于空降师）。

　　空中机动师拥有一个营级规模的空中骑兵中队，包括1个营部直属骑兵连、1个地面骑兵连和3个空中骑兵连。空中骑兵连分成3个独立排、1个装备11架武装直升机的航空武器排（"炮艇"或"红色小组"）、1个航空侦察排（"侦察"或"白色小组"），以及1个拥有4个步兵班的航空步兵排（"蓝色小组"），由拥有5架"休伊"的一个运输队运输。2个师级空中骑兵中队（第9骑兵团第1中队和第17骑兵团第2中队）和3个非师级空中骑兵中队（第1骑兵团第1中队、第17骑兵团第3中队和第7中队）也被部署到了越南。

▲ 第9骑兵团第1中队C骑兵连武装直升机排飞行员沃克·琼斯（Walker Jones）担任过侦察机"骑士18""骑士22""眼镜蛇"的飞行员，此时他坐在"泥鳅"内。

空中机动师像步兵师一样，拥有一个航空综合支援连，但要加上6架安装了侧视雷达或红外摄像机的双发动机OV-1B/C"莫霍克"战场监视机。师属炮兵部队被分配给了一个航空火箭炮营，拥有3个武装直升机连，装备携带火箭弹的12架"休伊"，以及1个航空炮兵连，装备12架OH-6直升机，用于弹着观察。有一个装备CH-54"空中吊车"的重型直升机连被配属给航空大队，旅指挥部拥有装备2架"休伊"和8架OH-6直升机的航空排，独立旅经常拥有一个空中突击连。

空中救护连（装备24架"休伊"直升机，分成4个排）和分队（6架UH-1H直升机）提供关键的医疗后送，并被分配给某个特定地区或部队为其提供支援。没有武装的救护直升机配备有6副担架和一个救援绞车，这对在没有合适降落地点的地区救出伤员非常宝贵。机组人员中有一名是救护人员。

大多数的航空部队都是非师级部队，各种不同的航空连、炮兵连和空中骑兵部队被部署到越南，各种类型加在一起超过140个。为了便于指挥，他们隶属于战斗或战斗支援航空营，有16个这样的营曾在越南服役。各连经常在各营之间进行调动，3~6个不同类型的连可以在同一时期配属给某个航空营。作战航空大队，有7个曾在越南服役，分别是第11、第12、第16、第17、第160、第164、第165航空大队，指挥特定区域内的航空部队，以支援美军及其盟军。2~6个营加上几个独立的航空连可以配属给一个航空大队，通常还有一个空中骑兵中队。

由于陆军直升机部队的这种多样性，并且分散在整个南越，几乎不可能发展任何类型的标准化训练、战术、行动方法或程序、维护与航空物资分配。为了实现这个目标，需要某种类型的集中式统一指挥结构。虽然有些指挥官会认为统一指挥结构过于严格，但陆军认为这是有效利用众多直升机部队的唯一正确道路。最终的结果是于1966年3月1日临时成立了第1航空旅，并于5月25日在新山一空军基地建成。在鼎盛时期，该旅指挥超过4200架飞机，其中超过600架是固定翼飞机，还有大约24000名人员。

▶ 第1航空旅臂章：在一个深蓝色的盾牌上，一只金橙色鹰向左俯冲，在一把垂直出鞘的长剑前竖起翅膀，红色的剑柄和白色的剑刃向上伸出，盾牌有一个金橙色镶边。深蓝色和金橙色是航空部队使用的颜色，同时金色和红色是南越以及美国军事援助越南司令部和美国驻越南陆军臂章的颜色，这两个司令部组建了第1航空旅。俯冲的鹰准备袭击猎物象征着航空对现代地面战争的影响，在1963年空中突击理论测试的初始阶段，它就被采用作为新航空能力的象征。剑取自美国军事援助越南司令部臂章中的图案元素，它也表明了这个旅在越南的起源和使命，由于在越南的航空部队迅速增加，要求组建航空旅来指挥这些部队。

◀ 第227航空营A连的68-15650号UH-1H直升机"鸡船"（Chicken Ship），机头两边站着的是一级准尉罗伊·穆尔（Roy Moore，左）和一级准尉欧文·里奇（Owen Ritchie）。

突击直升机连编制

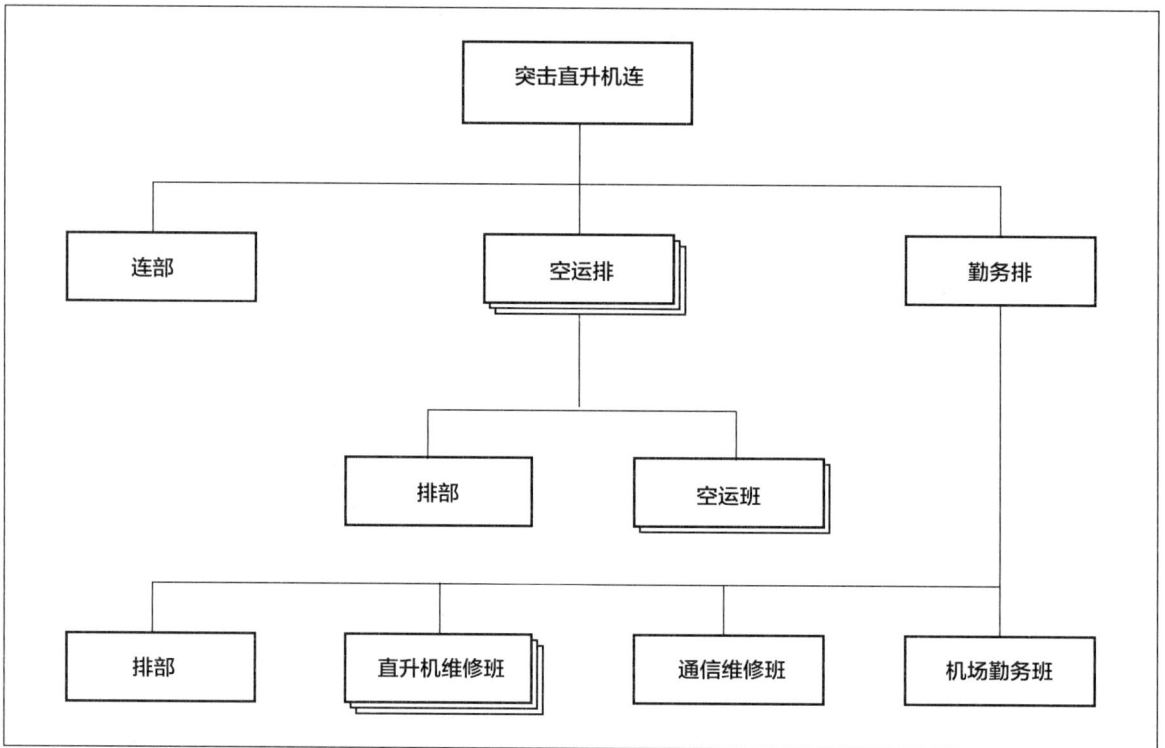

```
                        突击直升机连
                             │
        ┌────────────────────┼────────────────────┐
      连部                  空运排                勤务排
                             │
                ┌────────────┴────────────┐
              排部                      空运班
                             │
        ┌──────────┬─────────┴──────────┬──────────┐
      排部     直升机维修班          通信维修班    机场勤务班
```

注：突击直升机连编制，根据编制装备表TOE 1-57和TOE 1-77绘制。突击直升机连在空中机动作战中提供作战部队、补给品和装备的战术空中移动，典型的任务如下：部队战术空运、物资和装备的空运、增援陆军医疗后送单位、搜索与救援行动、为支援部队提供指挥与控制直升机的能力。

突击支援直升机连编制

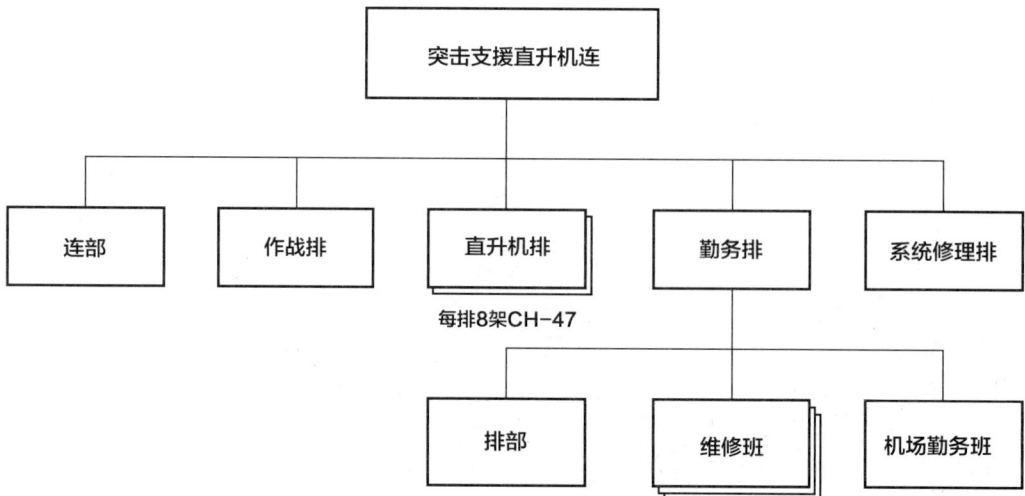

```
                    突击支援直升机连
                           │
    ┌────────┬─────────────┼────────────┬────────────┐
  连部     作战排        直升机排       勤务排        系统修理排
                       每排8架CH-47       │
                               ┌─────────┼─────────┐
                             排部       维修班     机场勤务班
```

第1航空旅序列（1968年8月1日）

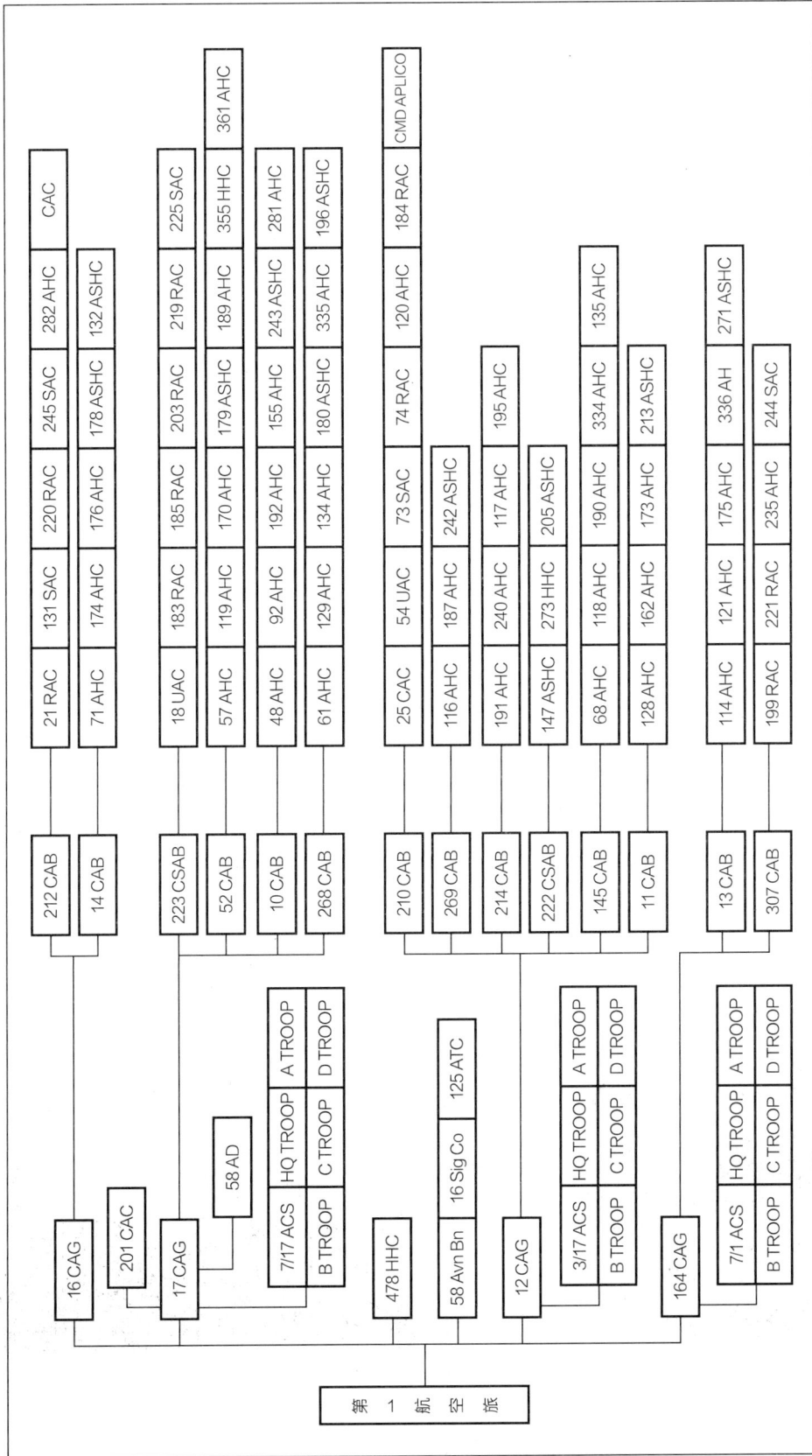

CAG 战斗航空大队
CAB 战斗航空营
AHC 突击直升机连
UAC 通用飞机连
HHC 重型直升机连

RAC 侦察机连
ASHC 突击支援直升机连
AD 航空分队
CSAB 战斗支援航空营

CAC 军属航空连
SAC 监视机连
ACS 空中骑兵中队
ATC 空中交通管制连

TROOP 骑兵连
CMD APLICO 指挥飞行机连
Avn Bn 航空营
Sig Co 通信连

第1航空旅实力（1968年3月）

部门	军官和准尉	士兵
第1航空旅部和旅部直属连	61	204
第12航空大队	1644	6828
第16航空大队	456	2883
第17航空大队	1468	6577
第164航空大队	593	3065
第58航空营	84	1228
总计	4306	20785

　　虽然第1航空旅名为旅，由一名准将指挥，但它实际是一个师级指挥部，负责指挥遍布整个南越的行动。由于地形、气候和战术情况千差万别，行动方法也各不相同，因此在标准化方面并不完全成功。这个旅指挥部于1967年12月迁至西贡郊外的隆平市，并于1972年12月又回到新山一基地，直到次年3月离开越南。

　　最初，该旅的参谋人员为如何能够最好地利用其力量而苦恼。经过一段时间的反复试验，参谋人员决定以给每个美国陆军旅分配一个突击直升机连的方法来分配其直升机力量。后来，这种做法也扩展到参加越战的每个韩国旅。但由于直升机总量有限，无法给每个南越陆军旅也分配这样的部队，第1航空旅改为给每个南越师分配一个航空营指挥部，由这个指挥部同分配支援该师的任何直升机部队共同配合。通过集中式指挥结构，该旅可以有效分配其掌控的直升机力量，从而减少空闲并最有效地加以利用。在对直升机部队的指挥结构进行改进的时候，战争并没有停止，而是在不断扩大，美国派遣了更多的地面部队，部署了更多的直升机部队。

　　到1966年年底，直升机已经充分证明了其重大价值，甚至敌人也认识到了空中机动理论，可以说，如果没有直升机，美国甚至不可能在东南亚发动战争。在越南，丛林茂密，交通并不发达，需要通过直升机来运输人员和物资，从而迅速而安全地将部队转移到关键作战地域。

▲ 1968—1969 年，第 129 突击直升机连的一架 UH-1H 运输直升机，连队番号 129 喷涂在驾驶舱门上。这架直升机支援韩国首都师（猛虎师），是该师师长座机，机鼻上的"虎车"徽标由科林·"芬里斯"·缪尔（Colin "Fenris" Muir）设计。

▲ 一架来自第 129 航空连武装直升机排（战争后期使用了 AH-1G 武装直升机）的 UH-1B 武装直升机，机鼻艺术是"眼镜蛇"，无线电呼号为"眼镜蛇"。

▲ 1969 年，在缓和的第 134 突击直升机连 67-17351 号 UH-1H 直升机"撒旦的形象"（Satan's Image），机长是拉里·豪厄尔（larry Howell），舱门射手是阿蒂·帕廷（Artie Partin）。该机于 1968 年 4 月—1970 年 10 月在越南服役，累计飞行 1207 小时，于 1968 年 4 月—1969 年 3 月在第 134 连服役，累计飞行 1128 小时。

◀ 属于第 134 突击直升机连第 3 排的一架 UH-1C 武装直升机"魔鬼"（Devil）的机鼻艺术。1967 年 2 月，第 134 航空连在北卡罗来纳州的布拉格堡重新启用，第一任连长理查德·基尔曼（Richard Kielman）少校举行了一次设计连队胸章以及连队无线电呼号征名的比赛，武装直升机排排长沃尔特·赫罗巴克（Walter Chrobak）上尉设计了连队胸章，并提议了"恶魔"（Demon）和"撒旦"（Satan）的呼号，后来改成了"恶魔"和"魔鬼"。

◀ 1968 年，在富协的第 134 突击直升机连的 66-15062 号 UH-1C 直升机"寡妇制造者"，由机长戴维·琼斯（David Jones）和副驾驶查克·比米斯（Chuck Bemis）驾驶，机组成员还有机组长丹尼·佩蒂特（Danny Pettit）和舱门射手兰迪·波因特（Randy Pointer）。在越南的陆军航空兵直升机名字排名中，"寡妇制造者"排名第六。该机 1967 年 4 月—1972 年 2 月在越南服役并幸存，累计飞行 2605 小时，1968 年 8 月—1969 年 7 月在第 134 连服役。

▲ 第 135 突击直升机连是一支由约三分之一的澳大利亚海军人员和三分之二的美国陆军人员组成的跨国混合部队，也是在越南唯一获准佩戴海军蓝色贝雷帽的陆军航空连，在澳大利亚人退出后才成为纯美军部队。空运排分配到了来自"试验军事单位"的"E.M.U."或"EMU"无线电呼号，可以读为"鸸鹋"，鸸鹋是澳大利亚特有的一种鸟类，又被称为澳洲鸵鸟。武装直升机排则采用了一种致命的澳大利亚毒蛇"太攀"（Taipan）作为无线电呼号，太攀蛇在全世界都被判定为毒性最强的毒蛇，用毒蛇来命名武装直升机排显然意味着其极度危险。照片是其第 3 排 UH-1C "太攀 -685"（也是"太攀 23"）直升机机鼻艺术特写。

▲ 在邦美蜀科里尔基地的第 155 突击直升机连的一架 UH-1H "公共马车 6"（Stage Coach）停在专用停机位上，这是连长座机。

▶ （右图）第 155 突击直升机连在邦美蜀科里尔驻地周边的各种标牌，右侧的小标牌上，左边为该连"公共马车"（Stage Coach）连徽，右边为第 3 排"猎鹰"（Falcons）排徽。

▶ （右页下图）1969 年 8 月 21 日，第 155 突击直升机连的 67-17235 号 UH-1H 直升机，其他机组人员都去吃饭了，只留下一人看守直升机。

▲ 第170航空连首任连长小西曼·莫尔肯布尔（Seamon Molkenbuhr, Jr.）少校在连队组建过程中给各排起的名字，第1排为"蓝比基尼"（Bikini Blue），第2排为"红比基尼"（Bikini Red），武装直升机排为"海盗"（Buccaneers）或"匹兹堡海盗"（Bucs），将连队命名为"比基尼"连（Bikini），因为"光头"裸露、脆弱和暴露的外观正好与之契合。图为第二排的一架UH-1D直升机，机鼻下方的"飞龙"表示第52航空营。

▶ 1969年11月，第170突击直升机连在霍洛威基地的UH-1H"比基尼27"机鼻艺术特写，该连于1966年1月10日更名为突击直升机连，并配属给第10航空大队第52航空营。

▲ 第170突击直升机连武装直升机排的"海盗"标志除了出现在机鼻上，有的还出现在驾驶舱门上。

▲ 1967年，第174航空连的中尉杰克·弗林（Jack Flynn）和亨利·布赖恩特（Henry Bryant），中间直升机机鼻为该连的"海豚"机鼻涂装。

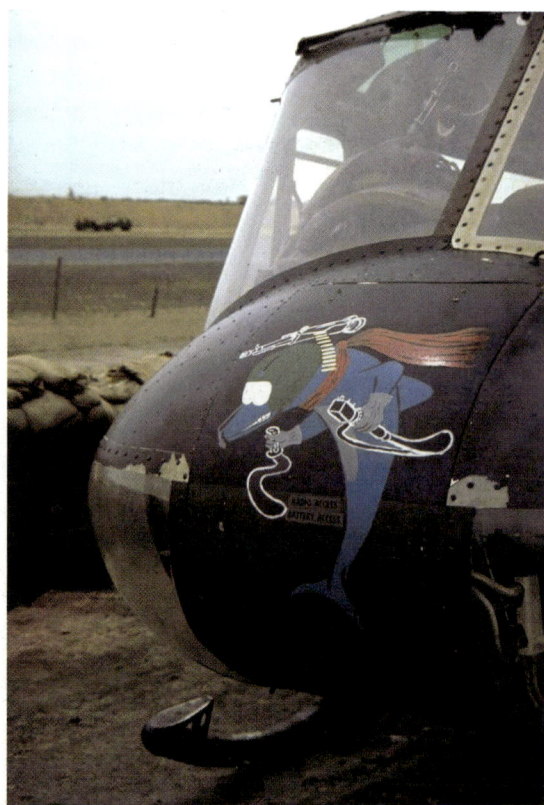

▶ 1967年年中，第174航空连采用了"尖嘴海豚"作为个性化的机鼻艺术标志，并成为几年后的标准涂装。这只海豚戴着飞行头盔，头盔顶部有一挺M60机枪，脖子上系着红围巾。海豚还有手臂，戴着手套的右手拿着一个周期变距操纵杆，而左手拿着一个总距操纵杆。该连后来还使用红色围巾表示第2飞行排，用黄色围巾表示第1飞行排。

▲ 第170突击直升机连武装直升机排的一架UH-1C"海盗4"武装直升机，"海盗"标志是手绘的头骨和交叉的骨头，每架直升机上的标志形态各异。

▶ 第174航空连武装直升机排的排长迪克·欧文汉（Dick Overhamm）少校与前飞虎队成员小罗伯特·李·斯科特（Robert Lee Scott, Jr.）准将在1966年的书信联络中，斯科特于6月28日准许这个排使用飞虎队著名的P-40战斗机鲨鱼嘴涂装。此后武装直升机排的每架直升机都拥有一个鲨鱼嘴涂装，因此该排被称为"鲨鱼"，每只"鲨鱼"都自豪地龇着牙齿投入战斗，并在整个南越变得很出名，这张图完美展现了正前方观看"鲨鱼嘴"涂装的效果。

▶ 韦恩（Wayne）在一架第174航空连的"鲨鱼"边，注意机身上的玻璃，武器系统已经被移除，该机可能正在进行更高级别的维修，或者在修复战损，也可能是新到的直升机。这架直升机换了新尾梁，因为上面没有单位的白蓝色战术识别标志，垂直安定面上也没有白鲨鳍。

▲ 第 187 航空连"黑鹰"（Black hawks）的一名成员和 66-00929 号 UH-1D 直升机的合影，该机于 1967 年 3 月—1969 年 1 月在连队服役，共飞行 1890 小时。连长比尔·鲍曼（Bill Bauman）少校 1967 年 7 月 25 日写信给军事历史办公室，要求将"黑鹰"作为连队名称，于 8 月 11 日得到了批准。

▲ 1971 年，第 187 突击直升机连的 69-15831 号 UH-1H 直升机"Chi-Toum Hustler"，以芝加哥本地人驾驶的高性能赛车冠军命名。该机于 1971 年 2—9 月在第 187 突击直升机连完成在越南的服役历程，累计飞行 569 小时，1971 年 10 月 13 日损失除籍。第 187 连 1968 年 3 月 10 日选择了新名称"十字军"（Crusaders），机头饰有"十字军"连徽。

▲ 1967年，西宁，佩戴着胸章的第187航空连"黑鹰67"的机长汤米·马丁（Tommy Martin）准尉和66-00829号UH-1D直升机"超级休伊"合影。

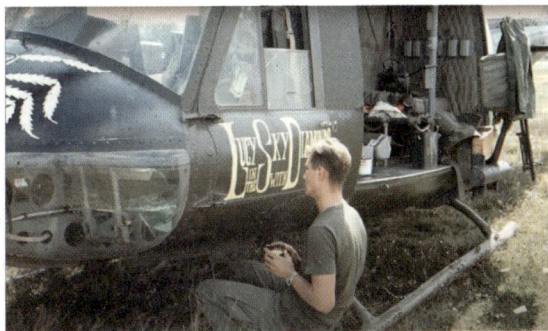

▲ 1967年，第188突击直升机连的迪克·德特拉（Dick Detra）下士使用油漆和刷子在66-16119号UH-1H直升机上创作"露西在缀满钻石的天空中"（Lucy In The Sky With Diamonds），名称来自英国摇滚乐队1967年的专辑，这是该连涂装最为华丽的直升机之一。

▲ 1966年11月1日在科罗拉多州的卡森堡建成的第189航空连"幽灵骑士"（Ghostriders）是第一批接受UH-1H直升机的陆军部队之一，该连抵达越南后更名为突击直升机连。照片中是史蒂文·克雷格·尼尔迈尔（Steven Craig Nilmeier）和一架机鼻饰有连徽的UH-1H直升机。

▲ 在油汀县基地的第188突击直升机连"黑寡妇"（Black Widow）的一架UH-1H直升机的机鼻艺术特写。

▲ 第269航空营于1967年举行仪式，迎接新型AH-1G武装直升机的到来。

▶ 1968年在永隆的第175突击直升机连的UH-1D直升机"多情的安"（Amourous Ann），"多情"（amorous）拼写错误，其呼号为"亡命之徒21"。直升机旁边是舱门射手比尔·莫拉斯基（Bill Moraski）。

▶ 第175突击直升机连的66-15044号UH-1C武装直升机"冷血"（In Cold Blood），这是第二次(1970—1971年)采用这个名字，可能是受到杜鲁门·卡波特作品的影响。该机舱门射手是艾德·塞耶（Ed Thayer），根据他的说法，在1966年年底或1967年年初直升机改名为"宿醉"（The Morning After），因为上级认为原来的名字太过残酷。该机1966年9月—1968年9月累计飞行1229小时，全部在第175连，1968年9月12日因机械故障损失注销。

▶ 1968年，永隆，第175突击直升机连的66-15194号UH-1C"啤酒'33'出口"（Biere "33" Export），也被称为"小牛33"。该机1968年2月—1970年8月在越南服役并幸存，累计飞行1911小时，1968年2月—1970年3月在第175连服役。

空中机动行动的巅峰

美国部署到越南的所有步兵部队，无论是标准步兵师、轻型步兵师、空降师还是空中机动师，甚至是机械化师，都需要精通空中机动作战。1967年开始，有两次行动充分利用了直升机。

1月8日开始的"雪松瀑布行动"（Cedar Falls），由第1步兵师、第25步兵师、第173空降旅、第11装甲骑兵团和南越陆军组成的联合空中和地面突击力量进攻西贡以北的"铁三角"地区，这里是游击队的永久根据地，并且也是向整个第3军区发起进攻的主要基地。

在"雪松瀑布行动"结束不超过一个月的时间里，联军发起了"联络城行动"（Junction City）。这次行动于2月22日发起，于4月15日结束，是越南战争中规模最大的军事行动，也是历史上规模最大的空中突击行动。到行动结束时，有22个美军营、4个南越陆军营、17个炮兵营、4000架次空军支援飞行和249架直升机参与了行动。这次行动的目标是西贡西北部柬埔寨边境C战区内的一个著名根据地——阳明珠根据地。这次行动通过空中和地面的联合进攻行动封锁并扫平该地区。这次行动还有一个独特的地方：进行了越战中美军第一次也是唯一一次伞降突袭。而之所以要进行伞降，目的是减少对直升机的占用，以便利用空余出的直升机将更重要的部队运送到封锁地点。2月22日，随着空降兵降落，有8个营的部队被直升机空运到战区北部阵地，突击行动开始了。

虽然联军力量强大，人民军损失不小，但人民军保住了根据地。随着威斯特摩兰在越南南部平原搜索与摧毁战略的破产，南方的部队开始进行反攻，在中部高地和第1军区加强了活动。在非军事区附

▲ 1968—1969 年，福永，隶属于第 1 步兵师的第 1 航空营直升机，照片右侧停机坪上的是属于 A 连 "火球"（Fire Ball）的武装直升机，舱门装饰有 A 连的 "火球" 连徽，机鼻则是第 1 步兵师师徽。

▲ 1967 年，"联络城行动" 中，直升机搭载部队在着陆区降落后卸下部队，正在降落的直升机机鼻带有第 1 步兵师的师徽。

近，海军陆战队遭受到越来越大的压力，不得不从第1军区南部抽调部队。为了满足增援要求，第1骑兵师在两天内迅速向该地区派出了一个旅，以减轻海军陆战队的负担，如果是常规部队，根本不可能在这么短的时间内完成这次调动。这次调动还标志着陆军部队正式进入第1军区，那里以前一直是海军陆战队的职责区域。

第1骑兵师在进行这次调动的同时，也被要求进入昆嵩省多苏县以阻止对方越过柬埔寨边境的行动，这次行动最终升级成为以多苏为中心的旅级战斗。伴随着这些行动，第1骑兵师还在平定省进行了一系列名为"潘兴"（Pershing）和"潘兴Ⅱ"的行动。这些行动在1967年继续。联军利用直升机，不断将人员和物资运入丛林，迫使敌人投入战斗。

团队战术

参加越战的美国陆军武装直升机，型号主要有UH-1B和UH-1C武装直升机、UH-1B航空火箭炮直升机和"眼镜蛇"武装直升机，UH-1B和UH-1C后来逐步被速度更快、机动性更好的"眼镜蛇"所取代。至于航空火箭炮直升机，纯粹是一个空中火箭发射器，该直升机没有前射机枪和榴弹发射器，只能提供空中火力支援，用来加强或暂时替代野战炮兵，算不上真正的武装直升机，后来也由"眼镜蛇"武装直升机取代。

支援空中机动部队的武装直升机主要执行三种任务，分别是护航与侦察、直接空中火力支援和安全保卫。这些任务有时可以同时进行。护航和侦察通常简称为"护航"，包括伴随部队运输机飞行、与途中遭遇到的防空武器交战、侦察着陆区的安全、对着陆区进行航空火力准备，如果地面部队发生交战则直接进行火力支援。直接空中火力支援形式分为随时待命和执行预有计划的任务，以支援遭到进攻的地面部队，包括攻击火力点和其他设施。在执行这个任务时，武装直升机用于加强己方火力，但并不能取代野战炮兵、迫击炮和近距离空中支援。如同火力支援系统，任何士兵都可以呼叫和指挥武装直升机，它可以支持任何编制的部队，规模从一个营到6人的远程巡逻小组，但其火力支援能力受到武装直升机携带弹药的类型和数量的很大影响。安全保卫则包括侦察基地附近敌人的活动、护送地面车队等等。

护航任务通常由突击直升机连队的武装直升机排或营的航空武器连来执行，直接火力支援任务通常由空中骑兵部队来执行。执行直接火力支援任务时，通常由武装直升机和轻型侦察直升机配合进行。尽管"轻火力小组"在某些部队用来指两架武装直升机，但最为常见的是一架武装直升机和一架轻型侦察直升机组成的双机小组。而"重火力小组"是指由两架武装直升机和一架轻型侦察直升机组成的小组。武装直升机从不单独使用，它们总是由一架被称为"泥鳅"（Loach）的侦察机或一架武装直升机随行。

在整个战争期间，直升机战术被不断修改和完善。空中机动部队的组织结构使指挥官可以去尝试不同的直升机组合。最终，这些小组或团队采用了不同的颜色来指明其功能。大体分为"红色小组""白色小组""粉色小组"和"蓝色小组"。除了"蓝色小组"，其余所有小组基本都由两架直升机组成。

"红色小组"由两架武装直升机（起初是"休伊"，后来是"眼镜蛇"武装直升机）组成，在挂架上有多种武器。从本质上说，这支小组是进攻武器，提供了对敌人集中火力进攻的手段。

"白色小组"，严格上来说是侦察部队，通常用于低威胁地区。其中一架直升机会以树梢高度飞行，以搜索可疑的埋伏地点、小道、掩体和营地。另一架直升机会以更高的高度飞行，为低飞的直升机提供掩护并作为通信中继机。万一低空飞行直升机损失，另一架直升机会作为后备机，同时还充当指挥和控制飞机。

虽然"红色小组"和"白色小组"各有一项主要的职能，但另一方面也限制了每支小组的灵活使用。为了增加灵活性，"粉色小组"应运而生。"粉色小组"由一架武装直升机和一架侦察直升机组成。侦察机会低空飞越丛林寻找目标，这时武装直升机会在高处盘旋飞行，作为通信中继机并提供压制火力。在已知敌人实力强大的地区，可能会为该小组增加一架武装直升机，以提供支援或作为指挥与控制机。如果这个小组在火力支援基地的火力范围内，就可以指挥炮火向目标射击，如果目标不在火炮射程内，就由"眼镜蛇"武装直升机发起攻击。由于这种编队具有更大的灵活性，它成为空中骑兵部队最常用的战术编队。

最后一个是"蓝色小组"，该小组由运输一个步兵排或骑兵连的"休伊"运输直升机组成，直升机数量随需要运输部队的人员数量而定。通常，该团队与"粉色小组"协同使用。如果部队采取行动，则"粉色小组"为其提供观察和支援。如果地面部队忙于行动，"蓝色小组"将会从步兵营获得一个步兵连作为预备队以防出现不测。多数情况下，当步兵排遭遇大量敌军时，除了预备连外，还需要更多的增援部队。实际上，一些最为激烈的战斗发生在步兵排与敌初次接触的时候，步兵排意识到咬住了比他们更强大的敌人时就会呼叫增援。这种情况下，可以将其他任务中的部队抽调出来空运到该地区，这被称为"堆积"。战场指挥官将这种机动能力完全归功于直升机，如果没有直升机，就不可能移动部队来对抗难以捉摸的敌人。虽然游击队在茂密的丛林中有值得称赞的徒步机动能力，但也无法与空中机动部队所拥有的机动性相提并论。

空中机动突击行动的关键环节

策划、准备和执行一次空中机动突击行动相当复杂，这涉及诸多方面的问题。美国陆军通过理论研究、试验、实战检验、检讨改进，不断进行完善和提高，逐步形成了成熟的空中机动作战理论。下面我们就从计划开始，对空中突击行动的一些关键环节简要进行介绍。

行动计划

越南地形多变，许多地区没有人烟，布满了丛林和沼泽，这里是开展游击战的理想环境。行动区域辽阔，地形崎岖而又隐蔽，加上游击队灵活机动行踪不定，对后勤支援依赖很少，又非常分散，只有在发起攻击前才进行集结，导致联军的战机很不容易捕捉，联军很难发现、钳制和摧毁游击队。

像所有战争行动一样，空中机动突击行动也要预先制订计划。空中机动攻击的策划者首先要考虑地面部队的任务和目标是什么，而地面行动计划的基础则是敌人位置和活动的情报。策划一次地面行动，要考虑到诸多因素，包括敌人的兵力及部署情况、装备什么武器、行动区域的民情、着陆地点、地面运动的交通路线、天气状况、战场地形、行动区域是否靠近敌人的根据地和庇护所、直升机飞行的距离、再补给支援的距离等。

行动地区会首先通过地图进行勘查，再通过飞机进行空中照相和视觉侦察，后者将由地面和航空部队指挥官及炮兵联络官负责。如果时间允许，也可能使用空中骑兵部队，有时也会使用航空步兵排巡逻队、远程侦察巡逻队（LRRP）和空投运动传感器等手段。当然，在这些早期侦察行动中，为了不打草惊蛇，在预定行动地区的侦察活动必须有所限制，因为空中机动作战需要出其不意，这是必须要全力保证的，否则很容易竹篮打水一场空。

在一些行动中，详细的侦察行动和大量的准备工作相互冲突，有时候经常会发现行动地区空无一物，因为警惕性极高的敌人很少会待着不动等待被伏击。在行动准备过程中，侦察和炮兵行动有可能提醒敌人，而限制侦察和炮兵先期准备又可能带来包括敌情不明等一系列风险，这就需要指挥官综合权衡以下定决心。一旦抓住了毫无防备的敌人，就会取得很好的效果。

为了提供更多和更好的火力支援，需要在行动地区周围建立更多的临时火力基地，而包括近距离空中支援、空军前进控制和心理战飞行都需要协调。医疗救护部队和野战医院要做好准备以待命，后勤支援的弹药补给品要在直升机机场准备妥当，地面部队也需要提前做好准备。地面部队和航空部队通常必须在行动开始前进行预先部署，还要预先部署指定的预备部队和反应部队。直升机补充燃料必须提前储备，弹药托盘和500加仑的橡胶油囊（俗称"象粪"）将会被空运到为将来行动选择的火力基地。

进行大规模的空中机动攻击行动是相当复杂的，可能需要包括2~3个甚至更多的步兵营、空中侦察部队、炮兵部队、几个航空部队、空军部队以及其他联军部队。所有这些参战部队都需要提前进行协调，需要得到上级指挥部和南越指挥层的批准。在行动前，要进行空域协调以防出现空中碰撞，防止炮火造成误击也至关重要，不同的空域和行动区域要明确划分。

一旦行动发起，不可避免地会经常出现因各种原因造成的延迟或滞后，因此还要制订行动时间表，以便各部门按照行动计划及时展开行动。机降部队通常会在行动前一天接获通知，通常是在18时，但在紧急情况下，有时也会临时通知机降部队在一小时内行动。机降部队必须为行动确定需要的运输直升

▲ 第 129 突击直升机连的 68-16261 号 UH-1H 直升机在归仁空军基地"热"加油，该机于 1970 年 9 月—1971 年 4 月在连队服役，累计飞行 713 小时。

机数量，安排相应的飞机和机组人员为飞机加油和装填弹药，与武装直升机护航人员进行协调（在突击直升机连内部，这个协调问题会大大缓解），确定飞行时间，规划飞行路线和高度，指定飞机和着陆编队以及进场方向，获取和评估天气状况，与侦察人员进行协调。他们还需要了解火力支援计划，以及所有相关单位的无线电频率和无线电呼号。为确保任务顺利进行，还需要制订飞行的反向计划时间表，

计划好飞行到搭载区、装载部队、着陆区，以及返回搭载区进行后续空运行动所需要的时间。策划人员还必须考虑飞机在加油前可以进行多少次起降，以及到加油基地的飞行时间，这个加油基地可能并不是运输直升机的原有基地。因为往返着陆区路线不同，进行多次起降时，进出航线可能会略有改变，这些都需要考虑。尽管在高大的丛林和山地区域并不总能做到，但进入和离开着陆区的方法也将有所不同。当需要进行多次起降时，后续的起降可能会转移到另一个着陆区。所有这一切都需要提前考虑周全。

▲ 1964—1965 年，在隆安省厚义执行心理战任务的第 118 突击直升机连第二排的 62-2055 号 UH-1B 直升机。

▲ 在越南的湄公河三角洲地区，第191突击直升机连"回旋镖"（Boomerangs）非常有名，连队的每架直升机上都画有回旋镖，这个名称表明该连总会回来。照片中壮观的连队直升机群正准备起飞执行任务。

▲ 等待执行任务的庞大直升机群，右侧是来自第336突击直升机连的UH-1D运输直升机，机头"勇士"（Warriors）徽章描绘了一名印第安勇士形象。摄于西宁。

着陆区

着陆区的选择对于一次成功的空中机动攻击行动来说至关重要。一次搜索与清除行动，将会选择几个着陆区，以便在最为有利的地点切入连队和营级部队，并以此为起点发起地面作战。如果敌方的行动或地形条件限制使主着陆区无法使用，则会指定使用后备着陆区。因为许多地区可选的着陆区很少，少数可供使用的着陆区通常就决定了地面行动计划。另外，还需要选择其他着陆区，用于在行动后续阶段增派部队、构建封锁阵地，以及补给和医疗后送等。

空中机动行动计划虽然是从空中发起的，但落地后将会变成地面行动，着陆区通常会影响到地面计划。着陆区与敌人可疑位置的距离也非常重要，距离太远的话，地面部队到达目标所需要的时间可能太长，特别是因为自然障碍或地形崎岖会使部队到达目标时筋疲力尽而无力作战，而且如果拖延时间过长的话，可能会使机警的敌人有时间组织撤离或部署部队进行反击。

越南有肥沃的湄公河三角洲平原，有细长而适于耕种的沿海低地，有险峻的安南山脉，还有中部高原等多种多样的地形。在越南崎岖不平的地形中，着陆区的选择通常会受到茂密的森林、峡谷、沼泽、山脉、丘陵的限制。由于可供选择的着陆区不多，情况变得更加复杂，游击队有可能监视潜在的着陆区或者提前进行埋伏。

选择着陆区时，周围的自然障碍物越少越好，少量零星的树木或灌木丛可以进行人工清除，这就要求工兵通过垂直机降或者从更远的着陆区步行进入预定的着陆区，再通过爆破或其他手段加以清理，以腾空整理出直升机起降场。虽然会尽可能地排除着陆区的各种意外因素，但有时候也不可避免会受到突发情况的影响。有时军人们需要构建供一两架直升机着陆的着陆区，部队经常不得不清理出直升机单机着陆区，来提供紧急医疗后送和补给。有时候清理了植被的山脊可用于直升机降落，附近没有树木的道路和十字路口也可以使用，河湾内的沙洲和宽阔的沙地同样可以使用。使用推土机的道路清理连队可以将主干道两侧推平至100~500米，或者在森林中开辟出足够宽的道路，提供从执行救援到空中侦察所使用的飞行跑道，由推土机清理的这些区域都可以用来作为着陆区。

▲ 丛林中典型的直升机着陆区。

为了快速清理出合适的着陆区，军方尝试使用1千磅①炸弹炸出着陆区，但这需要多枚炸弹，而且由于精度不足，只有炸弹落点足够接近才能提供一个可用的空地，但这样做的结果是坑坑洼洼的弹坑四周布满了炸碎的树干和树枝。B-52轰炸机可以执行代号为"弧光"（Arc Light）的轰炸行动，在森林地区炸出一条数百米宽、1~3千米长的地带，但在将树木炸掉的同时，会在地面留下巨大的弹坑和大量树木的残枝，这绝对会成为步兵的噩梦。而且一段时间后，疯狂生长的热带植被会使地面情况变得更加糟糕。

从1968年年末开始，军方开始使用1万磅的M-121炸弹执行这样的任务。从1970年开始，军方又使

▲ 一次行动中的第116突击直升机连"大黄蜂"（Hornets）的9架运输机准备降落接运一队士兵，这张照片于1968—1969年拍摄。该连直升机的机鼻上都绘有一只风格化的大黄蜂。第1飞行排"小黄蜂"（Yellow Jackets）独特的颜色是黄色，排内直升机滑橇尖端涂成了黄色，驾驶舱顶有一条黄色条纹，尾翼前缘涂成了黄色，后部尾翼外缘涂成了黄色，三位数的机尾序号也是黄色；第2飞行排"胡蜂"（Wasps）直升机颜色为白色；第3武装直升机排"刺针"（Stinger）为红色。

———————————————

① 1磅约合0.45千克。

用CH-54直升机和空军的C-130运输机空投1.5万磅的BLU-82炸弹来炸出一个着陆区。炸弹会在距地面3英尺^①的高度爆炸，这样就不会产生大的弹坑，并且会摧毁方圆40~50米范围内的树木，将其推出一百多米远，从而炸出一个接近完美的降落场。

根据直升机机型的不同，一架直升机降落需要直径20~75米的地面空间。降落时，直升机旋翼会卷起灰尘、沙土和植被的碎屑，遮挡了飞行员的视线，飞行员可能会因此迷失方向，并失去与地面、其他直升机或附近物体的视觉接触。旋翼卷起的碎石、土块、树枝和其他杂物可能会损坏旋翼桨叶和发动机涡轮，也可能吹到其他直升机上，这些都要小心应对。

着陆区的岩石、树桩、深坑、高草和茂密的灌木丛都有可能阻止直升机降落。岩石、树桩和倒下的树木有可能损坏起落架或机身的底部，起落架有可能陷入厚厚的泥土。雨季，雨水的冲刷会使草皮看起来像垫子一样，这样会遮挡淹没障碍物，飞行员要时刻提防。为了避免遇到危险，直升机时常不会降落，而会悬停在尽可能低的位置来放下部队。这种情况对跳下飞机的部队来说也是危险的，隐藏的障碍物有可能伤害到他们，并且他们可能会深陷泥淖，如果这时候敌人再开火，那可就太糟糕了。有时候直升机降落地区的象草非常茂密，高度可能有2~8英尺，由于看不到地面，跳下直升机的步兵非常容易受伤。

如果降落地面不平坦，地面坡度小于7%，降落时直升机机头会朝上；如果介于7%~15%，直升机则会在侧坡降落；如果坡度大于15%，直升机则无法降落，因为叶片会撞到地面，这时候直升机会距地面一定高度悬停放下部队。

直升机着陆时还要考虑风向，如果战术允许，在侧风最大10节或者尾风最大5节的情况下，直升机会最大限度地利用可用的着陆空间，并在指示中接近降落区。由于机型不同，相对较大的直升机能够更好地应对侧风和顺风。但在与敌人接触时，除非风力过大，否则这些限制经常会被飞行员忽略。

除了上面讨论的种种因素外，着陆区的海拔高度、温度和湿度都会影响直升机的最大负荷。在沿海平原可以承受沉重负担的直升机到了高山地区可能根本无法降落，在高海拔和空气密度低的情况下，直升机可能因无法承受负载而无法垂直降落。这时候直升机就需要像固定翼飞机那样小角度进场，因此要相对较长的清空区域，这也影响到着陆区的选择。

---

① 1英尺约合30.48厘米。

◀（左页上图）UH-1 直升机在高草丛中放下部队后飞离。借助直升机，部队可以迅速在直升机航程内的任何地方构建战斗力量，但如果敌人争夺着陆区，那么前几波次的空中机动部队可能会遭受沉重的压力。

◀（左图）第155 突击直升机连的直升机编队正依次降落，准备搭载南越陆军部队执行一次战斗突击任务。

▲ 1970年1月23日，美军第9步兵师第3营的士兵正等待登上第118突击直升机连"雷鸟"（Thunderbirds）的直升机到新安县执行任务。

▶ 1966 年，在油汀附近军事行动中的第 25 航空营 A 连的直升机正准备搭载部队。第 25 航空营隶属于第 25 步兵师，A 连无线电呼号"小熊"（Little Bears），因为熊一直是力量和勇气的象征，"熊的力量"是全世界通用的明喻。该连还有只名为"幽灵"（Spooky）的马来熊，以连队首任飞行标准化飞行员罗伯特·格伦德曼（Robert Grundman）少校的绰号"幽灵"命名。

▶ 第 128 突击直升机连的无线电呼号为"战斧"（Tomahawks），此时该连的直升机群正在搭载部队，直升机机鼻上饰有"战斧"。

▼ 1966 年 5 月 6 日，在 D 战区"德克斯特行动"（Operation Dexter）的最后阶段，第 173 空降旅的战士正准备搭载直升机。

▲ 第 121 航空连在 1964 年 9 月的一次突击行动中，UH-1B 直升机正在起飞，驾驶舱门上的"朔庄老虎"标志很明显，直升机都被漆着光泽橄榄绿色，带有陆军高可见度标记。

部队搭载

慎重选定着陆区后，依照行动计划，一场空中机动突击行动就正式展开了。首先要进行的是即将被机降运输的部队并不太关心的空中运输计划，他们只是被运送到行动地点，而他们主要关心的是自己如何在战场上行动。地面部队可以在一个地点或多个搭载区登机。搭载区可以是个火力基地，也可以是一个旅或师的基地，或者是他们正在执行任务的丛林中的一块空地。部队会根据使用运输直升机的数量，以及运输直升机可容纳的人员密度和高度来将部队划分塞进"棍子"（部队对运输直升机的谑称）里去。由于要算上增援加强的人员，这就意味着部队整建制班的完整性将很难保持。那些不能和所属班的人员一起乘坐同一架直升机的多余人员会被简单集中在一起，使用后续运输直升机进行运送。这样做当然并不太理想，其原因显而易见，但无能为力。许多人反对这样做，如果着陆区被证明是一个热着陆区，这么做就意味着要打破原有部队的完整性和指挥控制链。指挥人员和后勤人员会分开乘坐不同的直升机，这样"交叉装填"是为了防止某架直升机坠毁时损失掉某部门全部人员。每架直升机会分配一名排长、排军士长或班长，用来保持该机着陆后全机登陆人员的地面指挥。如果部队进入后立即投入战斗，它就会像"棍子"一样战斗，直到部队其他人员到来加强巩固阵地。

部队登机时会从机头接近，这样飞行员就能清楚地看到他们。当然，从机身一侧登机也并不少见，部队的另一半会绕过机头从另一侧登机。这样做也是出于实际安全的考虑，因为要避开危险的直升机尾桨。如果登机时直升机是"热机"状态或者发动机正在运转，军人头戴的软帽要摘掉或固定，无线电的天线也要弯折固定，以防被直升机旋转的叶片击中。如果直升机上安装了座椅，士兵会系上安全带，但士兵经常不系安全带，因为他们身上的编织装备和背包太麻烦了。士兵同样喜欢坐在直升机地板上，这样就可以拆掉直升机上的座椅以减轻重量，可以提供更多的空间并方便士兵快速登机和离机。

机组人员会对武装部队携带的手榴弹感到紧张，轻武器已经上膛但必须关上保险。武器的枪口应该朝下，这样即使走火也不会造成什么伤害。机组长负责监督装载，并负责机长和部队指挥官之间的通信。

接近飞行

直升机会编队飞往着陆区，飞行编队可以是箭形（最为常见）、菱形、梯形（左或右交错约45度的飞行队列）、线形（纵队）或交错线形。直升机可以采用同样的编队进行着陆，这取决于着陆区的形状和大小，以及地面部队的部署计划。护航武装直升机会在侧翼飞行，通常是在编队每侧各有一架。如果有更多的武装直升机，它们会跟随编队飞行，有两架会提前起飞，为着陆区做准备。由于武装直升机装载的弹药量有限，只能携带少量的燃油，因而只能在守护位置停留很短的时间，轮换可能使空中掩护出现间隙，后续的武装直升机会减轻守卫部队的负担。

一次空中机动行动中通常没有足够多的直升机可以一次性将部队运送到位，或者着陆区太小不允许直升机群同时使用。根据直升机数量和着陆区大小，会组织进行多次连续运输行动。如果条件允许的话，可以在同一地区的两个或两个以上的着陆区嵌入一支部队。这样可以使更多的部队同时着陆，并且可以更加分散。但后一种办法并不总是可行，因为部队如果这样分散的话，一旦投入交战可能无法相互

◀ 第175突击直升机连的直升机正近距离编队飞行，准备发起一次空中突击行动。

支援，从而产生更为严重的问题，也可能使炮兵和空中火力支援难以协调。一个100人的步兵连（全部兵力约160人，但有的连队可能只有80人），需要15架UH–1H直升机，每架直升机限装7人。如果行动仅能提供8~10架直升机，而且着陆区一次只能接受4架直升机的话，就会使问题变得更加复杂。在这种情况下，根据着陆区的接受能力，飞行行动会被细分成几个波次（一次飞行两架或两架以上的飞机，一个波次含两次或两次以上的飞行）。飞行可以每隔15~30秒抵达，这包括卸载和起飞所需的全部时间。即使一个大型着陆区能够接受整个波次的直升机，每个步兵排的4~5架直升机也可能会分阶段降落而不是一次性降落，以避免遭到伏击造成重大损失。

火力准备

炮兵火力准备会对林木线和疑似敌军位置进行轰击，特别是对战场的关键要点，火力准备通常会持续10分钟或者更短的时间。行动中选择航空进场路线时，必须要考虑炮兵的火力扇区，虽然直升机被一发错误的炮弹击落的情况很少见，但多数部队还是认为小心为妙。炮兵火力支援的时间安排是这样的：运输直升机抵达2分钟前，最后一发炮弹会被发射出去，最后两发炮弹会是白磷弹，炮弹爆炸扬起的烟雾会给空中部队发出弹幕已经结束的信号。接下来轮到航空火箭炮直升机出场了，它们会对林木线进行航空火力准备。当运输直升机飞过树林时，航空火箭炮直升机会撤离，然后在待命航线飞行，随时听候召唤。直升机编队两侧的护航机在飞机着陆时会沿着直升机着陆的林木线开火，然后进入椭圆形航线飞行，等着陆区直升机重新起飞后，它们会在直升机编队两侧重新占据位置恢复护航。

▲ 1967年7月，在壮庞附近的卡罗琳基地，第25步兵师第9团第4营C连乘坐直升机发起一次空中突击。

▲ 第 190 突击直升机连这架"斯巴达人 850"直升机被改装成了发烟直升机，被命名为"斯巴达人烟雾"（Spartan Smokey），这也是这架直升机的呼号。机组长为这架直升机设计了一个标志——黑桃尖图案，位于机身两侧。

▶ 1966 年 8 月 31 日，第 173 空降旅第 16 装甲营 D 连的成员在该旅的前进基地从 UH-1D 直升机离机着陆后蹲下身体隐蔽，稍后他们将在春禄的村庄搜寻游击队。

▶ 1967 年 11 月 23 日，在多苏县攻击 875 高地后，第 173 空降旅第 4 营战士将伤员抬上一架 UH-1D 直升机撤离。

▲ 1966 年 2 月 28 日，美军直升机群在安溪的稻田里降落。

▼ 第 176 突击直升机连的"民兵 15"直升机正在执行补给任务，运送 C 口。这架 68-15541 号 UH-1H 直升机于 1969 年 5 月—1970 年 7 月在连队服役，累计飞行 1765 小时，1970 年 8 月 15 日注销。前景跑动者是戴维·丹尼尔斯（David Daniels）。

▲ 第 17 骑兵团第 7 中队 C 骑兵连的 AH-1G 武装直升机在护航任务结束后飞回基地。

▶ 第 4 航空营隶属于第 4
步兵师，其 A 航空连第 1
排为"蜥蜴"（Lizards），
这个排执行要人运输等任
务；第 2 排是"骗子"
（Hustlers），第 3 排 称
为"叛徒"（Renegades），
这两个排执行部队运输和
补给任务。图为 A 连第 3
排的一架直升机正在执行
补给任务。

部队卸载

　　直升机最后接近时，会向机上部队发出离机提示。一名步兵参加过一次或两次行动后，一切就变成按部就班了。无论直升机是停在地面还是悬停在距地面几英尺处，部队都将按照机组长的命令离机。如果是盘旋状态，士兵会将双脚摆动到机身一侧，并脚踩在滑橇式起落架上离机。早期的直升机仅在机身右侧有一个运兵门，这妨碍了部队的装卸动作，后期较大的直升机如CH–46和CH–47均通过后部装卸跳板来装卸。如果遭到敌人射击，即使舱门射手开火还击，机内部队通常也不会从机身内部向外射击，这样做是为了防止卸下的部队和附近的直升机遭到误击。如果有任何部队在卸下前就遭到射击，飞行指挥官可能会取消降落。但更多时候，部队通常都会离开飞机，这是一条不成文的规定。遇对手开火，即使仅有一个人离机，那么所有人都会跟随离机。热着陆区是个例外，而不是常规。

　　正常情况下，部队会从直升机两侧离机，然后直升机会离地起飞。部队会尽快离开着陆区，然后在边缘集合。一旦所有人员清点完毕，各班就会移动并建立防线。如果着陆区发生了交战，最初降落的小部队可能会陷入一场恶战。敌人如果有能力并决心战斗，则会试图在下次救援到来之前尽一切努力击败首批部队，或者给其造成严重的伤亡。敌人知道空中突击部队会立即召唤攻击直升机、火炮和空中支援，这样战斗不久就可能演变成一场激烈的较量，然后升级成一场真正的恶战。还有一种可能是敌人见到无机可乘，会中断接触尽快撤离。

指挥与控制

　　在突击行动过程中，一架营指挥与控制直升机会在头顶上空盘旋，这架直升机由旅的航空班或通用航空连来提供，搭载着突击部队所属地面部队的指挥官。如果是一个营或多个营的联合作战行动，则会载有旅级指挥官，甚至还有师级指挥官。着陆地面部队的营长也会着陆，他将由作战官以及炮兵和航空联络官配合，来指挥和协调后续的作战行动。

这种空中指挥的作战方式经常会受到批评，因为空中指挥官没有身处战场实地，可能失去对时间、距离等的切身感受，导致对地面的连队指挥官提出不符合实际情况的期望。从空中来看，距离似乎无关紧要，空中观察者无法理解面对被树木或其他植被覆盖的破碎地形时的困难，可能还忽略了地面部队所携带的沉重装备，而且他们还得承受温度和湿度等地面环境的影响。尽管如此，对于那些能保持现实视角的指挥官来说，空中是一种更好的指挥与控制位置，他们不需要到地面去克服地形障碍。地面上的部队，可以使用无线电编码的网格坐标、彩色烟雾弹、穿过森林树冠发射的照明弹、识别板和信号镜等手段来标记自己的位置，这样指挥官参谋就可以在作战地图上标记出友方位置和敌方目标。炮兵、武装直升机、侦察直升机、医疗直升机、补给以及预备部队和反应部队等都从空中有利位置来进行协调，反应时间非常快。

空中机动战

1968年1月31日2时，著名的"春节攻势"（Tet Offensive）中对西贡市的总攻击开始了，南越全境顿时陷入一片混乱，交战双方展开了激烈的搏杀。紧接着，代号为"飞马"（Pegasus）的恢复地面联系的联合行动计划被提出，其目的不仅是解救海军陆战队，还准备歼灭在该地区的所有人民军部队。

4月1日7时，"飞马行动"正式开始，由于天公不作美，陆战1团在没有多少空中支援的情况下出发，陆战1团1营在公路北面、陆战3团2营在公路南面并肩前进。4月15日，881高地北子高地之战结束后，陆战3师接过溪山基地指挥权，"飞马行动"结束，陆战1团进驻溪山基地与陆战26团换防。行动结束后，第1骑兵师几乎立即接到命令，向溪山南部转移，投入新的行动，进入第1军区南部的阿绍河谷。

阿绍河谷位于第1军区的西南部，在两条山脉之间。自1966年3月占领了山谷南端的美军特种部队营地以来，人民军将该地发展成为强大的补给和集结基地。人民军部队控制该山谷以后，不仅在这里建立了基地，还精心构筑了防御设施，并在可能的着陆区附近部署了重型防空武器。

"飞马行动"完成后，进攻阿绍河谷的行动计划得以最终确定。"特拉华行动"（Operation Deleware）计划总体要求第1骑兵师和第101空降师发起联合空中机动突击行动，与地面的南越第1师团的推进相配合。与"飞马行动"一样，天气将在此次行动中与敌正面火力一起发挥重要作用。

4月19日，第1骑兵师的第一拨直升机起飞离开搭载区，前往山谷北部的"猛虎"着陆区（LZ Tiger）和"维姬"着陆区（LZ Vicki）。虽然最初波次的直升机群只遭遇了很小的地面火力和抵抗，但后继波次的直升机却遭遇到了猛烈的防空火力。由于敌人猛烈的抵抗，22架直升机损失了10架。随着战事的推进，更多的部队被调入山谷，继续搜寻敌方和补给仓库。

"特拉华行动"结束后，美军总结最终战果：这次行动是迄今为止直升机损失最为惨重的一场战役，但考虑到地面防空火力如此猛烈，这些损失也在情理之中。虽然遭遇到了最为强大的敌方防空系统，第1骑兵师和第101空降师仍然成功执行了空中机动行动。考虑到上述因素，再加上恶劣的天气，"特拉华行动"成为空中机动理论遇到的最为严峻的考验，但空中机动理论经受住了这些考验，并取得了令人满意的战果。

1968年，理查德·尼克松当选新一任美国总统，为了兑现竞选承诺，计划重新部署美军部队，实行战争越南化，把战争交给南越部队。大规模削减美军，对剩余的战斗部队造成了更大的压力。随着越来

▲ 1969 年 11 月，第 25 步兵师第 12 步兵团第 2 营的步兵在直升机的支援下在古芝东北巡逻。

▲ 1970 年 6 月 7 日，柬埔寨，一名士兵站在紫色烟雾附近，举起双臂引导一群"休伊"直升机接近着陆区。

越多的部队陆续回国，对仍留在战场上的部队来说，直升机将变得更加重要。

1970 年 4 月 30 日，尼克松下令美军和南越陆军入侵柬埔寨，并掠得众多军事物资。总的来说，如果没有了直升机，这次入侵行动联军不可能获得这么大的战果，当尼克松下令部队提前撤离时，情况更是如此。越南战争中美军最后一次重大地面行动中，直升机发挥了至关重要的作用。

在越南进行的大部分战斗中，直升机所要面对的防空火力相对并不严重，尽管敌人确实尝试使用重型武器对直升机发起进攻，但从未变成需要严肃对待的问题。但也有例外，比如"兰山719行动"，该行动联军虽然出动了精锐力量，缴获了众多的武器装备和物资，但最终结果是失败。

"兰山719行动"是整个越战期间最为昂贵的空中机动突击行动，美军直升机损失102架，损伤559架。这些损失大部分发生在重型高射炮高度集中的地区，特别是超过一半的损失发生在直升机最为脆弱的热着陆区，表明直升机即使在这种高危环境下也能执行任务。同时，这次行动也显示了老式"休伊"

武装直升机相比新式"眼镜蛇"明显落后，在激烈的地面防空火力下，它们更容易被击落。事实证明，"眼镜蛇"更加坚固，经常带着足以击落老式"休伊"直升机的损伤返回基地。虽然"兰山719"地面行动的战果令人怀疑，但直升机和机组人员在行动中表现出色，再次用实际行动证明了空中机动理论。

　　检讨此次作战中使用的直升机机降战术，联军无论是作战进攻还是后勤保障都严重依赖于直升机，而越南人民军正是利用联军的这个弱点，在全线展开防空作战，击落击伤了大量直升机，导致联军后勤受到严重限制，物资供应不上，伤员撤不下来，严重削弱了联军的战斗力。南越第1军团司令黄春林在战争结束后解释"兰山719行动"失败的原因时说："因为敌人远超预期的强大防空火力而实际陷入停滞状态，打乱了我们的直升机运输计划。另外，当时天气状况也影响了所有的直升机支援进程，而直升机是我们在这次作战中可以用来运兵、再补给和撤走伤员的唯一装备。"

落幕越南

　　"兰山719行动"是美军在越战期间进行的最后一次大型空中机动突击，随着战争越南化政策的全面实施，驻扎在越南的美军数量逐步下降，尤其是作战部队。到了1971年春，第1骑兵师大部分部队和许多地面部队一起撤回美国本土。1972年年初，第101空降师几乎全部撤出。

　　随着战场形势变化，越南人民军开始发起战略进攻。

　　1972年12月，巴黎谈判取得了部分进展，最终于1973年1月27日签署了《关于越南问题的巴黎协定》。1975年4月29日，人民军对西贡发起总攻，新山一机场无法使用，美军就以西贡市区10余幢高层建筑的楼顶和美国使馆庭院作为临时停机坪，利用直升机运走等待撤离的人员。

　　4月30日上午10时左右，人民军部队占领了独立宫，取得了最后的胜利。

　　在最后的直升机行动中，有两名海军陆战队队员因CH-53直升机坠海而丧生，成为美国人在越南战争中的最后伤亡。

越战中美军直升机出动架次

年份	数量
1961—1965	106000
1966	123000
1967	260000
1968	495000
1969	459000
1970	393000
1971	230000
总计	2066000

第三章

越南战争中陆军航空兵
的直升机机型

03

"飞行香蕉"——H-21/CH-21"肖尼"运输直升机

弗兰克·皮亚塞茨基（Frank Piaseck）1919年生于费城，他是一位波兰移民裁缝的儿子，20岁时获得了航空和机械工程学位，1940年在几个朋友支持下创办了一个小型航空公司。他的第一架单人旋翼直升机被命名为PV-2，并于1943年试飞。经过努力，皮亚塞茨基于1944年1月1日获得海军购买一架新型直升机的合同，为此他设计了一种串列双旋翼的搜救用直升机HRP-1，于1945年首飞，该机型最终被美国海军、海军陆战队和海岸警卫队采用，1947年开始服役，共生产了28架。

在HRP-1原型机基础上改进的HRP-2采用全金属结构机身，飞行性能大幅提高，但美国海军采购很少。HRP-2基础上最终发展出H-21。H-21驾驶舱采用了厚重的玻璃设计，为机组人员提供了出色的视野，机身拉到尾部，机尾和驾驶舱呈现两头向上的独特外观。机身最低处装有固定式主起落架，机首的起落架固定在机头下方。在机身内部，驾驶舱内有2名机组人员，可容纳20名战斗人员或多达12副担架及随行医务人员。

H-21A是空军早期的搜救型号，装备着1150马力的柯蒂斯–莱特R-1820-103"旋风"风冷星型发动机。H-21B将发动机升级为1425马力的引擎，最大时速也提升到202千米，旋翼叶片加长约6英寸，可运载22名全副武装的士兵，或在担任救护任务时搭载12副担架加2名医护人员。

陆军在H-21首飞后不久意识到H-21作为中型多用途直升机的潜力，于1952年交给皮亚塞茨基一份生产改进型H-21C的合同，共生产334架，生产交付时间为1954年9月—1959年3月。这种型号外部的明显区别是可携带两个外部油箱，机身下方有一个吊钩，可以承载达1814千克的载荷。陆军成为这种直升机最大的用户，组建了10个H-21C连。1962年7月，H-21型号变为CH-21。

CH-21直升机飞行难度大，维护困难，技术含量低。两台莱特R-1820发动机为直升机提供动力，这是二战时期B-17轰炸机就采用过的动力。据推测，采用这种发动机是因为其储备充足，但CH-21在起飞和巡航时需要更多的动力。由于动力不足，发动机须承受更大压力，因此很少有发动机能持续工作超过400小

▲ 1963 年，一群伞兵正要登上两架 CH-21C 直升机，准备执行任务。

▲ 1964 年 2 月，第 121 航空连的一架 CH-21 直升机停在跑道边，边上可以看到沙袋垒的碉堡。该连前身——第 93 运输连是在越南唯一使用字母作为识别方式的 CH-21 单位，直升机垂直安定面上画有单位的标志——老虎头。1963 年 1 月，连队收到了美国援助老挝顾问团送来的一只名叫"图菲"（Tuffy）的孟加拉虎，这只老虎得到了全连的关注和喜爱，虽然它在该连仅待到 1963 年 6 月，但留给了这支部队"朔庄老虎"（Soc Trang Tigers）的称号。

时。一些飞行员讨厌CH-21，因为它很难操纵，他们称它为"野兽"，但也有驾驶过它的人喜欢它。

　　对陆军来说，这种直升机是为运输部队和货物而制造的，因此承担了美国陆军参加越南战争初期的大部分运输任务，为后来陆军使用空中机动战术打下了基础，把南越陆军部队运送到战区执行任务后再从战区运回来。老旧的CH-21因为过度使用，机身出现了裂纹，零部件也难以获得，部队间为了零备件时常发生激烈竞争。1963年年底，"休伊"开始取代"飞行香蕉"。然而对新直升机的兴奋很快就变成了失望，UH-1B是一种相对较小的直升机，无法像"飞行香蕉"那样运输那么多人。重达3000磅的货物很容易由CH-21吊起，而UH-1B却根本做不到，机组人员很快就要求"把'香蕉'还给我们"。

　　随着"休伊"取代CH-21，"老姑娘"被空运到西贡，用船运送回美国。

"钩子"——HC-1B/CH-47"支努干"直升机

　　CH-47"支努干"直升机是一种双旋翼纵列式中型运输直升机，用于运输部队、火炮、弹药物资和轻型车辆。在美国介入越南战争之前的几年里，陆军大规模扩充了其陆军航空兵部队，至1962年年初，

▲ 美国陆军的 CH-21C 直升机正准备降落运输南越部队，该型直升机在越南大规模投入作战，但性能并不让人满意。

陆军正准备进入空中机动作战理论的新时代。随着新理论的实施，陆军需要大型运输直升机在战区内运送人员和补给品。1957年5月，私人企业伏托尔飞机公司（Vertol，皮亚塞茨基公司1956年更名为伏托尔）开始设计新直升机，这是一种双涡轮发动机机型，采用与早期的H-21直升机基本相同的串联旋翼和传动系统。12个月后，BV-107原型机于1958年4月22日在费城国际机场首飞。这架直升机的特点是具有可以水上着陆的密封机身，后部带有装卸货物的跳板，机身侧舷安装有油箱，具有改进的飞行控制系统，以及安装在机身前后部旋翼塔上的钢梁旋翼叶片。

美国陆军部宣布更换H-21、H-34和H-37部队运输直升机的计划，并要求一些公司提交设计方案，在对这些公司的设计方案进行评估后，伏托尔（与波音公司合并成为波音伏托尔）获胜。1958年7月，陆军签订了10架BV-107原型机合同，将其命名为YHC-1A，用以评估这种涡轮发动机机型。许多陆军官员认为，YHC-1A对攻击角色来说太重，而对运输角色来说又太轻。陆军内部对新型运输直升机的尺寸进行了大量争论后，最终决定采用BV-107更大的改进版BV-114作为标准中型运输直升机，陆军希望加快空中机动理论的实施。

随着BV-114的研制发展，其改进型被命名为YHC-1B，导致YHC-1A合同减少到3架（该型号后来被重新指定为YCH-46并被海军采用）。1959年5月，陆军订购了5架YHC-1B原型机进行服役测试，而3架YHC-1A于8月开始使用。YHC-1B原型机于1959年9月21日首飞，第一架服役测试机于1961年4月28日推出。服役测试机有一个全金属半硬壳式结构的机身，油箱、电气系统和四轮起落架安装在机身两侧的两个横向方舱中。这样设计是为了使机舱畅通无阻，并为内部货物提供最大的空间。机舱地板、机身下部隔间以及起落架舱都是密封的，这样就允许直升机降落在水面上。

越南战场对这种直升机需求迫切，导致陆军航空测试委员会压缩了飞行测试计划。测试中有一架直升机坠毁，机上人员全部遇难。这次事故也导致许多陆军内外官员认为陆军对推进该计划过于迫切，还有传言称坠机是由于设计缺陷造成的，因此整个计划可能取消，但军方调查的结论是，事故是由于零件不正确安装造成的，从而打消了疑虑。在评估完成之前，陆军就订购了5架预生产机，编号为HC-1B。不久之后，按北美印第安部落的命名传统，这种直升机被命名为"支努干"（也译作"奇努克"），绰号"钩子"（Hook）。

1961年2月，陆军订购了18架HC-1B，随后于1961年12月又签订了24架的合同。1962年三军统一军用飞机代号，HC-1B和YHC-1B成为YCH-47，生产型型号为CH-47A。CH-47A于1963年开始装备美军，取代过时的CH-37直升机，并成为陆军的主力中型直升机，于1965年第一次部署到越南。1967年安装两台T55-L-7C涡轮轴发动机的CH-47B取代CH-47A，后者被证明动力不足，升限和航程令人失望而且机械故障频发。因为CH-47B同样性能不足，故加强了传动系统、更换了更大功率发动机后的改进型CH-47C于1968年开始陆续抵达越南。

战场上，CH-47很快被证明是火炮机动和重型补给运输的重要手段，CH-47在越南的主要任务之一是在偏远的山区火力基地移动炮兵连，并为这些基地提供充足的弹药。"支努干"另一项重要任务是回收被击落的飞机，即"吸烟斗"（Pipesmoke）任务，它回收了相当多的飞机，以至于CH-47直升机成为陆军主要的救援飞机。"支努干"在越南执行的其他重要任务包括医疗后送、工兵支援、伞兵部队空降、空对地拖拽，以及部队的插入和撤出。在丛林地区插入和回收部队，有一种方法是使用悬挂在后跳板上的绳梯，这种方法对部队来说会相当危险，被称为"雅各天梯"（Jacob's Ladder）。执行这种任务时相当考验飞行员的技术，因为它需要保持长时间悬停，且通常是在敌方地区和火力下。

CH-47A部分技术数据

旋翼直径： 18.29米
机长（旋翼转动）： 30.18米
机身长： 15.54米
机宽（旋翼折叠）： 3.78米
机高（至后桨毂顶部）： 5.68米
轮距： 3.2米
前后轮距： 6.86米
有效载荷： 6803千克（内部装载，活动半径185千米，高度1220米，在起飞重量下无地效悬停）
总重： 22680千克（海平面，国际标准大气压，无地效悬停）
最大平飞速度： 287千米/时（海平面，国际标准大气压，起飞重量14968千克）

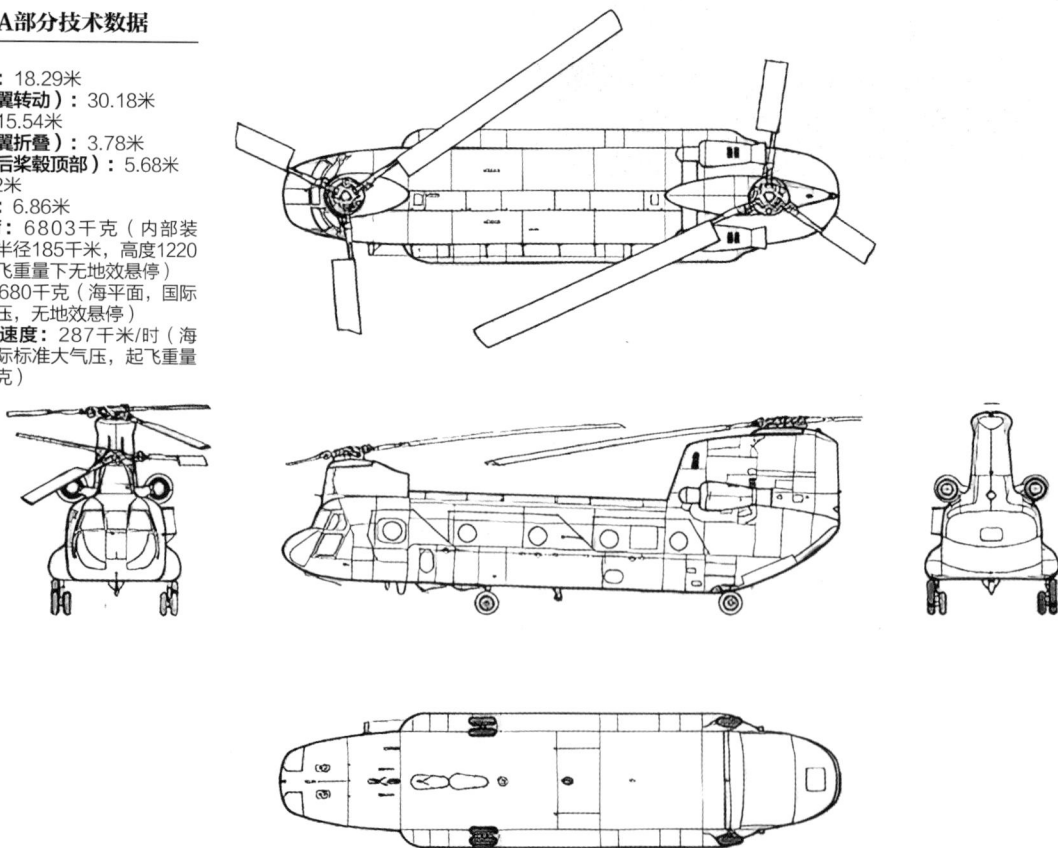

▲ CH-47A 四视图。

注： 机型的技术参数来自国际航空杂志社 1982 年 2 月第 1 版《国外飞机手册》。

▲ 第 520 运输营有一架"支努干"直升机负责对坠毁或战斗损坏的直升机进行现场回收，呼号为"吸烟斗"，取自该部喜欢叼着个烟斗的首任指挥官约翰·劳（John Law）少校。该机配备了 3 挺机枪自我保护，分别在右前舱门、右前窗和尾部跳板上。

▲ 1967 年 7 月 21 日，平定，第 9 骑兵团第 1 中队的一架 CH-47 直升机正在空投 55 加仑的催泪弹，打击疑似游击队炮兵掩体。

▲ 在宾夕法尼亚的波音工厂，64-13145 号 CH-47A 武装直升机停在地面，而 64-13149 号 CH-47A 在上方悬停。

　　CH-47 直升机在越南的创新应用还包括将其改装为轰炸机，在1967年的"潘兴行动"期间，第1骑兵师使用"支努干"向敌方阵地投放了总共3万磅的催泪弹。催泪弹是在一个标准55加仑汽油桶上安装一个在当地制造的简易引信系统制成的。投放时将催泪弹从装卸跳板上推离飞机，在距离地面预定高

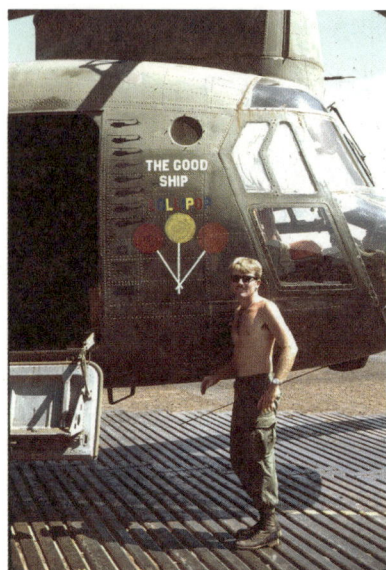

▲ 1969 年年初，在朱莱的第 132 突击支援直升机连 "大力神" 的 67-18451 号 CH-47B 直升机，边上是机组长 T. R. 麦卡恩（T. R. McCann）与其创作的 "好船棒棒糖"（The Good Ship Lollipop）。该机后来改名为 "骄傲玛丽"（Proud Mary）。该机于 1968 年 5 月—1971 年 11 月在越南服役并幸存，累计飞行 1923 小时，于 1968 年 5 月—1971 年 9 月在第 132 突击支援直升机连服役。

▲ 1967 年，停在头顿机场的第 147 突击支援直升机连 "登山者"（Hillclimbers）的一架 CH-47 直升机，机头带有连队的第二版 "登山者" 徽章，机身上罗列着其回收飞机的成绩。

▼ 1970 年，第 178 突击支援直升机连 "棚车"（Box Cars）的 67-18465 号 CH-47B 直升机 "铁蝴蝶"（Iron Butterfly），饰有一个蝴蝶图案，该机 1968 年 3 月—1971 年 12 月在越南服役并幸存，累计飞行 2271 小时，全部在第 178 连。

▲ 霍洛威基地停机坪上的第179突击支援直升机连"捕虾船"（Shrimpboat）的直升机，前景66-19091号CH-47A直升机上带有回收成绩标志。

▲ 第205突击支援直升机连"杰罗尼莫"（Geronimos）的一架直升机，该连队每架直升机机鼻上都画有形状各异的"杰罗尼莫"（阿柏支族印第安人首领）标志，该连于1967年5月部署到越南，驻扎在富利。

▲ 1972年，边和，第362突击支援直升机连"联合飞行"的65-08016号CH-47A直升机"反叛者"（Rebel），机身前部能看到一个美国内战南方士兵形象和I南方邦联的旗帜。该机1967年1月—1972年6月累计飞行3177小时，于1971年7月—1972年6月在第362突击支援直升机连服役，后转交给南越空军，于1974年4月被越军缴获。

▲ 1966 年 5 月，有 3 架 CH-47A 武装直升机被部署到越南，进行为期 6 个月的战场测试评估，分别是 64-13149 号"不义之财"（Easy Money）、64-13151 号"跳树桩者"（Stump Jumper）、64-13154 号"生育控制"（Birth Control），被分配给新组建的第 53 航空分队。评估期间吗，"跳树桩者"与另一架 CH-47A 发生地面碰撞事故而报废，留在美国进行武器系统测试的 64-13145 号"生活费"（Co$t of Living）结束测试并被立即部署到越南。测试期结束后，"支努干"武装直升机部队更名为第 1 航空分队（暂编），后更改番号，隶属安溪的第 228 突击支援直升机营。图中这架直升机前变速箱整流罩带有该分队的徽标。最后 3 架直升机仅有"不义之财"幸存。

度，汽油桶会爆炸，将催泪瓦斯散布至整个区域。与此同时，凝固汽油弹也采用类似方式投下。一架 CH-47 在一次打击中可以投下 2.5 吨凝固汽油弹，这成为对抗游击队地道的高效武器。

　　"支努干"在越南创下了令人羡慕的纪录，统计数据充分证明了这一点。"支努干"共飞行 118.2 万小时（战斗飞行 99.6 万小时），出动 260 万架次，运送 450 万吨物资、850 万人。在实战中有许多 CH-47 直升机机组人员在危险的再补给和部队行动中遇难或受伤，与 CH-54 直升机一样，CH-47 直升机也极易受地面火力的影响。由于战斗或事故等各种原因，在越南共损失 170 架"支努干"。CH-47 提供超过 UH-1 的中等空运能力，但要低于 CH-54 直升机。在 1969 年峰值期，第 1 航空旅拥有 311 架 CH-47 直升机。

"飞鱼缸"——H-13/OH-13"苏族"直升机

　　OH-13 是贝尔公司研发的三座单发轻型通用直升机，带有小小的气泡式坐舱，虽然可以像后来的观察机那样搭载两名乘客，但仅有一名驾驶员。陆军于 1943 年订购了用于评估的贝尔 30 型，在此基础上发展出了贝尔 47 型，陆军于 1946 年订购了 28 架，并命名为 YR-13，后改为 H-13，海军型号为 HTL-1。1948 年，陆军又购买了 65 架 H-13B。贝尔公司对直升机继续进行改进，陆军和海军则继续采购，到 1949 年 6 月，陆军拥有 59 架 H-13B。

　　由于飞行员坐在巨大的玻璃气泡坐舱中，许多飞行员将 H-13 称为"飞鱼缸"。

　　在朝鲜战争中，H-13 被广泛用于医疗后送，这被证明是一种不可多得的运输手段，但这种直升机最初从未设计用于疏散伤员。1951年一年中，H-13就运载了5040名伤员。朝鲜战争于1953年7月27日结束时，总计有21212名士兵通过直升机进行了后送。

到1954年6月30日，陆军已经获得了790架H-13各型直升机，其中大部分是1952—1953年获得的H-13E和H-13G。在这种直升机上，美军进行了XM-1等武器系统的测试，武器安装在滑橇起落架上。

1962年，陆军的H-13型号变更为OH-13。

观察直升机加入越南战争时，美国陆军机队拥有861架OH-13E、OH-13G和OH-13H。1961年12月，第一批直升机抵达西贡，首批部署的是第8和第57运输连，每个连都拥有20架CH-21和2架OH-13E。作为战争初期陆军的主要观察直升机，"苏族"Sioux）迅速证明了侦察的重要性和有效性，因为这些飞行实际上将引发战斗。在空中机动作战头两年，侦察直升机出动了50多万架次，其中损失了25架OH-13和OH-23。

▲ 1972年，在尤斯蒂斯堡的贝尔OH-13直升机美国陆军教练型TH-13T的66-8062号机，该机涂有国际橙色涂装和大型白色识别码，这是陆军教练机的标准涂装。

▲ 经过4个月的训练，飞行员麦克·瓦格纳（Mike Wegner）准备驾驶贝尔OH-13G直升机进行一次跨国飞行，为了保持体力，他往驾驶舱里扔了几袋午餐食品。

虽然"苏族"并不打算作为战机使用，部署越南的OH-13最初任务是炮火引导和联络，但很快直升机开始在部队前方进行"侦察"或检查一些区域，以确定美军未来任务中可能遇到的敌军阵地。直升机执行侦察任务开始遭到更多的反击，作为应对，观察员开始随身携带M60机枪和手榴弹等武器。

大批OH-13直升机于1965年抵达的时候并没有安装武器。1966年中期前后，固定武器系统概念重新出现，最初是在滑橇起落架上安装的M-2武器子系统（Armament Subsystem），它由两挺M60C机枪组成，每挺备弹650发。由于武器系统总重量超过了200磅，虽然部队抵达越南时带来了所有新型的OH-13S，但在越南，高温和高密度高度环境下，安装了固定武器系统的直升机动力不足，这种武器系统于1967年4月或5月被放弃以提高直升机飞行性能。

由于侦察直升机是在恶劣的环境下作战，因此机组人员携带个人武器并不少见。虽然直升机空间非常宝贵，机组人员选择武器却多种多样，除了通常携带的刀和手枪外，还携带有早期M2卡宾枪、后来的M16步枪或M79榴弹发射器，甚至汤姆逊冲锋枪，至于究竟携带什么，很大程度上看个人选择。侦察直升机上还会携带一些手榴弹，包括普通炸药、白磷手榴弹、爆炸手榴弹、催泪手榴弹和4种不同颜色的烟雾手榴弹。虽然其中大部分都装在一个放在座位间的弹药箱中，但也经常挂在除霜器电缆上，甚至挂在耐火舱壁某些部位或其他部分的安全线缆上，至于把这些武器放在哪里，也是一个个人选择的问题。侦察机中的观察员，后来通常被称为射手，手持M60机枪。有一些射手对使用的武器进行了个人改

▲ 1967 年，得克萨斯州沃特斯堡飞行学校的 OH-13G 直升机群。

造，包括修改扳机弹簧张力、改短枪管等，以便更好、更便捷地发挥其性能。机上携带的子弹通常是800发，放在射手前面的地板上。从坠落的飞机上捡来的装甲背心和装甲板经常会被放到坐垫下方和后方，或者放在驾驶舱底部的玻璃下视窗里，以加强防护。

　　尽管直升机本身常有机械故障，但机组人员发现OH-13是一种相当宽容的飞机，有许多OH-13直升机被7.62毫米子弹击中但仍将机组人员安全带回家的故事。1969年年末，OH-13直升机被逐步淘汰。后由于OH-6A的大量损失，有一些OH-13直升机在1971年1月又被重新部署到越南，当年晚些时候被再次淘汰。在越南战争中，陆军共损失70架OH-13。

"渡鸦"——H-23/OH-23直升机

　　小斯坦利·希勒（Stanley Hiller, Jr.）可以说是个神童，17岁时制造并驾驶了他的第一架直升机希勒XH-44，这是一种高效同轴直升机，给陆军留下了深刻印象。在航空大亨亨利·凯泽的帮助下，希勒于1942年成立了联合直升机公司。联合直升机公司于1947年研制了原型机M360X，这是一种配备180马力富兰克林发动机的双人直升机。1948年10月，民航局CAA颁发了360型的生产证书，以联合直升机公司名义开始生产360型，即希勒UH-12轻型通用直升机。这种直升机结构简单，装有双叶主旋翼和一个双叶尾桨，价廉、通用而且可靠，因为最初售价为19995美元，远低于其竞争对手（1949年贝尔47的售价为23500美元），因此获得了商业上的成功。

1949年夏天，希勒UH-12首次跨大陆商业飞行，从加利福尼亚飞往纽约，一举成名，在20世纪50年代的美国直升机工业史上占有重要地位。在升级发动机和一种新的木制双叶主旋翼后，改进型命名为UH-12A，配备178马力的富兰克林O-335-4活塞发动机。陆军看中了这种直升机，签订了军用版本合同，评估原型指定为YH-23，军用型乘员增加为两人，并排坐在气泡挡风玻璃座舱中。1950年9月，在加利福尼亚的帕罗奥图市（Palo Alto），约翰·奥斯瓦尔德（John Oswald）少校代表陆军野战部队正式接收第一架希勒直升机，序号50-1254。这架直升机被转移到本宁堡，进行了一系列测试。成功测试后，美国陆军正式采购YH-23，将型号指定为H-23A"渡鸦"（Raven），并于1951财政年度预算中订购100架，这是当时陆军最大的直升机合同。大多数H-23A是以空中救护配置形式交付的，机身两侧外部安装有完全封闭的担架。这种直升机也引起了空军的兴趣，订购了5架进行评估。

1950年11月，H-23A抵达朝鲜。它在战争早期阶段表现得并不好：由于恶劣的使用条件，持续飞行导致过度疲劳，以及加装的包括无线电、新的飞行控制系统、额外的电子设备和担架使直升机超载，并且直升机的结构相对较轻，这些缺陷导致直升机在运输伤兵、人员和侦察飞行时暴露出了局限性。除了上述问题，包括缺乏备件等其他问题也很快出现。为了解决这些问题，联合直升机公司员工人数从不到100人增加到700多人，随着其他富有经验的管理人员和专业人员的加入，该公司开始批量生产直升机。

1951年年初，公司工程师与陆军和海军专家合作，开始重新设计改进H-23A，进行了约50项重大修改，其中有一些是来自军方飞行员的建议。为了满足军方需求，民用型直升机及备件的生产被放在了第二位，这个决定给民用运营商造成了重大影响，其中有一些被迫关门停业。改进型H-23B采用了更强大的200马力的富兰克林O-335-6发动机，新的变速器增强了稳定性。首次测试于1951年7月开始，首次试飞于9月进行，陆军随后订购了273架，另外81架用于出口，2个月后新型直升机开始交付。1951年11月30日出版的著名杂志《飞行国际》中，有一篇题为《穿制服的直升机》的文章，向读者详细介绍了H-23B的变化。12月3日出版的《航空周刊》也发表了同样的文章，称"希勒直升机焕然一新"。1951年的年度股东大会，批准将公司名称从"联合直升机公司"改为"希勒直升机公司"。随着朝鲜战争爆发，军队的订单蜂拥而至，公司的营业额从1949年的55.7万美元增长到1952年的1439.9万美元。

希勒公司对直升机进一步升级，发展为可容纳3名人员的H-23C。H-23C采用金属桨叶，陆军订购了145架。H-23D采用了全新的主旋翼设计和动力装置，包括250马力的更可靠的莱康明O-435-23C发动机，陆军订购了483架。H-23D搭载两名机组人员，最高时速为95英里，巡航时速为82英里，航程为200英里，升限为13200英尺。H-23F进一步升级，增加了乘员舱，变成了四座型，同时采用305马力的莱康明O-540-9A六缸水平对置风冷发动机，陆军订购了22架。OH-23G又变成了三座，医疗后送型可以携带两个橇装式外部担架或方舱，这是进入陆军服役的最后一种改进型。"渡鸦"也可以安装两挺7.62毫米勃朗宁M37C机枪的XM-1武器子系统，以及两挺M60C机枪的M-2武器子系统，XM76瞄准系统被用于武器瞄准。

海军也对一架H-23A进行了评估，并对其质量留下了良好的印象，采用了双座型UH-12A，该型机带有两套操控系统，另外还有轮式起落架。海军将其命名为希勒HTE-1，采购了17架用于初级训练。随后是HTE-2，即H-23B，海军采购了35架。除了美国，这种直升机在世界市场上也非常受欢迎，装备了

▲ 第 4 步兵师的人员正在执行侦察任务，一架 OH-23 直升机提供了支援。

▲ 1968 年，一架 OH-23 直升机降落在紧张着陆区（LZ Uptight）。

▲ 第 5 骑兵团第 3 中队 D 骑兵连航空侦察排的一架 OH-23G 直升机使用迫击炮弹作为对地攻击武器。

包括英国皇家海军、加拿大陆军等多个国家的军队。

1962年9月，H-23型号变更为OH-23。

OH-23是一种优秀的直升机，它没有液压控制系统，这大大简化了维护和飞行控制，在朝鲜战争中作为通用、侦察、观察、任务联络和医疗直升机发挥了作用。在越南战争期间，这种直升机主要用于对直升机飞行员进行初级训练，来补充对飞行员需求的不断增加，并在越南战争早期作为武装观察机等投入使用，各型OH-23与OH-13一样于1968年年初逐步被新型OH-6A所取代。

"泥鳅"——YHO-6/OH-6 "小马" 轻型观察直升机

休斯的OH-6 "小马"（Cayuse）通常被称为"泥鳅"，因其铝合金半硬壳式吊舱尾梁结构，及其空气动力学外形和紧凑性，又被俗称为"飞蛋"（Flying Egg）。这是一种革命性的轻型直升机。

1958年10月，陆军研究和发展办公室开展了一项旨在改进陆军航空各个方面的研究，其中一项研究呼吁用轻型观察直升机（LOH）取代朝鲜战争时期的老式L-19 "猎鸟犬"，以及H-13和H-23活塞动力直升机，新型的涡轮动力直升机被设想为与著名的吉普车一样能够执行各种任务的小尺寸直升机。1960年，美国国防部发布轻型观察直升机的"技术规范153"，目标是发展一种具有多用途的专用轻型直升机，这种直升机被要求执行各种任务，包括搜救、医疗后送、观察、运输、侦察、护航、近距离空中支援和直接攻击。著名的飞行先驱霍华德·休斯此时还活着，他的休斯工具公司飞机部的工程师在休斯269型基础上设计了369型以满足军方要求。1961年2月与其他11家公司一起向美国陆军提交了他们的LOH方案。参加竞争的12家制造商提交了17份设计方案，美国陆军最初选定了两种方案设计，一种来自贝尔直升机的D250，一种来自希勒的FH1100，后来休斯提交的369型方案也被增加了进去。1961年5月19日，陆军参谋长批准了设计选择委员会的建议，三家公司的方案被选中，并均由额定250轴马力的艾利逊T63-A-5发动机提供动力。三家公司都获得了一份生产5架原型机的合同，用于进行竞争性评估，以最终选定一种设计生产。

贝尔的D250原型机命名为YHO-4，也被称为"丑小鸭"；希勒原型机为YHO-5；休斯原型机为YHO-6。1962年，三军飞机统一代号后，贝尔原型机型号变更为YOH-4A，希勒原型机变更为YOH-5A，休斯原型机变更为YOH-6A。

休斯YOH-6A安装了252马力的艾利逊发动机，并于1963年2月27日进行了首飞。陆军将休斯提交的飞机方案型号指定为YOH-6A。随后陆军于1961年1月1日正式开始竞争评估测试，每种原型的第一架直升机在亚拉巴马州拉克堡进行初步飞行训练和1000小时的快速后勤测试，第二架在加利福尼亚州爱德华兹空军基地的美国陆军测试中用于工程和空气动力学测试，第三架在拉克堡参加战术和作战适用性测试，第四架在加利福尼亚的亨特·利格特基地（Camp Hunter Liggett）用于评估武器装备，第五架直升机在拉克堡和佛罗里达州的埃格林空军基地（Eglin Air Force Base）参加航空电子设备和空中运输能力测试。在亨特·利格特基地的测试小组叫作旋风特遣队（Task Force Whirlwind），测试中每架直升机都配备两套武器，一套是包括两挺M60机枪的XM-7武器子系统，另一套是包括一个40毫米榴弹发射器的XM-8武器子系统。完成这些测试后，几架直升机再前往爱德华兹空军基地进行武器配置的工程和空气动力学测试。

所有评估于1964年6月30日之前完成，贝尔公司的方案因动力不足首先退出竞赛。评估结果是希勒的YOH-5和休斯的YOH-6被选中参加计划成本竞争合同分析投标，最终休斯方案胜出。从长远来看，休斯公司的方案被认为最具成本效益，但后来证明休斯故意降低成本，欺骗性地战胜了希勒，包括商业间谍活动及政策偏袒在内的指控一直伴随着这种直升机选型。

陆军于1965年5月26日正式宣布YOH-6A批量生产，并向休斯支付了714架的资金，后来因战场需求不断增长，又将生产上限提高到1300架，并把直升机型号定为OH-6A，首批12架于1966年9月被交付给陆军。按照以印第安部落命名飞机的传统，陆军以俄勒冈州一个部落的名字将OH-6A命名为"小马"

〔Cayuse，音译为"卡尤塞"。卡尤塞为分布在俄勒冈州乌马蒂拉（Umatilla）保留地的北美印第安人的一支。国内资料通常将此种直升机译为"小马"或"印第安种小马"〕。

陆军本打算继续订购休斯的OH-6A，然而，不管是由于最初一批"小马"故意压低价格，还是由于所有承包商在越南战争工业增长期间经历的制造成本快速上涨，休斯公司大幅增加了OH-6A的单价，从而促使陆军于1967年开启了一场新的竞争。当时希勒已不再经营，这为贝尔直升机及其新的206型直升机打开了大门，最终诞生了OH-58。如此一来，OH-6直升机仅生产了1434架，军方的OH-6的生产合同最终被终止。

OH-6最初的生产型被指定为OH-6A，由一台317马力的艾利逊发动机提供动力，标准机组人员是前驾驶舱两人，客舱内装有两个可移动座椅。机身采用了标志性的雨滴形状，使这种直升机从外形上一眼就能被辨认出来。机身设计刚好足以容纳所需的航空电子设备、燃炸箱、机组人员和乘客座位。单引擎安装在机身上并连接4片主旋翼，一个传动轴穿过尾梁，为面向左舷的两片尾桨提供动力，发动机通过尾部下方的一个简单圆形口排气。机身后段有蚌壳式舱门，可以打开以维修直升机。驾驶舱及客舱门可以打开，但为了提高态势感知能力，通常完全关闭。直升机前挡风基本完全透明，提供了无与伦比的前方行动视野。OH-6B紧随其后，采用升级为420马力的艾利逊T63-A-720涡轴发动机。OH-6C配备艾利逊25-C20发动机，安装5片桨叶主旋翼。

OH-6的生产正好赶上美国深度介入越南战争。1965年下半年，第11空中突击师成为第1骑兵师，1964年3月组建的第17空中骑兵团第3中队变成第9骑兵团第1中队，该中队在越南驾驶OH-13S飞行了两

▲ 第17骑兵团第7中队B骑兵连的一架OH-6A直升机正在丛林上空低空飞行，"泥鳅"承担着低空侦察兵的角色，这导致其损失相当高。

OH-6A部分技术数据

旋翼直径：8.03米
尾桨直径：1.3米
机长（旋翼前后放置）：9.24米
机身长：7.01米
机高（至桨毂顶部）：2.48米
空重（包括设备）：557千克
设计总重：1090千克
最大允许速度和最大巡航速度（海平面）：241千米/时
巡航速度（最大航程、海平面）：216千米/时
最大爬升率（海平面、军用功率）：560米/分
实用升限：4815米
悬停高度（有地效）：3595米
悬停高度（无地效）：2225米
正常航程（高度1525米）：661千米
转场航程（590千克燃油）：2510千米

注：机型的技术参数来自国际航空杂志社1982年2月第1版《国外飞机手册》。

年，然后才获得OH-6A。与此同时，新装备的训练小组携带两架OH-6A于1967年2月抵达越南。这种直升机异常轻巧，动力充足，非常适合执行地面侦察任务，26英尺直径的主旋翼使其能轻而易举地进入狭窄的着陆区。它没有液压系统，其电气装置主要用于启动发动机，即使按照20世纪60年代的标准也很简单，这也意味着它比其他直升机更易维护，也更不易被击落。但轻薄的铝皮很容易被子弹刺穿。碰撞中，机身会皱缩吸收能量，机组人员经常也因此幸存。

机组人员驾驶着OH-6A进入战场，成为一支不可小觑的凶猛力量。OH-6除了执行猎人杀手战术，还承担了无数其他任务，包括为地面部队和伤员提供各种支援，甚至参加了中情局的秘密行动。虽然到1967年年底，已经有3支装备"泥鳅"的空中骑兵部队抵达越南，并部署了近90架OH-6A，但仍远远低于陆军希望在战区部署377架的数量要求。1968年1月，当决定将第101空降师改编为空中机动部队时，有30架OH-6A被紧急运往越南。至1968年年底，虽然损失了208架，但陆军在越南还有542架OH-6A。虽然OH-6A损失率很高，但在战争高峰期，陆军在越南一直保持有540~590架OH-6A。越南战争期间，在制造的1419架OH-6A"泥鳅"中，有842架被

▲ 1969年，在西宁的第4骑兵团第1中队D骑兵连的67-16516号OH-6A直升机"黑马空中维修"（Darkhorse Air Maintenance），这架高度抛光的"泥鳅"在1971年9月7日因机械故障注销前累计飞行1953小时，于1968年12月—1971年9月在越南服役，1969年2月—1970年1月在D骑兵连服役。

▲ 来自第16骑兵团C骑兵连侦察排的成员佩戴着该排胸章坐在一架"泥鳅"上。

摧毁，大多数是被击落的，还有许多因低空飞行而坠毁。

到战争结束时，美国陆军迫切需要OH-6A的替代者。贝尔公司在新一轮的竞争中拿出了改进的OH-58A"基奥瓦"（Kiowa），其出色的侦察能力完胜OH-6A，因此OH-58A从1969年开始部分取代OH-6。新的贝尔OH-58A还是安装着与OH-6相同的艾利逊T-63发动机，被配属给陆军部队。OH-58A远没有OH-6A敏捷，在越南主要执行低威胁的物资运输和联络任务。

"猎人杀手"战术

"泥鳅"经常与"眼镜蛇"武装直升机组合配对，执行"猎人杀手"（Hunter-Killer）任务，"泥鳅"充当"猎人"，而"眼镜蛇"充当"杀手"。"泥鳅"通常有一名飞行员和一名观察员，有时还有一名舱门射手，以45~60英里的时速在树梢上方10英尺高度飞行，寻找敌方迹象。"眼镜蛇"在侦察兵上方1500英尺处盘旋，等待着扑向"泥鳅"发现的任何东西。"泥鳅"与"眼镜蛇"的组合配对越来越频繁地被送出去，它们的主要作用是收集情报而不是准备着陆区。

直升机每天黎明时分开始执行任务，机组人员被告知飞行地点和寻找目标。为了寻找敌人的营地、掩体和其他迹象，一支由1架侦察"泥鳅"和1架支援"眼镜蛇"组成的飞行小组应运而生，被称为"粉色小组"（"泥鳅"被称为白机，"眼镜蛇"被称为红机，两种颜色组合为粉色）。在某些地区，美军会派出"紫色小组"，该小组由1架"泥鳅"和2架"眼镜蛇"组合而成，也很常见。

"泥鳅"在树林中飞行时，"眼镜蛇"在上空盘旋，后座飞行员会密切注意着小侦察员，前座的射手会记录下"泥鳅"观察员发出的无线电信号。一旦遭遇敌方火力，"泥鳅"立即离开，投掷烟雾弹标记目标，几秒钟内，"眼镜蛇"就会滚动过来。"泥鳅"机组人员配备了轻武器，可以在逃跑时还击，他们还可以使用手榴弹，有时甚至是自制的炸药，而更具攻击性的部队会安装米尼岗（Minigun）机枪。"眼镜蛇"通常用火箭弹攻击，他们更喜欢远程精确打击。只有在离友军足够远，或者在携带的最多可达76枚的火箭弹用完的情况下，才使用精度较低的榴弹发射器和机枪。4架载有部队的"休伊"直升机（被称为"蓝色小组"）经常在附近某处待命，一旦"粉色小组"或"紫色小组"发现有趣的目标或者是被击落需要营救，就准备派出部队。

在行动中，"泥鳅"与"眼镜蛇"一直保持着无线电通信，而且由于执行猎杀任务强度大，没过多久，每个小组成员就足够了解对方，可以预测对方的行动。"泥鳅"与"眼镜蛇"的机组人员住在一起，调度员通常将团队与他们要求的合作伙伴配对，虽然考虑到高的人员周转率，这种配对并不总能实现。

驾驶OH-6的陆军机组人员飞得很低，充当"诱饵"引诱敌人开火，为上方盘旋的AH-1G提供射击目标，这种猎杀任务是越南战争中最危险的任务之一，考验着飞行员和空中观察员的决心，要想生存下来，只能凭借他们磨炼的本能和敏锐的反应，还有足够的运气。

▲ 1970年，在第3军区的福永外，从一架"眼镜蛇"上拍摄的正在执行猎杀任务的第9骑兵团第1中队C骑兵连的"泥鳅"。

▲ 1971年1月21日，在隆平弗伦泽尔琼斯基地，第4骑兵团第3中队D骑兵连的68-17337号OH-6A直升机"骄傲的玛丽"（Proud Mary），旁边是机长埃德·沃尔夫（Ed Wolfe）。该机1969年12月—1971年1月在越南服役期间都装备D连，累计飞行1089小时。这张照片拍摄第二天这架直升机就在老挝损失了，机组长和另外两名机组人员阵亡。

"喷气游骑兵"——OH-58"基奥瓦"轻型观察机

1960年10月，美国陆军发起了一场新型轻型观察直升机的设计竞赛，他们想要3600架！陆军想要一种轻型单旋翼直升机，巡航速度至少为每小时204千米，拥有3小时的燃料储备和180千克有效载荷，除飞行员外最多可容纳3名乘客。此外，它还必须制造成本低，易于维护，可靠，至少1200小时的最短检修时间间隔。征求建议书还要求发动机必须是艾利逊T-63发动机，陆军希望更换贝尔H-13和H-23系列直升机，以及赛斯纳（Cessna）"猎鸟犬"，新机必须基本上能执行观察、目标捕获、侦察、护航和指挥控制任务。

在三家公司被军方选中后，贝尔公司于1961年5月19日获得了一份价值580万美元的合同，研制5架原型机。为了开发新直升机，贝尔公司任命了一个专门的技术人员小组。贝尔的D250原型机被命名为YHO-4，1962年在三军飞机统一代号后，贝尔方案的公司内部型号从D250改为260型，原型机型号变更为YOH-4A。

1964年1月23日，贝尔公司在沃思堡工厂举行仪式，向陆军移交了YOH-4A。陆军评估了三家公司的原型机。测试期间，试飞员抱怨贝尔直升机的动力问题，将其排除在外，休斯的YOH-6A获胜后，5架原型机被还给了贝尔。贝尔直升机表现其实很好，有一位内部人士开玩笑说，贝尔之所以输掉比赛，是因为它丑陋的外观。

贝尔试图将他们的206型作为民用机推销。除了外观形象不佳外，这种直升机缺乏载货空间，只能为计划中的后排3名乘客提供狭小的空间。解决方案是重新设计机身，使其更加时尚和美观。贝尔当时忙于生产"休伊"和设计"眼镜蛇"，于是委托两家外部公司来解决这个问题，新机外观由工业设计师查尔斯·费尔费雷德·巴特勒（Charles Wilfred Butler）设计，巴特勒从事

OH-58A部分技术数据

旋翼直径：10.77米
机长（旋翼转轴）：12.49米
机身长：9.93米
空重：664千克
使用重量：1049千克
最大起飞和着陆重量：1360千克
最大允许速度（海平面）：222千米/时
巡航速度（最大航程）：188千米/时
最大爬升率：543米/分
实用升限：5760米
悬停高度（有地效）：4145米
悬停高度（无地效）：2682米
最大航程（海平面，**10%余油**）：481千米
续航时间（海平面，无余油）：3小时30分

注： 机型的技术参数来自国际航空杂志社1982年2月第1版《国外飞机手册》。

过协和飞机的内饰设计。巴特勒的公司完全重新设计了贝尔YOH-4A，新机的变化不仅仅局限于外观，例如原来的稳定杆被去除，增加了0.45立方米的空间等。改进结果非常好，重新设计的直升机被指定为206A型，贝尔的管理层决定开始生产这种新机型。贝尔总裁将其命名为"喷气游骑兵"（JetRanger），因为它是广受欢迎的贝尔47J"游骑兵"的继承者。10月12日，"喷气游骑兵"模型在全国商务飞机协会会议上正式展出，与此同时，贝尔开始接受新机型的订单。

随着越南战争升级，对直升机的需求量增加，由于休斯的生产能力有限，无法满足生产要求，陆军于1967年重新开始轻型观察直升机竞标，贝尔以贝尔206A重新参加竞标，而希勒没有重新投标，他们已经成功将FH-1100销售了。最终，贝尔以低于休斯的报价赢得了合同，贝尔206A被指定为OH-58A，并根据命名惯例，被命名为"基奥瓦"。OH-58A虽然外观与民用型贝尔206很相似，但存在着显著差异，型号之间可互换的部件很少，OH-58A的主旋翼叶片和尾梁都比民用型更长，内部也存在差异。

OH-58A于1966年1月10日首飞，这是一种专用的轻型观察平台，配备一台317轴马力的艾利逊T63-A-700涡轴发动机，最高时速138英里，巡航时速117英里，航程达300英里，可容纳4人。

1969年5月，陆军航空器材司令部的司令约翰·诺顿（John Norton）少将在贝尔公司沃思堡工厂举行的仪式上接收了第一架OH-58A。两个月后，即1969年8月17日，第一架OH-58A抵达越南。虽然"基奥瓦"生产合同取代了休斯公司的合同，但在作战中，OH-58A并没有自动取代OH-6A，两者继续在同一战区作战，直到战争结束。

▲ 1970年，在安溪上空飞行的来自第173空降旅旅部直属连卡斯珀航空排的一架OH-58A，该排于1965年5月5日随旅抵达越南，一直支援这个旅直至1971年8月全部离开越南。

▲ 第17骑兵团第3中队A骑兵连装备的一架OH-58A直升机安装有米尼岗机枪。

"两点"——H-37/CH-37"莫哈维"重型运输直升机

二战时期的经验表明，需要将大量准备就绪的士兵和物资运送到作战前沿阵地，在战争中，这些任务通过飞机、半履带车辆和卡车来完成，直到直升机技术允许部队在各种地形上移动人员和装备，并将其投入其他限制区域。这推动了各国研制重型运输直升机的想法。

为了响应1950年9月15日美国海军HR级（突击）直升机规范要求，直升机需要能够搭载23名全副武装的士兵。西科斯基于1950年12月31日提交了设计方案：一种是被称为XHRS-A的基本型，另一种是被称为XHRS-B的折叠机翼复合直升机，均配备埃里森XT-38-A-2发动机，海军选择了技术风险最小的方案，并在1951年年初为XHRS-A直升机签订了一份试验订单，将其命名为XHR2S-1，订购了4架原型机，由海军陆战队进行评估，首机于1953年12月18日首飞。XHR2S-1正式定型为HR2S-1。

1954年陆军借用了其中一架进行测试，这架直升机没有自动折叠主旋翼功能，陆军最终将其指定为H-37，在交还前对其进行了严格的测试。由于在陆军评估期间表现出色，西科斯基于1954年年底获得了生产9架H-37A的合同，第一架于1956年夏到达拉克堡。约在同一时期，海军变型HR2S-1进入海军陆战队服役。陆军随后又订购了85架H-37，所有94架直升机于1960年6月交付，H-37"莫哈维"成为美军的早期重型运输直升机。后来这些直升机被送回工厂，升级为H-37B，升级内容包括增加自动飞行稳定系统、加装防撞燃料箱、改进机首门。除了4架A型机外，其他90架直升机都完成了最终升级。

H-37A直升机进入陆军，于1956年开始服役后，海军也采购了两架作为舰载预警机，命名为HR2S-1W，机头下方有一个巨大的AN/APS-20E搜索雷达，并有额外的机组人员执行雷达警戒任务。1962年三军统一飞机代号后，陆军的H-37A变更为CH-37A，H-37B变更为CH-37B，海军陆战队的HR2S-1变更为CH-37C。

CH-37直升机成为美军当时最大的直升机，也是西科斯基的第一种多引擎直升机。在研制时，该公司打破了当时的行业惯例，使用五叶主旋翼代替两个前后安装的串联旋翼，且没有将发动机安装在机身上部，而是将两台活塞式发动机分别装在两侧短翼上的短舱内，发动机的传动轴穿过短翼与机身上方的减速器相连，驱动一副五叶全金属旋翼，旋翼带有液压折叠功能。由于机身外短舱与机身间由短翼连接，这就使货舱与驾驶舱直接相连，赋予了其超大的机舱空间，达到53.8立方米。直升机机头带有蛤壳式装卸门，在装卸时会左右分开，十分方便货物的装卸工作。货舱可以装载3辆吉普车，或者1门105毫米榴弹炮，或者26名全副武装的士兵，又或者24副担架。标准机组人员为3人，包括2名飞行员和1名装卸人员。

由于采用了创新总体设计，这种直升机外形丑陋。该直升机绰号"两点"（Deuce），两个发动机舱从机身延伸出来，工作人员在其正面画上白色的圆圈，从正面看时，发动机舱就像是两只眼睛。该型直升机主要问题出现在发动机上，直升机安装了两台普惠双黄蜂R-2800-54型18缸2排气冷发动机，可提供2100马力的功率，两台发动机都位于由短翼支撑的机舱中，这种非常规发动机配置还可能导致了该型发动机燃油消耗过大的问题。发动机听起来动力强大，但它很重，每台重达2360磅，功率重量比为0.89。直升机最大时速为130英里，巡航时速在115英里内，升限8700英尺，爬升率为每分钟910英尺，直升机的空重为20800磅，最大起飞重量为31000磅，提供了刚超过1万磅的载荷，但这个载荷并没有考虑燃料，这样就进一步减少了其有效载荷，削弱了直升机的作用，这也是该型直升机在陆军服役期间取得良好口碑却相当"短寿"的重要原因。

1965年9月，4架CH-37B被部署到越南，以协助被击落飞机的回收和进行其他重型运输任务，包括炮兵移动，以及人员和燃料运送等。到次年12月，它们回收了估值750万美元的装备，其中大部分是在敌方控制区采用吊索回收的。"莫哈维"被证明是一种能力强大的起重直升机（前提是使用得当），这4架直升机在大理石山空军基地一直服役到1967年5月。1965年9月，一支海军陆战队分队被派往越南，尽管这支分队仅有8架CH-37C直升机和10名飞行员，但执行了1500次任务，飞行约5400小时，运送超过567万千克物资，运送约3.1万人，没有发生事故。1965年起，陆军开始用CH-47A和CH-54A取代CH-37，而海军陆战队则使用CH-53A替代。

"空中吊车"——CH-54 "塔赫"重型直升机

直升机作为一种空中吊车的想法最早是在二战期间由德国人提出的，美国人则第一个将这个想法落实，并研制出了此种直升机来搬运重物。凯利特飞机公司于1947年5月2日与航空器材司令部签订了一份合同，提供一种大型重型起重直升机，将其命名为凯利特XR-17，用于短距重型任务，理论上它可承载10吨货物。1948年6月美国空军成立后，这种试验机被重新命名为XH-17，并由休斯飞机公司进行研制，原因是1948年凯利特遇到了严重的财务问题，休斯公司接管了XH-17项目。休斯XH-17于1952年10月23日在加利福尼亚州卡尔费城（Culver City）进行了首飞，由盖尔·摩尔（Gale Moore）驾驶。这种直升机是当时世界上最大的直升机，采用了不同飞机的部件组装，以降低研发成本。在进行了十几个小时的试飞后，由于测试结果并不令人满意，XH-17被拆除。

XH-17项目出现后，有几家飞机制造商也对这种"空中起重机"概念产生了兴趣，包括麦克唐纳、韦斯特兰等。1955年，伊戈尔·西科斯基（Igor Sikorsky）就曾公开谈论他对研发"空中起重机"的兴趣。按照他的指示，1957年他的儿子绘制了一架直升机的草图，与后来的S-64非常相似。

经过精心设计后，西科斯基S-60的设计方案被提交给了联合飞机公司的管理层，该方案获得批准并得到其提供的资金来设计、制造。为了方便研究机身结构，最初还建造了一个1∶1模型，然后于1958年5月1日开始原型机的设计、制造和发展。1959年3月25日，注册号N807的直升机首次试飞，该直升机后

▲ 发动机舱涂上"眼睛"的"莫哈维"重型运输直升机。

▲ 敞开机头的"莫哈维"直升机，车辆、人员和其他物资就从这里装卸。

▶ 一架"莫哈维"直升机正在越南上空回收一架"休伊"直升机。

来进行了一系列试飞和演示，可以提升接近6吨的外部负载。1961年4月3日，完成335小时试飞后，在一次旨在检查低速控制灵敏度的试飞中，S–60在工厂附近发生的事故中严重损坏。总体上，S–60被证明是一架优秀的直升机，甚至在事故发生前，设计办公室就已经有了研制改进版S–64的想法，1959年9月，公司管理层批准开始进行设计工作。

冷战时期，20世纪50年代和20世纪60年代，有几个国家的垂直起飞短距起降飞机正在设计研发，这种飞机可以在偏远或隐蔽的地方使用，在为这些临时基地提供燃料、弹药和设备的北约招标中，S–64中标。1959年年初，根据与联合飞机公司的西科斯基飞机部达成的协议，威塞尔飞机制造公司（Weser Flugzeugbau）雇用了约12名德国技术人员参与新机的设计和研发，根据协议，该公司还将向德国联邦国防部提交两架原型机，并于1963年年初交付。注册号N325Y（序号64–001）的S–64原型机于1962年5月9日首飞，紧接着又制造了N305Y和N306Y两架原型机。在首次飞行演示成功之后，1963年6月，美国陆军部宣布订购6架S–64，并对预生产型YCH–54A进行评估。1963年初夏，N305Y和N306Y原型机按照协议交付给德国陆军航空兵，并获得民用登记编号D–9510和D–9511。

西科斯基对直升机继续进行改进，S–64B是陆军CH–54A军用版的民用型号，制造了7架。在经过最初的广泛测试后，美国陆军购买了54架CH–54A和35架CH–54B起重直升机供美国国内、越南和德国的重型空运部队使用。按照美国陆军使用印第安人命名飞机的传统，它被取名"塔赫"（Tarhe，发音为tar-HAY）。塔赫是于1742—1781年生活在北美的怀恩多特人著名的首领或酋长，他个子很高，法国殖民者称他为"鹤"（The Crane）。"塔赫"是官方名称，士兵也叫它"空中吊车"（Skycrane）或"飞行昆

第一批制造的 YCH–54A（序号 64-14202）被送到越南作为其研发试验的一部分。照片是 1965 年 10 月在安溪"高尔夫球场"的一架 CH–54 直升机。

虫"（flying insect）。"空中吊车"的绰号来源于它的重型货物起重任务，而"昆虫"是飞行员给它起的别名。CH-54独特的外形很容易识别，两个发动机位于机身顶部，后起落架格外宽，这样就允许运输不同种类的货物，其最大外部有效载荷是12吨。在陆军服役时，直升机有5名机组人员——飞行员、副驾驶、第三飞行员和两名机械师，其中第三飞行员处于后驾驶舱的位置，直升机悬停时他可以清楚地看到下方，他要负责吊挂作业。

CH-54直升机设计与众不同，由于有着巨大的起重能力，在越南战争中得到了成功使用，被经常用

▲ 重型起重机之王 CH-54 "塔赫"，A 型机起重 12 吨，而 B 型机可以起重近 14 吨，照片中第 1 骑兵师序号 67-18416 的直升机正准备吊起一座塔。

▲ 1968 年的 "飞马行动" 中，一架第 1 骑兵师的 CH-54 直升机为海军陆战队前哨运送弹药。

◀ 1968 年 5 月 12 日，停在芙拜的 "大妈妈"，挂着 BLU-82 炸弹，重达 15000 磅。炸弹装有两个 36 英寸长的 "雏菊切割器"（daisy cutters），总长 6 英尺，通常固定翼版本是 18 英寸长的钢管，其中包含拧入炸弹前端的一个炸药套管，设计目的是使炸弹在距地面一定高度时爆炸以增大爆炸半径，扩大弹片覆盖范围，可以通过增加额外长度的方式来延长距离地面的爆炸高度，但通常不超过 36 英寸。炸弹装有降落伞，保证投掷后弹头向下。理论上，如果战术需要，这种炸弹投下后会炸出一个即时着陆区，越战中美军多次使用这种炸弹开辟着陆点。

▲ 这张照片于 1965 年摄于安溪"高尔夫球场"，第 478 航空连（重型直升机）的这架 CH-54 直升机尾梁上的序号为 414205。

▼ 1969—1970 年，在广义的野马着陆区（LZ Bronco），一架 CH-54 正在吊运油囊，采用这种方式进行油料的空中紧急投送。

来运输武器和弹药，吊运坠落的飞机，运送挖掘机、推土机、卡车和各种补给品，同时在建造桥梁和防御工事等军事工程项目中也发挥了重要作用。在CH-54执行的各种任务中，回收被击落的飞机被认为最有价值，在一份1968年12月24日的文件中，陆军报告说，当时回收的423架飞机（估值超过2.2亿美元）中，有105架飞机又大又重，以至于只有强大的CH-54才能将它们从人迹罕至的地方接回。

"休伊"——HU-1/UH-1"易洛魁"直升机

著名的UH-1"休伊"直升机不仅在世界航空史上赢得了一席之地，也以其独特的蝌蚪轮廓成为越南战争的象征，并因其多样性和耐用性得以继续在世界各地的民用和军用领域蓬勃发展。

在美国陆军提出的新型通用直升机竞标中，贝尔直升机公司提交的设计方案在1955年1月的20多份参赛作品中胜出，1955年6月，贝尔获得了一份合同，制造3架XH-40原型机。1956年10月22日，XH-40首飞，装备莱康明XT-53-L-1（后改为T-53）涡轴发动机，额定700马力。随后，又制造了6架改进型YH-40直升机。YH-40配备经过改进的T-53-L-1A发动机，机舱加长，除2名飞行员，还可运载6人，或者2副担架和1名医护人员。

1955年2月23日，贝尔收到了一份订单，订购9架预生产原型机，该原型机被简单命名为HU-1（HU的意思为"直升机—通用"）。1958年5月，第一架HU-1Y预生产型飞机由770马力的T-53-L-1A发动机驱动进行了飞行。1959年3月，贝尔从陆军处获得了一份生产100架HU-1A的合同。最初安装770马力的

◀ 越南战争期间，贝尔直升机公司一直是一个繁忙的地方，图为其得克萨斯州赫斯特工厂的内景。

▲ 一列漂亮的 UH-1A 直升机刚刚从贝尔公司生产线下线。

▲ 1955 年 6 月，陆军与贝尔签订了 3 架原型机 XH-40 的合同，第一架序号是 55-4459，于 1956 年 10 月 22 日首飞。这是一张罕见的彩色 XH-40 的照片，直升机正在地面悬停，安装有一个稳定杆。

T-53-L-1A发动机为其提供动力，从第15架开始改为配备960马力的T-53-L-5发动机。HU-1A巡航速度为80节，最大速度为120节，使用标准125加仑油箱可飞行163英里。

　　HU-1A于1959年6月首飞，并于同月开始服役，到1961年6月共交付13架。最初的大部分被分配给第82空降师、第101空降师和第57医疗分队，第一架"休伊"直升机由第57医务分队带到了越南（1962年3月到达）。在最初的生产订单中，有14架HU-1被重新指定为TH-1A教练机，并配备双驾驶系统和盲飞仪表。

　　1960年5月26日，10架陆军医疗后送"休伊"被空运到智利执行救灾任务。1960年7月19—26日，陆军飞行员驾驶一架直升机创造了7项世界纪录。在HU-1A获得荣誉的同时，"休伊"也拥有了良好的开端。美国陆军保持以印第安部落命名直升机的传统，正式将HU-1A命名为"易洛魁"。HU-1在军中试用效果很好，陆军随后订购了183架HU-1A。当1962年通用战术运输直升机连被部署到东南亚时，美国陆军装备的H-19、大量H-13和一些H-34很快被更换为"休伊"直升机。

　　关于"休伊"这一名称的由来，有资料显示：有一天晚上，通用战术运输直升机连的一群飞行员坐在一起喝啤酒，讨论如何读出HU-1A，于是大家你一言我一语地读出各自的读音——"ho-we-ah""hu-we-ah""h-uone-aaa""hu-wi-ahh""hu-ie-ah""hu-ie-ah""hu-ie-ah""huey"。那天晚上之后，HU-1在连队就被称为"休伊"，这个名字后来传遍了全军，而其官方名称"易洛魁"没人再使用。这个名字甚至获得了贝尔的认可，证据是"HUEY"被压印在所有HU-1的右脚控制踏板上，而"BELL"被压印在左踏板上。

　　1959年6月，也就是HU-1A首次交付的同一个月，陆军意识到需要一种更强大的版本，于是签订了B型合同，订购了4架原型机。B型安装T-53-L-5发动机，首飞时间是1960年4月27日。其他的重大变化包括旋翼弦展增加到21英寸，机身加长2英尺7英寸，扩大机舱可容纳8人或者3副担架，直升机总重量增

▲ "HUEY"被压印在所有HU-1的右脚控制踏板上，这个绰号被广泛使用，以至于军方分配的名称"易洛魁"几乎不为人知。

▲ 一架漂亮的UH-1B直升机正在空中飞行。

加到8500磅。1962年9月三军统一飞机命名后，HU-1变更为UH-1。1964年5月，一架UH-1B以每小时222英里的速度创造了直升机时速世界纪录。

经过评估测试后，陆军总计订购了1010架"休伊"，第一架生产型于1961年3月交付。1962年11月，11架UH-1B抵达越南，以增援通用战术运输直升机连使用的UH-1A。UH-1B最终取代了其余的CH-34，到1963年6月，大多数轻型直升机连换装UH-1B，它迅速成为陆军标准的部队运输直升机和武装直升机。

UH-1B在设计之初并未作为武装直升机，加装武器的重量会大大降低直升机的速度和机动性，而且一旦加装了武器，就不能再作为运输直升机使用，这表明仍需对直升机进一步改进，于是后期在生产线上就进行了改进，发动机升级为1100马力的T-53-L-9和T-53-L-11。UH-1B将成为越南许多武器系统进一步发展的基础，并成为后来陆军C型、空军F型和海军陆战队E型发展的基础。

由于UH-1B加上武装后跟不上运输型，贝尔公司在UH-1B的基础上拿出了发展型UH-1C。UH-1C是作为武装直升机而研制的，被视为一种临时武装直升机，通常也被认为是美军在越南战争中的伟大创新之一，当时贝尔和陆军意识到需要单独设计专用的武装直升机，而AH-1"眼镜蛇"正在研制。从外形上区分出UH-1B和UH-1C两个型号并不容易，因为有许多B型在尾梁故障后于1965年起改装了C型尾梁。外形上最明显的区别是，B型的机鼻天线和皮托管在C型上移到了机舱顶部，还有一些变化是随着生产线变化而进行的，其中包括1967年在越南战场的UH-1C加装了发动机进气过滤网组件。UH-1C总计制造了766架，其中5架供澳大利亚皇家海军使用，5架供给挪威。在越南战争期间，美国海军海狼中队使用从陆军处获得的2架UH-1C来支援在三角洲的行动。

陆军决定将基本型UH-1B继续升级为一种战斗部队运输直升机，在得克萨斯州贝尔的赫斯特工厂检查YHU-1D全尺寸模型后，7架原型机合同于1960年7月签订。原型机首飞时间是1961年8月16日，在接下来两年时间里，7架原型机进行了大量严格的测试和飞行评估。在此期间，YHU-1D在速度、距离和爬升时间方面又创造了许多新的纪录。YHU-1D的正式装备型号为UH-1D。

UH-1D在UH-1B的基础上对短机身进行了巨大的改进，最为显著的变化是将机身拉长了3英尺5英寸，带有双舷窗的后滑舱门也变得更大，允许装载14名士兵。燃料容量增加了242加仑，并重新分配以最大限度地利用舱室空间，航程增加到293英里。UH-1D的采用，标志着长机身"休伊"的引入。D型外形最为显著的特点是，它在地面停放时，有更明显的"鼻子朝上"的姿态。

UH-1D制造了2008架，陆军于1963年开始将其主要作为部队运输直升机投入使用。UH-1D配备了标准舱门安装的M-23武器子系统，使用M60D机枪提供侧翼掩护火力，早期生产的UH-1D配备了火箭发射器、榴弹发射器，还配备了M-6武器子系统用于武装直升机角色。由于D型的舱内空间更大，最终它成为主要的通用直升机，而较小的UH-1B和UH-1C主要用作武装直升机。

海军陆战队版本的"休伊"是UH-1D的改进型UH-1E，该型与UH-1B基本相同，但加装了舷外绞车、旋翼刹车装置和陆战队标准的航电设备，在陆战队中主要作为通用、联络和救援直升机使用，其次才作为部队运输直升机使用。有一些该型直升机装备了双联7.62毫米机枪、火箭弹吊舱等武器，担负了武装直升机的角色。空军型UH-1F安装了1325马力的通用电气的T-58-GE-3发动机，共制造了120架。

UH-1H发展型的计划始于1966年4月4日，陆军订购了2架UH-1H进行测试，这是"休伊"大批量

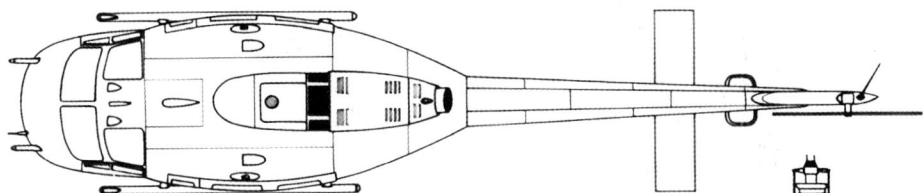

UH-1D部分技术数据

机长（包括桨叶）：16.42米
机身长：13.59米
机高：4.27米
机身宽：2.39米
空重：2265千克
最大起飞重量：4310千克
动力装置：1台莱康明T53-L-11涡轮轴发动机 1100马力
机组人员：2人
载员：10人
航程：510千米
经济巡航速度：205千米/时
最大速度：222千米/时
实用升限：5910米（取决于重量、外部温度等环境因素）
爬升率：5.1米/秒

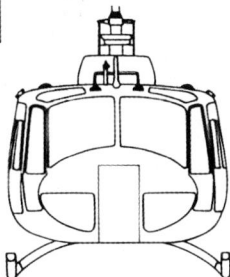

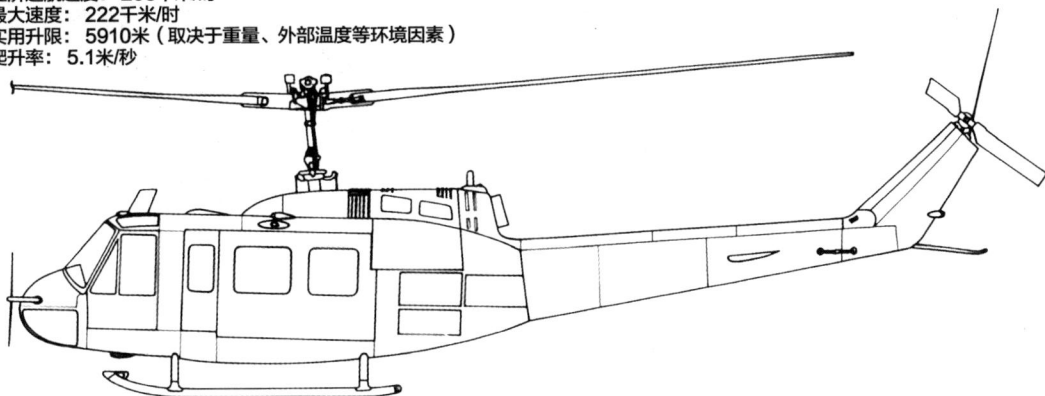

▲ UH-1D 直升机三视图。

制造的一种型号，1967年9月开始交付，陆军购买了3573架。H型与D型基本相似，配备了改进的1400马力莱康明T-53-L-13B发动机，拥有与D型基本相同的武器配备，其他变化包括改进主旋翼系统等。该型号制造时间很长，还由德国、意大利、日本等许可制造。UH-1H还开发有一种专用的"夜鹰"（Nighthawk）型，配备探照灯，以及双联M60D机枪、12.7毫米M2重机枪和米尼岗机枪，用于夜间行动，机组人员为6人（2名飞行员和4名射手）。由于UH-1H发动机的功率更大，并且针对越南环境进行了改进，陆军还将该型机用于危险程度最高的战场救护任务，并加装了吊运的救援绞车。许多UH-1D通过改装发动机、重新安装机头的皮托管并增加一个片状天线到驾驶舱顶，升级为UH-1H型。

从各方面来说，"休伊"的设计都非常实用，相比其他直升机更让人赏心悦目。直升机结构由容纳驾驶舱和货舱的主机身、发动机和旋翼部分，以及尾部部分组成。飞行员和副驾驶坐在最前端，带有舷窗的驾驶舱提供了优秀的视野，通过两侧铰链舱门可以很容易地进入驾驶舱。货舱在机身两侧还有一个大型滑动舱门，方便进出，单发动机安装在货舱的后部。最初型号的主旋翼桨叶为两片，带有稳定杆

▲ 越战时期"休伊"的驾驶舱，这张图片可能来自于拉克堡的一架教练直升机。

以增加稳定性。尾部本身占整个机身近一半的长度，在尾部约一半的位置带有水平翼，单垂尾安装有面向左舷的两片尾桨。起落架为一对固定式滑橇式起落架，方便在陆地和海上操作。在"休伊"的发展史上，除了双引擎型号，该"休伊"系列基本上都保留了独特且非常便于识别的基本外形设计。

　　凭借着运输直升机出色的设计，以及固有的大乘员舱空间，"休伊"适用于各种用途。在越南，它承担了各种各样的角色，虽然它设计用于部队运输任务，但也用于医疗后送、搜索与救援、通用运输、贵宾运输、指挥与控制，以及武装直升机等多种任务。

　　在越南战争中，"休伊"作为武装直升机表现出优秀的适应能力，它可以搭载各种武器支架，包括使用销轴安装的M60机枪或米尼岗机枪支架、各种火箭发射器或四联装7.62毫米机枪专用外部支架等。在整个越南战争期间，"休伊"试验了各类武器配置，从而产生了大量带有X型号的试验武器系统，包括反坦克导弹、7.62毫米机枪吊舱、20毫米或30毫米机炮、12.7毫米机枪，以及40毫米榴弹发射器等。在整个战争期间，"休伊"的使用、武器与战术通常会根据战场情况发生变化，以适应当时的需要。

　　参战的"休伊"型号涵盖了UH-1A、UH-1B、UH-1C、UH-1D和UH-1H型，UH-1B和UH-1C的武装直升机角色最终被1967年8月开始抵达的专用AH-1"眼镜蛇"双座攻击直升机取代。总共有4869架"休伊"直升机参加了越南战争，共损失了2591架。

　　参加越南战争，可以说让"休伊"大放异彩。对经常遭受敌方炮火攻击的美国军人来说，"休伊"战机和驾驶它的人简直就是上天派来的天使。对那些乘坐过它或真正驾驶过它的人来说，"休伊"直升机将深深扎根于他们的灵魂当中。对越南地面部队的士兵来说，在越南作战的海军陆战队队员、19岁的弗雷迪·克拉克（Freddie Clark）的说法有一定代表性："'休伊'是我们最好的朋友。"随第1骑兵师多次在越南服役的军士长莱斯特·雷索尔（Lester Reasor）称"休伊""在越南是无价之宝"。

亚拉巴马州拉克堡的陆军航空博物馆馆长史蒂夫·麦克斯汉姆（Steve Maxham）对此总结道："随着UH-1'休伊'的发明，旋翼机发生了巨大的变化。涡轮发动机发明后，它永远改变了旋翼航空器，使直升机飞得更高、更远、更快。"他还说道，越南战争是"直升机战争"，如果没有"休伊"战机的出现，这场战争就不可能打起来，"它改变了我们指挥战争的方式"。

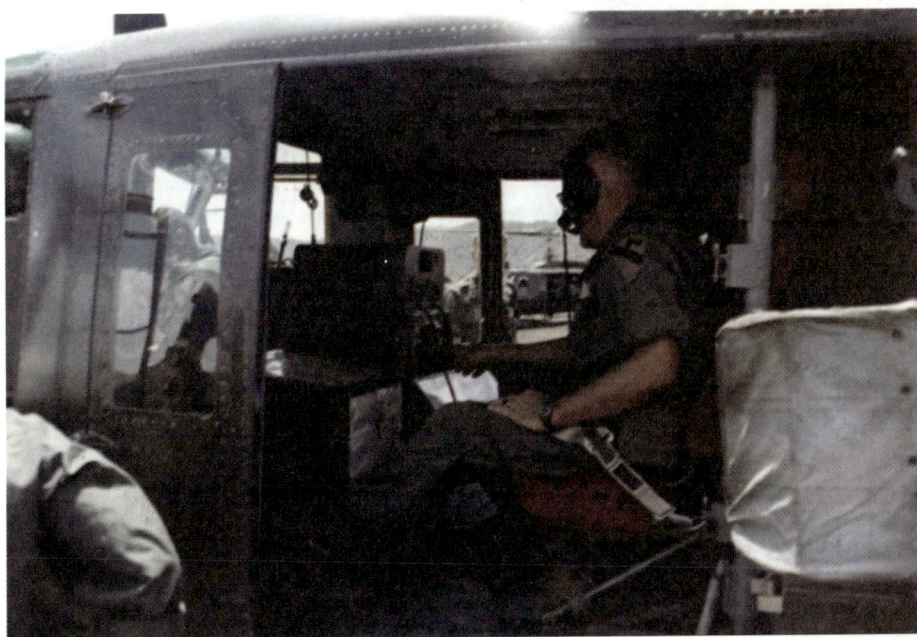

◀"潘兴行动"期间搭载AN-ASC-6机载指挥无线电台的UH-1D直升机内景。

◀1967年，在芽庄拍摄的64-13787号UH-1D，直升机机尾涂有"蓝星"标志。1965年10月25日，第48航空连（轻型空中机动）乘坐美国海军"库拉湾"号（Kula Gulf）护航航母抵达越南后飞往头顿时得到了"蓝星"（Blue Star）的无线电呼号，后该连于1967年2月8日更名为突击直升机连。这架直升机于1966年10月—1968年1月在连队服役，累计飞行1477小时。

▲ 停在沙滩上的第48突击直升机连呼号为"小丑"（Jokers）的武装直升机排的一架 UH-1B 武装直升机"魔鬼的快乐"（Devil's Delight），注意机鼻上装饰的小丑图案。

▲ 第57航空连最初的无线电呼号是"复仇者"（Avengers）。该连于1967年10月被部署到越南，抵达越南后选择了古罗马著名的"角斗士"（Gladiators）作为新的呼号，而第3武装直升机排的呼号为"美洲狮"（Cougar）。照片中可以看到一名军人佩戴着包括"角斗士"在内的两枚胸章，UH-1H 直升机机鼻饰有"角斗士"连徽。

▶ 第61突击直升机连无线电呼号为"幸运星"（Lucky Star），连徽颜色为蓝色和金色，表明是陆军航空兵部队，显示"6"和"1"的骰子表明这个单位的番号是"61"，"6"和"1"加起来是"7"，表示好运，因此使用了"幸运"一词；"星"则来自高级飞行徽章。为了保持一致性，下属排也使用"星"一词，武装直升机排"星际开拓者"（Star Blazers），其中的"开拓者"表示武装直升机的速度与火力。图为连队一架 UH-1H 直升机，机鼻绘有连徽。

▲ 第 68 突击直升机连"顶虎"（Top Tiger）的斯科特·罗宾逊·阿尔温（Scott Robinson Alwin）上尉胸前挂着一把刀，腰间系着手枪和子弹带，靠在连队一架直升机机头旁，机鼻上有虎头图案。阿尔温从 1967 年中期至 1970 年中期一直在该连服役。

▲ 1966—1967 年，在边和的隶属第 71 航空连"响尾蛇"（Sidewinders）的一架 UH-1D 直升机，从数字"6"判断这是连长的座机。每位直升机机长都有一个无线电呼号，该呼号用来指代某个人，而不是特定的直升机。"响尾蛇"后面跟着一个数字以识别一架运输直升机的机长，连部使用单位数，"6"为连长，"5"为执行官，"3"为作战官。两位数中十位数指飞行排，"1"指第一排，"2"指第二排，"9"指武装直升机排或"火鸟"（Firebird）排；两位数中个位数"6"指的是排长，"16"指第一排排长，"26"指第二排排长，"96"指武装直升机排排长。

▲ 1970 年，在永隆的第 114 突击直升机连的 69-15122 号 UH-1H 直升机"铁蝴蝶"以铁蝴蝶摇滚乐队的名字命名。该机 1970 年 3 月—1972 年 7 月在越南服役并幸存，累计飞行 2389 小时，1970 年 3 月—1972 年 2 月在第 114 突击直升机连服役。

▲ 在第 2 军区的第 117 突击直升机连第 1 飞行排的 66-00794 号 UH-1D 直升机"小安妮·范妮"（Little Annie Fanny），该机 1966 年 12 月—1968 年 6 月在该连服役，累计飞行 1995 小时。

▶ 1971 年 11 月，在芽皱的第 117 突击直升机连武装直升机排 66-0588 号 UH-1M 武装直升机，1971 年 3 月—1972 年 2 月在该连服役期间累计飞行 520 小时。

▲ 第8运输连队更名为第117航空连后基地仍位于归仁，1965年连队的运输直升机被称为"量身定做"（Tailor Made），后由于连队驻扎在绥和海滩上所以呼号变成了"海滩流浪者"（Beach Bums），武装直升机被称为"响尾蛇"，第1飞行排呼号为"小安妮·范妮"，第2排为"粉红豹"（Pink Panthers）。图为停在野外的第2排的一架直升机。

▶ 第121航空连武装直升机排"维京人"（Vikings）机鼻艺术的特写，舱门装饰有美国国旗，上方写有"直至死亡将我们分开"（Til Death Do Us Prat）。

▶ 第190突击直升机连武装直升机排使用的无线电呼号是"角斗士"（Gladiators），机鼻涂上"角斗士"标志显得相当具有威胁性。

▶ 几名儿童正在围观停在路边的第190突击直升机连的一架UH-1D直升机，该连无线电呼号为"斯巴达人"（Spartans），机鼻饰有斯巴达人标志。

▲ 第 121 航空连武装直升机排的一架武装直升机停在停机坪上，机组成员与座机合影留念。

▶ 1965 年年初，第 118 航空连的一架 UH-1B 维修及回收直升机，名称和呼号为"装载大师"（Load Master）。在接收了一些新的 UH-1D 型直升机后，维修及回收直升机于 1966 年中期更名为"观鸟者"（Bird Watcher）。图中的 68-15490 号 UH-1H 是最后的"观鸟者"。

▲ 停在维修区的第 191 突击直升机连第 3 排的一架武装直升机，武器已经拆卸下来进行维修，"赏金猎人"（Bounty Hunters）排徽涂在机鼻上。

▲ 第 282 航空连 1966 年 5 月 23 日获得了"黑猫"（Black Cats）的无线电呼号，武装直升机排呼号"小巷猫"（Alleycat）。图为第 3 排的一架 UH-1C 武装直升机，舱门上带有连队番号。

"眼镜蛇"——AH-1G武装直升机

武装直升机概念可以追溯到20世纪40年代早期的二战，当时西科斯基公司开始为其R-4直升机研制投弹装置。法国人第一次把直升机当作武器载机来使用，并同美国人共享了第一种武装直升机技术，但当时基本上没有取得太多引人瞩目的成就，直到朝鲜战争爆发。朝鲜战争中，当需要固定翼飞机支援时它却频繁不见踪迹，这一情况表明，全副武装的直升机伴随运输直升机十分有必要。

朝鲜战争后，陆军在没有官方批准或支持的情况下，对大量的直升机武器进行了广泛的试验，声称这是在"测试空中机动方面新理论"的指令下进行的。陆军对现有的几乎每种型号的直升机都进行了武器系统测试，从简陋的临时装备到复杂的武器组合。UH-1A首次亮相不久后带着机枪和火箭弹于1962年被部署到越南时，它成为美军第一种武装直升机。紧随A型的UH-1B拥有更强大的发动机和更多的武器，B型作为美国陆军标准武装直升机被大量生产使用。

由于UH-1B无法跟上更快的运输型直升机，UH-1C应运而生，该机型完全是作为武装直升机研制的。自从通用战术运输直升机连进行首次试验以来，UH-1系列直升机一直是越南唯一的武装直升机。

▲ 第240突击直升机连无线电呼号为"疯狗"（Mad Dog）的第3武装直升机排的一架UH-1C武装直升机"疯狗33"，机鼻上印有连队的标志和座右铭"待命死亡"（Death on call）。第240突击直升机连是在越南第一个使用新型UH-1C直升机的航空连，其第1和第2排无线电呼号"灰狗"（Greyhound），该呼号源于美国国内的公共汽车灰狗线路公司（Greyhound Lines Inc）。

▶ 第335突击直升机连呼号是"牛仔"（Cowboy），其下属第1空运排呼号"瘦长的人"（Ramrods），原来是"和平缔造者"（Peacemakers），改变的原因不明；第2空运排呼号"野马"（Mustangs）；第3武装直升机排呼号"猎鹰"（Falcons）；还有一个勤务排拥有著名的回收直升机"马贼"（Horse Thief）。图中连队的UH-1D直升机舱门上饰有"牛仔"标志。

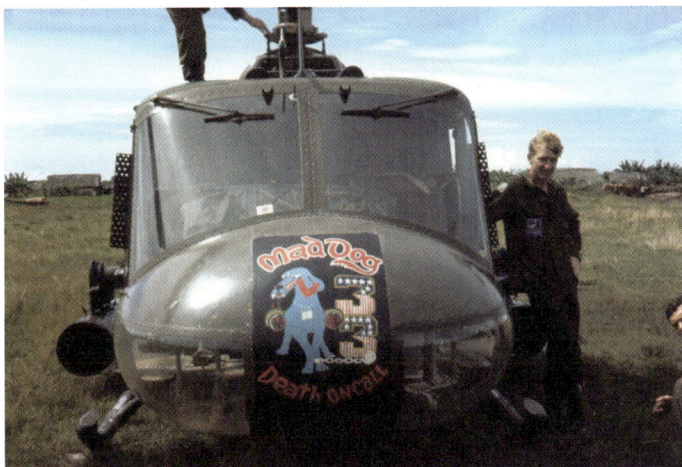

　　尽管"休伊"武装直升机或"公猪"（Hog）的表现令人钦佩已众所周知，但这种武装直升机基本上属于一种过渡举措，它是在运输直升机的基础上加装武器而成，极大地限制了其机动性和航程，飞行速度明显降低，战场适应性和生存能力都存在很大问题，而当时之所以使用这种改装的直升机，只不过是陆军没有其他更好选择的权宜之计而已。

　　1958年，贝尔开始研究专用武装直升机概念，完成了一架窄体的D245战斗侦察直升机模型，以配合陆军的试验性武装直升机部队，但并未成功。贝尔毫不气馁，继续开展研发，研制了D255"易洛魁武士"（Iroquois Warrior）全尺寸模型，它涂着假编号62-00255。D255是贝尔第一款配备了串联座舱的机型，机身中部带有短翼，有一个前炮塔和一个流线型的腹部机枪吊舱，保留着久经考验的UH-1C动力装置以及基本的传动和旋翼系统，以减少维护和研发时间并降低成本。D255的窄体机身可以说是一种革命性的设计，这将成为未来武装直升机的标志，纤细的轮廓不仅目标较小，且空气动力出色，为机组人员提供了近乎无限的视界，这意味着更好的操纵性并更具威胁性。

"易洛魁武士"引起了陆军的兴趣，陆军批准了研制武装攻击直升机的资金。贝尔公司于1962年12月获得制造一架概念演示机的合同，改装了一架OH-13S"苏族"活塞动力直升机，使用了OH-13的动力系统和后机身，并与新武装直升机前机身结合，来最大限度地降低研发成本。唯一一架M207型概念演示机"苏族侦察兵"（Sioux Scout）（N73927）于1963年6月27日首飞，飞行持续了10分钟。驾驶舱采用串联座椅布局，后座为飞行员，前座为射手，两者都有一套飞行控制装置；机鼻下方安装的由两挺M60机枪组成的爱默生电气TAT-101炮塔，射界水平200度，仰角15度，俯角45度。1963年年底这架直升机被交给陆军在本宁堡进行评估，陆军对M207表现出的性能感到惊讶，并要求立即研制拥有更强大引擎的直升机。

美国陆军于1964年宣布先进空中火力支援系统（Advanced Aerial Fire Support System，缩写AAFSS）计划，该计划意在发展一种高速、高负荷、长航程和配备先进射击控制系统的先进武装直升机。为了竞标陆军的计划，西科斯基、贝尔等多家公司提出了自己的设计方案。洛克希德（Lockheed）公司研制的YAH-56"夏延"（Cheyenne）直升机和西科斯基的S-66"黑鹰"（Black Hawks）被选中，贝尔的"易洛魁武士"D255缩小版本D262被淘汰，这令贝尔团队大失所望。研制新直升机的许多新技术在当时并不成熟，并且耗资巨大，而当时军费又很紧张，因此反对声音此起彼伏。面对政治纷争和技术困难，新机计划举步维艰，尤其是当时研制的新式直升机暂时还无法投入使用，而陆军想要尽快得到想要的新武装直升机，因此对计划重新进行了评估。迫不及待的陆军最终决定暂停该计划，转而发展一种过渡机型来填补最新式武装直升机服役前的空档期。

刚刚在先进空中火力支援系统竞争中惨败给从未制造过直升机的洛克希德公司，贝尔公司的工程人员和管理人员大为挫败，贝尔公司新聘用的最年轻的设计师麦克·福尔斯（Mike Folse）在老板的鼓励下，拿出一张牛皮纸，在该公司前期研制成果的基础上开始绘制一架外形光滑的直升机草图，这张草图后来发展成为世界上第一架专用武装直升机贝尔AH-1"眼镜蛇"。

贝尔于1965年1月制造了包含得到充分验证的D262和"苏族"侦察机部件的原型机，并让陆军相信，原型机研发成本低，可以很快交付给陆军。1965年3月，贝尔研制了一种适合近距离支援和进攻的专用武装直升机，它沿用了D255"易洛魁武士"概念，同样具有流线型机身、串列双座布局、机身短翼，与UH-1C的旋翼、传动系统、动力装置相结合，在机鼻下方安装一挺米尼岗机枪，为减轻重量，贝尔传统的稳定杆被稳定增强控制系统（SCAS）所取代，诞生了贝尔209型直升机。新直升机原型N209J于1965年9月7日首飞，由威廉·托马斯·"比尔"·昆兰（William Thomas "Bill" Quinlan）负责指挥试飞。由于新机是在原有直升机基础上设计的，研制风险和成本大为降低，它虽然在技术上并不是最先进的，却是将当时成熟技术融合做得最好的机型。新机的可靠性也大为提高，不需要对技术人员进行特别培训就可以迅速进行生产和维护，而这些优点正好迎合了陆军对新直升机的迫切需求。陆军对贝尔209型进行了评估，在了解原型机的性能之后，陆军对该机留下了深刻印象。

为了最终决定选择哪种直升机方案，陆军在加利福尼亚南部的爱德华兹空军基地进行了一次试飞。"都是一堆垃圾。"福尔斯在谈到竞争对手的时候说道。波音公司提供的是重型"支努干"，西科斯基带来了双引擎的SH-3"海王"。"你能想象攻击直升机会那样大吗？"福尔斯笑道。其他公司也提交了自己的设计作品。经过对比和评估，陆军最终决定选择贝尔209作为过渡武装直升机。陆军将新型武装直升机定型为AH–1G（A表示"攻击机"），并于1966年4月订购了2架预生产型和110架生产型直升机，到1966年年底，合同增加到500架。1967年6月，贝尔交付给陆军第一架生产型武装直升机，该机在不到两个月的时间里就在越南投入了使用。

▲ 贝尔直升机的"苏族侦察兵"N73927于1963年首飞。

这种直升机很快获得了"眼镜蛇"的绰号，而其正式型号却很少被提及。这个绰号源于第114航空连，它是第二支抵达越南的装备"休伊"直升机的空中机动连，连主力于1963年5月10日乘坐C–135喷气运输机在西贡降落，不久后乘坐空军C–123运输机前往永隆机场。抵达永隆后，为了简化和便于指挥，该连根据连徽的颜色——红色、蓝色和黄色来给各排分配代号，由于黄色被认为不适合第3武装直升机排，因此用白色代替，这样三个排被赋予的代号分别为第1排"红色"、第2排"蓝色"、第3排"白色"。不久之后，第3排的排长戴夫·约翰逊（Dave Johnson）上尉向其成员询问该排的绰号，才华横溢的艺术家怀利·赖特（Wyley Wrigh）中士设计了这个排的眼镜蛇图案。在图案和名称都得到批准后，第3武装直升机排重新改名为"眼镜蛇"。1964年年末，贝尔直升机公司负责军用、商用、国际客户服务和营销的副董事长汉斯·威克塞尔（Hans Weichse）拜访了永隆陆军机场。在越南之行中，他参观了第114航空连，而当时贝尔直升机公司

▶ 贝尔的"易洛魁武士"D255和UH–1B的对比，可以明显看出两者机身的差异。

◀ 1965 年 9 月 7 日，贝尔 209 型攻击直升机原型机 N209J 首次试飞，飞行持续了 12 分钟。

▲ 在边和空军基地的第 334 武装直升机连的一架 AH-1G 武装直升机，机身上饰有第二排的卡通吉祥物"约塞米蒂·山姆"（Yosemite Sam）图案。

正在研制AH-1武装直升机原型。威克塞尔向豪兹·韦希瑟尔（Howze Weichsel）将军提到了第114航空连武装直升机排"眼镜蛇"的名字，后者成功将AH-1直升机推销给了威斯特摩兰将军，使这种新直升机交付后就在越南投入服役。

新型AH-1G与老式的UH-1"休伊"武装直升机完全不同，贝尔公司为其重新设计了流线型机身，宽度仅有0.965米，这样细长的外形轮廓可有效提高在战场上的生存能力，同时减小空气阻力，因此速度比老式的"休伊"要快得多，而且防护性能更好，即使安装了完整的武器系统，也能跟得上护航的任何直升机。武装直升机的飞行和攻击由坐在有装甲保护的驾驶舱内的飞行员和射手来实施，飞行人员同样拥有出色的视野。

"眼镜蛇"的武器系统包括在机鼻下方有一个旋转炮塔，可以安装米尼岗机枪和榴弹发射器。此外，根据飞行任务的需要，也可以在驾驶舱后方的短翼上携带各种火箭弹吊舱和机炮吊舱。新型"眼镜蛇"武装直升机性能优秀，价格适中，这两点结合，为陆军提供了一种满意的新武器系统。

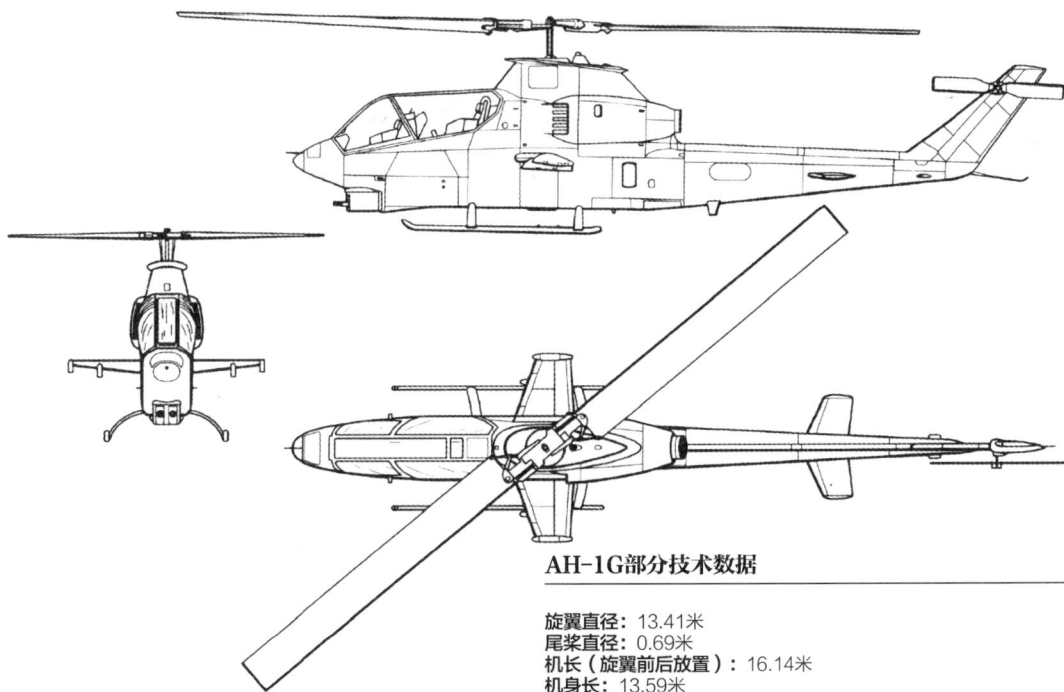

AH-1G部分技术数据

旋翼直径：13.41米
尾桨直径：0.69米
机长（旋翼前后放置）：16.14米
机身长：13.59米
机身宽：0.965米
机高：4.12米
使用空重（包括乘员、液体、电子设备和装甲404千克）：2745千克
燃油（作战时）：680千克
作战重量：4266千克
最大起飞和着陆重量：4390千克
最大允许速度：352千米/时
最大平飞速度：277千米/时
实用升限（正常额定功率）：3475米
悬停高度（有地效）：3015米
航程（最大燃油，海平面，8%余油）：574千米

▲ AH-1G 攻击直升机三视图。

注：　机型的技术参数来自国际航空杂志社 1982 年 2 月第 1 版《国外飞机手册》。

新的AH-1G的出现，带来了武装直升机的全新战术，"休伊"飞行员一般不会在对目标进行一轮射击后飞越目标，而AH-1G飞行员却经常这样做，他们依靠速度和纤细的机身来保证安全。在整个战争中，AH-1G在突击直升机连、空中骑兵部队、航空武器连和航空火箭炮连中服役，而空中骑兵部队通常将AH-1G与OH-6A侦察直升机搭配使用。"眼镜蛇"并不受所装备部队的基本任务的限制，武装侦察、武装护航和近距离火力支援都是"眼镜蛇"的强项。陆军拥有了"眼镜蛇"，只要使用得当，就会给敌人造成很大的伤害。

在陆军接收AH-1G后，其优秀的性能令各武装直升机部队都纷纷要求装备新式直升机，一时间新机供不应求。到了20世纪60年代后期，"眼镜蛇"已经取代了武装直升机排中的大多数老型号"休伊"。1967—1973年，贝尔公司制造了超过1100架AH-1武装直升机，该型直升机在越南飞行超过100万小时，其中损毁270架，231名"眼镜蛇"飞行员在战斗中阵亡或失踪。

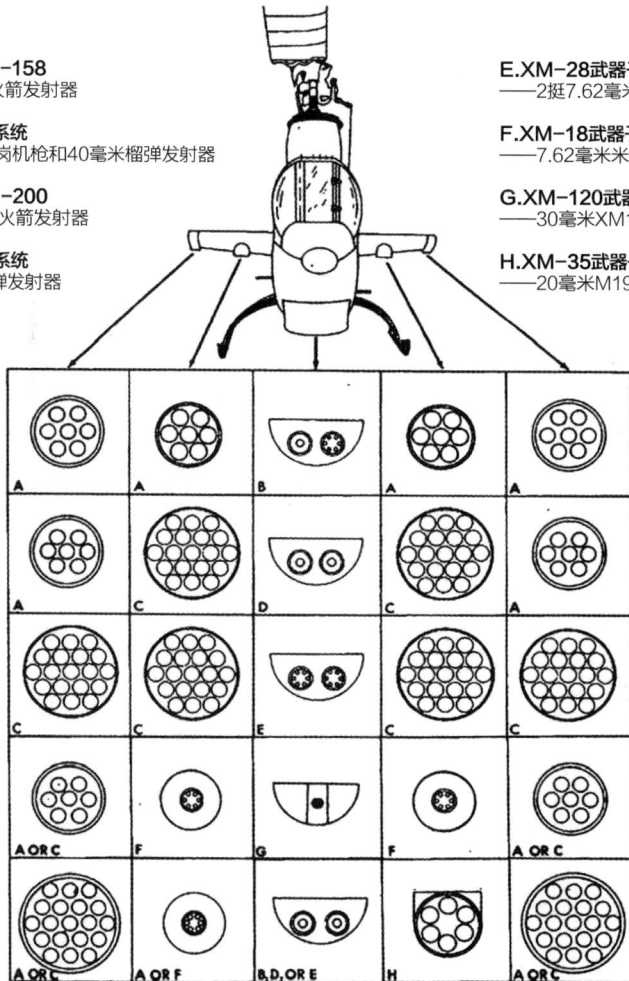

A.XM-157或XM-158
——7管2.75英寸火箭发射器

B.XM-28武器子系统
——7.62毫米米尼岗机枪和40毫米榴弹发射器

C.XM-159或XM-200
——19管2.75英寸火箭发射器

D.XM-28武器子系统
——2具40毫米榴弹发射器

E.XM-28武器子系统
——2挺7.62毫米米尼岗机枪

F.XM-18武器子系统
——7.62毫米米尼岗机枪吊舱

G.XM-120武器子系统
——30毫米XM140机炮

H.XM-35武器子系统
——20毫米M195机炮

▲ AH-1G 武装直升机武器系统配置。

◀ 1969 年，在 第 2 野 战 军起降平台上空的第 334 武装直升机连第 1 排"花花公子"（Playboys）的一架"眼镜蛇"，该连另两个武装直升机排呼号为"突袭者"（Raiders）、"龙"（Dragons），维修排为"执法者"（Gangbuster），连部直属排为"马刀"（Saber）。连队座右铭是"我们带路"（We Lead The Way）。首批交付驻越南部队的12 架 AH-1G 武装直升机中 6 架被转交给了该连，这让它成为第一个在越南日常战斗中使用 AH-1G 的连队。

▶ 1967 年 11 月 2 日，第 175 航空连更名为第 175 突击直升机连，武装直升机排"小牛"于 1971 年 1 月接收了 AH-1G"眼镜蛇"武装直升机并换装，"小牛"（Mavericks）更名为"丛林猎人"（Bushwhackers）。照片里是一架尾梁断裂毁坏的"丛林猎人"，可以看到直升机安装的武器和弹药。

◀ 1969 年 10 月，在永隆的第114 突击直升机连"眼镜蛇"排的飞行员。根据飞行员鲍勃·科德尼（Bob Codney）的说法，这张照片是"眼镜蛇"排为加入美国战斗机飞行员协会而拍摄的。后排从左到右依次为吉姆·多布斯（Jim Dobbs）上尉、鲍勃·科德尼上尉、罗恩·史密斯（Ron Smith）二级准尉和约翰·马尔切夫斯基（Johann Malczewski）二级准尉。前排从左到右依次为杰夫·卡尔（Jeff Carr）准尉、吉姆·梅森（Jim Mason）上尉、吉姆·迪顿（Jim Deaton）准尉、戴夫·希金斯（Dave Higgins）二级准尉、戴夫·西曼（Dave Seeman）上尉和莱斯·卡特勒（Les Cutler）。

◀ 1969 年，在富利的第 4 骑兵团第 1 中队 D 骑兵连的 68-15055 号 AH-1G 武装直升机"查理斧头"（Charlie Chopper）。该机 1969 年 4 月—1973 年 1 月累计飞行 2973 小时，于 1969 年 4 月—1971 年 1 月在 D 骑兵连服役，1973 年 1 月 15 日注销。

▶ 1971 年，在富利的第 11 装甲骑兵团的 67-15501 号 AH-1G 武装直升机"死亡天使"（Angel of Death）和飞行员林恩·凯尔（Lynn Kyle）。该机 1968 年 8 月—1971 年 9 月累计飞行 1836 小时，1971 年 3—9 月在第 11 装甲骑兵团服役，1971 年 9 月 30 日在柬埔寨被击落摧毁，两名机组人员获救。

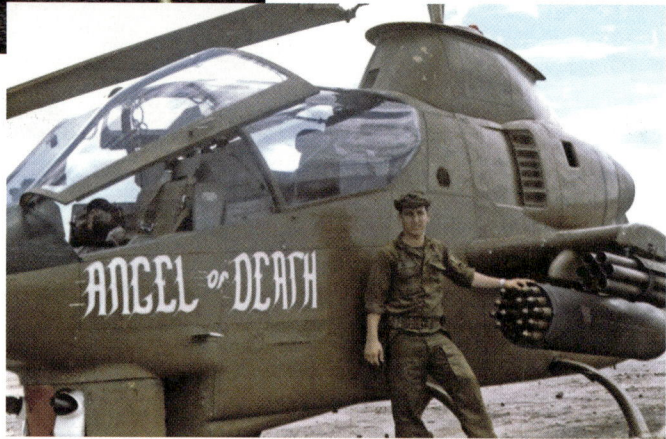

▼ 1969 年 8 月，第 3 军区，第 17 骑兵团第 3 中队 C 骑兵连的 67-15591 号 AH-1G 武装直升机"死神"（Grim Reaper），该机 1968 年 7 月—1970 年 9 月在越南的 C 骑兵连服役，累计飞行 1932 小时，1970 年 9 月 8 日损失注销。

▲ 1972 年 2 月，柬埔寨，第 9 骑兵团第 1 中队 C 骑兵连的"骑士 22"68-15062 号 AH-1G 武装直升机"水晶船"（The Crystal Ship），也被称为"最后一程"（Last Ride）。

▶ 第 1 骑兵团第 7 中队（即"黑鹰"中队）于 1967 年 4 月 25 日在肯塔基州诺克斯堡重新建成，由 4 个骑兵连组成，被编成一个独立的空中骑兵中队，直属连呼号"黑鹰"，后改为"鸟王"（King Bird），A 骑兵连为"阿帕切"（Apache），B 骑兵连为"荷兰大师"（Dutchmaster），C 骑兵连为"鹬"〔Sandpiper，1968 年年中改为"科曼奇"（Comanche）〕，D 骑兵连为"炸药谷"（Powder Valley）。图为 A 骑兵连成员米克瑟（Mixer）和他的座机。

第四章

陆军与固定翼飞机

04

CV-2"驯鹿"运输机

1952年，德·哈维兰加拿大公司逐渐意识到军用或民用双引擎短距起降飞机的市场需求，于1954年10月开始进行研制，但前两个设计方案因为机型太小而没有取得任何进展。1956年，他们意识到已经订购了U-1"水獭"和L-10"海狸"的美国陆军可能订购这种飞机，而美国陆军对"水獭"和"海狸"的表现非常满意，当时正考虑购买双引擎短距起降飞机，事实上，其规范可能就来于德·哈维兰提供的信息。

经过研制后，1957年4月，陆军签署了5架AC-1"驯鹿"的购买合同，并于1959年6月18日下达了测试AC-1"驯鹿"的命令，AC-1是陆军给该机分配的型号。1959年10月8日，3架原型机YAC-1交付给陆军，11月又交付了2架。从1960年春天开始，陆军分四个阶段进行了测试，第1航空连被指定为测试单位，并根据编制装备表TOE1-107T进行改编，最初装备4架YAC-1和8架U-1A飞机。

经过测试，陆军对"驯鹿"很满意，在接下来的数年间，美国陆军的合同纷至沓来。陆军订购了159架飞机，指定型号为AC-1，第一架于1961年1月交付，新机在原型机基础上进行了改进。到1961年6月，AC-1制造了56架。1962年这些飞机型号被指定为CV-2A。为了满足美国交通部的要求，AC-1内部进行了多项改进，但意义不大，1961年7月11日之后生产的所有"驯鹿"型号被指定为AC-1A，在交付之前，型号又被重新指定为CV-2B。A型与B型的主要区别是B型机头天线罩安装了AN/APN-158天气规避雷达，这种雷达后来改装到CV-2A和5架原型机YAC-1上。德·哈维兰总计为美国陆军制造了103架CV-2B。

"驯鹿"采用双发上单翼布局，具有很好的短距和粗糙地面的起降能力，该机结构简单且坚固耐用，维护简单，双缝襟翼和巨大的垂尾提供了很好的操控性和机动性，尤其在低空低速状态下。

随着美国更深地干涉越南事务，"驯鹿"不久就经历了战火的洗礼。当年8月，一架飞机被派往越南进行测试。1961年12月，美国陆军太平洋司令部拒绝了将一个"驯鹿"连部署到越南的提议，他们认为美国空军的C-123和陆军的U-1"水獭"连队已经满足了越南境内对固定翼飞机的运输要求，对类似提议的反对一直持续到1962年4月，当时国防部长麦克纳马拉指示陆军提出新的、必要的非传统观念以大幅度增强南越部队的机动性。

4个月后，空中机动理论被正式采用，其中包括了用于前进空中补给任务的"驯鹿"。空中机动理论的实施由此开始了陆军和空军之间关于越南战术空运职责的长期争执。尽管空军坚持认为C-123运输机可以在三倍于"驯鹿"的距离内运送其两倍以上的有效载荷，但该型飞机需要更长的跑道才能起飞，并且在将货物准确投放到狭窄区域内的机动性较差，而这正是"驯鹿"最为擅长的。"驯鹿"唯一严重的缺点是其飞行高度不足，这迫使它与直升机共同在较低的高度飞行。

在美国军事援助越南司令部的坚持下，"驯鹿"的部署于1962年5月获得批准，随后第1航空连的18架飞机于同年6月抵达泰国呵叻，有8架飞机于1963年7月重新部署到越南进行评估，其余10架于12月重新部署到头顿。

虽然空军依然反对，但第61航空连于7月部署到头顿，配备有16架CV-2，这样就有两个"驯鹿"连在南越各地执行直接支援任务。虽然1963年12月第1航空连作为从南越象征性裁军的一部分从南越撤出，但1964年11月，第92航空连带着16架"驯鹿"飞机返回，而第17航空连作为第三个单位于1965年9

▲ 1965 年，在西宁城市机场的第 61 航空连的 62-4169 号 CV-2B "驯鹿" 运输机。

月抵达，以波来古为基地，支援在安溪的第1骑兵师。有一架飞机被罗林斯无线电公司（Rollins Radio Company）改装成飞行指挥所供第1骑兵师使用，该机机舱一侧配有9名操作员位置，为指挥官提供与地面通信和远程通信。第57、第134和第135航空连也应威斯特摩兰将军的要求于12月被派往越南。

在战争早期，"驯鹿" 经常通过降落伞和自由落体的方式空投补给特种部队营地，这种任务成为 "驯鹿" 的强项。机组人员也尝试了其他一些方法给前方巡逻队提供补给，如果地形条件允许，超低空拖曳空投（Low Level Extraction，缩写LOLEX）技术被证明比伞降空投更加准确。每天前往特种部队营地的任务都是高风险任务，机组人员不得不飞往这些偏远的前哨，在周围都是危险区的地域上空飞行，进行危险的接近和陡峭

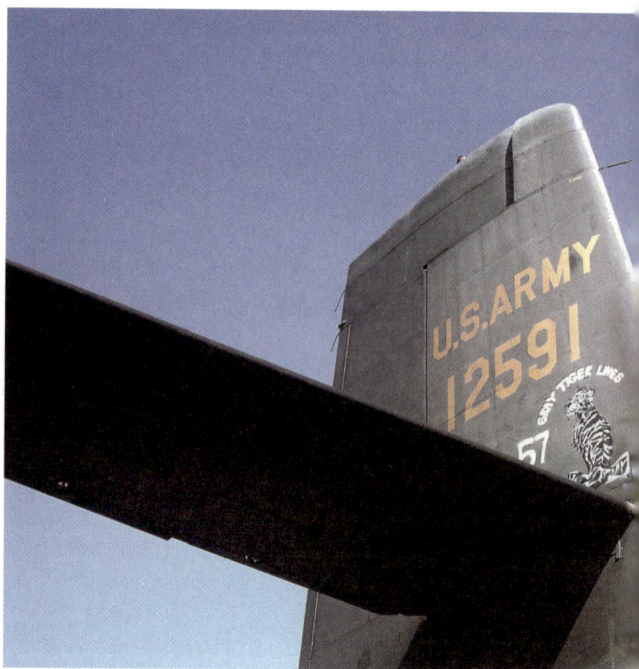

▲ 第 57 航空连的 "驯鹿" 飞机尾部的 "灰虎线" 单位标志。

▲ 这是一张很少见的照片，显示在越南进行 3 个月战斗评估中的两架德·哈维兰的"水牛"中一架序号为 63-13689 的飞机，该机于 1965 年 12 月准备离开波来古。

▲ 1966 年，永隆，一些乘客正准备登上第 134 航空连的一架"驯鹿"，垂尾上的连队标志很明显。

的爬升。"驯鹿"在小型飞机跑道上的飞行表现要优于C-123和C-130飞机，这主要是因为其卓越的短距起降能力，这促使特种部队在1964年末要求提供更多的"驯鹿"飞机支援需求。

美国陆军和德·哈维兰建立的紧密联系惹恼了许多空军军官，随着时间的推移，反对声越来越大。1967年1月，根据陆军和空军达成的跨军种协议，空军从陆军手中接管了在越南的所有"驯鹿"，型号变成C-7，其执行的任务并没有什么变化。作为回报，陆军在使用直升机方面不受任何限制。

U-1A "水獭"轻型运输机

20世纪40年代末，DHC-2"海狸"的成功，使加拿大德·哈维兰飞机公司相信在短距通用机市场生产"海狸"放大版大有可为，因此公司开发了DHC-3"水獭"（最初称为"海狸王"），原型机于1951年12月12日首飞，首次交付时间是1952年。

由于"水獭"飞机性能出色并非常可靠，被美国陆军采用，型号被指定为U-1A。美国陆军装备了223架U-1A型，成为"水獭"的最大客户。到1968年停产时，"水獭"共生产约460架。该型机装备600马力的活塞发动机为其提供动力，海平面最高时速达153英里，最高巡航时速达132英里，经济巡航时速达121英里。

首次进入越南的两架"水獭"属于1961年10月在朔庄的第18机场作战分队。在向南越3个军区部署了直升机连后，一套补给后勤系统亟待建立。为了满足这个需求，1961年12月，第18航空连接到命令前往越南。当时"卡德"号运输H-21直升机后刚从越南回到奥克兰，于1962年1月18日再次起航，将第18航空连和它的"水獭"飞机运往越南。"水獭"飞机由此开始了在越南的正式服役历程。

"水獭"飞机有两个主要连被派往越南，包括前面介绍的第18航空连和第54航空连。第18航空连1962年1月抵达越南后一直飞行到1971年2月，完成了整整9年的战斗支援行动，最初连队行动区域覆盖整个南越的4个军区，第54航空连于1965年9月抵达后，重新划分了责任区——第18航空连负责北部第1和第2军区，第54航空连负责南部第3和第4军区，每个连装备16架"水獭"飞机。

除了上面两个主要的航空连，在越南有少量"水獭"飞机在战斗航空大队、航空营，以及其他运输维修单位飞行。其他在越南使用"水獭"飞机的单位都是通信部队，1966—1969年，第2通信大队（西贡新山一机场）、第21通信大队（芽庄）和第54通信营广泛用于通信中继工作，由于距离或地形原因通信信号不能直接发送时，这些部队负责将野外部队的通信转发给他们的基地。

部署到越南的"水獭"由运输连提供维护，包括通用支援和直接支援运输连，其中有些运输部队也使用了"水獭"。第339运输连连部设在堪萨斯州的莱利堡（Fort Riley），支援第18航空连，并随同该连一起前往越南。除继续支援该连外，还被分配支援CH-21直升机部队，并为在越南作战的运输直升机野外维修分队（Cargo Helicopter Field Maintenance，缩写CHFM）提供后备支援。第611运输连于1962年10月抵达越南，驻扎在头顿，连队任务是为湄公河三角洲的航空单位提供维护支援。这个连的回收排拥有1架CH-21直升机、1架"海狸"和1架"水獭"（53257号）。该连投入使用后于1966年搬到永隆，并继续在越南服役直到1973年。第56运输连于1964年10月被部署到越南，驻扎在西贡新山一机场，其任务是提供直接的维修支援，提供零部件并回收在第3军区被击落的陆军飞机，该连的座右铭是"找到我，修好我，飞行我"（Find'm, Fix'm, Fly'm）。第56运输连会把事故或损坏的"水獭"分解，装上船运回美国进行修复。在飞机从美国运回后，他们会重新组装飞机并进行试飞，然后再交给部队。

第388运输连后来被赋予了在越南处理所有陆军"水獭"的任务，该连也使用了一架81709号"水獭"直至1971年3月。第165战斗航空大队使用2架"水獭"——53295号机和92209号机进行了最后的飞行，这两架飞机于1971年5月抵达头顿后交给第388运输连。第388运输连有34架"水獭"可供处理：有5架飞机根据军事援助计划转交给尼加拉瓜，18架移交给柬埔寨政府，剩下的11架飞机在头顿报废，于1971年8月注销。在越南战争中，"水獭"共损失29架。

▲ 第56运输连的回收飞机之一UH-1D直升机"稻田爸爸"（Rice Paddy Daddy），驾驶舱壁上画着回收飞行器的数量。在这张摄于1966年的照片中，这架直升机回收了180架"休伊"、51架"苏族"和16架"海狸"。

▲ 55-3248号"水獭"，1968年11月加入第12通信大队，1969年3月调到第2通信大队，后进入第608运输连储存，1969年7月在归仁的第79运输连服役。

▲ 第18航空连的多米尼克·布林迪西（Dominic Brindisi）和58-1716号"水獭"，轮毂装饰为黄底红色五角星。

▲ 约1969年，第54航空连的55-3277号通用飞机机头带有"大老爹"（Big Daddy）徽标，该机于1968年3月—1971年1月在该连服役。

▲ 艾弗·汉德森（Iver Handsen）和58-1688号"水獭"。这架飞机于1962年1月由第17航空连调给第18航空连，随后被派往越南，1966年5月送回美国大修后又分配给位于头顿的第54航空连。

O-1 "猎鸟犬" 观察联络机

赛斯纳L-19/O-1 "猎鸟犬" 是1947年空军从陆军中独立后由陆军订购的第一种全金属固定翼飞机，该型机是大获成功的赛斯纳170型飞机的改进型，公司编号赛斯纳305A（Cessna 305A），与170型最大的不同是只有两个串列式座椅，带有倾斜的侧窗以改善地面观察能力。"猎鸟犬" 于1950年6月赢得了美国陆军双座观察联络机选型竞标，用来取代二战以来一直在使用的L-4轻型飞机。美国陆军与赛斯纳签订了418架飞机的订购合同，该机型号被指定为L-19A "猎鸟犬"。"猎鸟犬" 从1950年开始交付并赶上了朝鲜战争，在战争中执行各种任务，包括寻找目标、搜寻火炮、部队补给和运送人员。L-19A在1950—1959年生产了3431架，直到1966年赛斯纳T-41 "梅斯卡勒罗人"（Mescalero）轻型教练机出现前，"猎鸟犬" 一直是陆军主要的固定翼教练机。

1962年，陆军使用的L-19和海军陆战队使用的OE-1型号被重新指定为O-1。装备 "猎鸟犬" 飞机首先抵达越南的是第73航空连（轻型监视机）。该连于1963年5月乘船抵达西贡，装备有22架O-1D，曾临时驻扎在头顿，隶属于第45运输营，还从其他CH-21直升机部队调来了10架O-1D，因此该连的全部 "猎鸟犬" 实力达到32架。由于美国顾问的侦察需求广泛，这些飞机被分散到15个不同的地点执行任务。后来连队迁往了芽庄，并于1964年10月1日被分成4个分队，分配给每个军区的航空营。

第73航空连 "勇士" 执行了各种各样的任务，包括炮火引导、目标获取、补给和地面部队的无线电中继。在特殊情况下，连队还执行了医疗后送任务。飞机的机翼下会根据任务需要挂载MK-6照明弹、集束破片炸弹、KS-54照相吊舱和特种部队的补给包。不久后，连队成员还建立了自己的学校，来训练越南飞行员和观察员，同时还撰写了一本关于越南监视的教材。连队部署越南后的头14个月里，其机组人员就累计飞行超过41万小时。

越南的非常规战争很快表明空军和地面部队之间的密切协调是绝对必要的，当部队在公路上行进时，空中必须有一架前进空中控制员飞机保持观察以防遭到伏击。最初在越南的前进空中管制员任务由美国陆军和南越空军来承担，美国空军后来接管了前进空中控制员角色，并在美国入侵越南期间继续执行大部分的前进空中控制员任务。由于美国空军规划者急于寻求一种打击控制和观察飞机，而当时填补这一角色空缺的更好的机型还在研制，"猎鸟犬" 因其短距起飞降落能力以及低空低速能力突出而被选为临时的空中前进控制平台，得以进入美国空军服役，用于引导更快的战斗机和攻击机，执行包括打击及搜救在内的各种任务。

美军在越南大规模集结，对 "猎鸟犬" 的需求增加，因此500多架L-19A和TL-19D飞机被送往赛斯纳进行改装。TL-19D的驾驶舱加热器和后部的教练仪表板被拆除，每个机翼下安装了两个炸弹挂架，可挂载8枚火箭弹。航空电子设备变化包括增加一个用于与攻击机联系的超高频无线电台，其中22架O-1D被交给美国空军，以满足对前进空中控制飞机的迫切需求。经过战斗改装的L-19A型号改为O-1E，装备陆军和空军在越南服役，该型飞机取消了教练功能，增加了无线电设备、自封油箱、飞行员装甲座椅和翼下挂架，加上对结构的加强，改装后飞机重达2400磅。

随着 "猎鸟犬" 被转交给空军，陆军也就失去了替换这种飞机的动力，陆军的侦察需求改由OV-1 "莫霍克" 和经过战斗检验的OH-6A直升机来满足。1964年年末，OV-1 "莫霍克" 装备了第23特种航空分队并承担了原来第73航空连的任务，第73航空连的 "猎鸟犬" 最终被第74航空连吸收，该连在富利建立基地，在越南一直行动到1972年。第219、第220和第221航空连于1965年7月到达，随后第183和第184航空连于1966年，第21、第199、第185和第203航空连于1967年到达，这些连队后来被重新更名为侦察机连（Reconnaissance Airplane Company，缩写RAC），最终陆军共有11支"猎鸟犬"连队被部署到了越南。

"猎鸟犬"并不完美，有人就认为该型飞机并不能满足前进空中控制的任务要求，称这种飞机噪音大、动力不足，特别是在山区，并指出它并不像预想的那样容易维护，而且前向视界不足。在越南战争中，"猎鸟犬"的重要性可以用损失数量来证明，在战争期间损失数量仅次于F-4"鬼怪"（Phantom）战斗机，位列固定翼飞机损失数量第二位，其中空军损失175架，陆军损失391架，海军陆战队损失9架，总计损失575架。为了补充损失，美国空军逐渐用赛斯纳O-2和北美OV-10"野马"（Bronco）替代，海军陆战队使用OV-10替代，这两种替代型飞机都是速度更快的双引擎飞机。在整个战争期间陆军仍然保留着"猎鸟犬"，陆军最后一架O-1直至1974年才正式退役。

总体上来说，"猎鸟犬"相当轻巧，能在任何地方转弯。由于该型机的机翼设计为上单翼，这样机组人员对地面进行观察时就没有了遮挡，拥有了广阔视野，加上宽大的舷窗，机组人员几乎可以看到飞机周围的所有地方，而且优秀的升力设计使其在野外短距起降轻而易举。同时，"猎鸟犬"在战斗中也被证明异常坚固，常带着许多弹孔仍能保持在空中飞行。实战证明，"猎鸟犬"是适用于前线的一种优秀机型，飞行员们开玩笑说能把它背在背上，而不是控制它。

▲ 摄于1967年年末或1968年年初，在靠近会安的鲍帝着陆区，第21航空连的一架"猎鸟犬"与一辆油罐车。第21航空连抵达越南时的名称是"黑杰克"（Black Jack），发现第12战斗航空大队也有"黑杰克"的称呼后，为了避免重复，第21航空连选用了新名称"黑桃A"（Black Ace）。

◀ 约 1963 年 8 月，第 73 航空连的一架 O-1D 飞机，呼号为"勇士"，准备执行对绿色贝雷帽的空投任务。

▲ 这张照片中的 57-2795 号 O-1D 飞机完美展示了连队飞机的涂装，垂尾上带有连徽。

◀ 1964 年 3 月 21 日，第 73 航空连庆祝了第一个连队日（实际组建时间为 1963 年 3 月 27 日）。庆祝仪式中，连队装备的 32 架飞机中的 30 架在芽庄的连部前列队，其余 2 架飞机因行动而缺席。这也是该连抵达越南后首次在同一地点集合。

▲ 第 184 航空连呼号为"不间断"（Nonstop），连队这架 O-1G 观察机采用了迷彩涂装。机尾采用的箭头标志为第 210 战斗航空营的机尾标志，箭头标志整体白色，中间包裹着一个较小的步兵蓝色箭头，将该连与第 210 战斗航空营的其他单位区分开来，这个营每个下属单位都用不同的颜色进行区分。

▲ 第 199 航空连无线电呼号为"沼泽狐"（Swamp Foxes）的 51-11952 号 O-1G 飞机，有鲨鱼嘴涂装。

▲ 1969—1970 年，霍洛威基地，第 219 航空连"猎头"（Headhunters）的飞机正在维修，前景可以看到飞机机翼下挂载的火箭弹发射器。

▲ 飞行在将南北越分开的本海河（Ben Hai River）上的自由桥上方的一架飞机，该机隶属于第 220 航空连。

▲ 第221航空连（轻型监视机）于1965年3月24日在南卡罗来纳州布拉格堡组建，根据编制批准实力，该连拥有156人，包括41名军官、1名准尉和114名士兵，由连部和连部直属排、4个监视机排和1个勤务排组成。全连拥有32架O-1D"猎鸟犬"飞机，每个排8架，这架72853号飞机上画有一把猎枪。

▲ 第221航空连无线电呼号"猎枪"（Shotgun），这架O-1D飞机的机头画有一把猎枪，舱门上饰有连徽。

OV-1"莫霍克"监视机

OV-1"莫霍克"固定翼观察机最初是为了满足陆军和海军陆战队需要而研制的，但海军陆战队在第一次飞行前就撤出了这个项目，留下陆军独自继续发展。军方要求这种飞机是一种能够进行野外行动、起飞时间短，并能够执行战术观察和战场监视任务的飞机。

陆军的第一份合同于1957年签订，指定型号为YAO-1AF。首飞是1959年4月。当年晚些时候，陆军签订了35架飞机的合同，用于测试、训练并分配给试装部队，订单后来增加到77架。首批飞机第一种型号是AO-1AF，共36架，其机身内部装有KA-30相机，可在驾驶舱内调整其拍摄角度；装备有供夜间使用向上发射的照明弹，104枚照明弹分为两个舱室。第二种型号是AO-1BF，共17架，与AO-1AF类似，但在一个外部吊舱中携带着机载侧视雷达，这台设备为飞机提供了飞行线路两侧的地面永久雷达摄影图像，曝光几秒后，在驾驶舱内就能看到冲洗好的照片。第一架AO-1BF于1960年首飞。第三种型号是AO-1CF，其中24架是第一批合同中订购的，这个型号与AO-1AF区别在于拥有AN/UAS-4红外传感器系统。

1962年9月，根据新的三军代号系统，AO-1AF、AO-1BF和AO-1CF分别成为OV-1A、OV-1B和OV-1C。

到1961年年底，格鲁曼生产了40架飞机，其中2架拨给了陆军航空学校，其余的用于测试或在格鲁曼公司工厂等待测试结果来确定稳定的电子设备配置。由于飞机仍存在许多缺陷，大陆军司令部又对"莫霍克"进行了一系列定型测试，结果表明以前报告提出的问题并没有全部得到纠正。1962年3月26日，大陆军司令部建议采取纠正行动。存在的上述问题并没有阻止第一架OV-1部署到越南，配备"莫霍克"的第23特种作战航空分队部署到越南，经该分队测试和评估后，更多的"莫霍克"部队开始部署到越南。

第82空中监视和目标搜索分队建立并被指定部署到越南——该部在部署前隶属于布拉格堡的第82空降师——并进行组织、装备和训练。第82分队后更名为第4空中监视和目标搜索分队，这是出于安全原因由中央情报局起的名称，原因是美国从未签署结束法国对越南北部的占领的《日内瓦协议》，这份协议中有"任何外国不得在越南南部或北部进行电子战"的规定。美国空军和海军可以从其他基地或航空

▲ 芙拜停机坪，前景中第 131 航空连的飞机垂尾上有夜鹰标志，背景中能看到机库。

▲ 第 131 航空连（空中监视）于 1966 年 6 月 1 日成立，由于该连执行的任务许多都在夜间，因此选择了"夜鹰""（Nighthawk）作为连队标志，该标志成为连队胸章和连队所有飞机的尾部标志，"夜鹰"也变成了这支部队的座右铭。该连无线电呼号是"铁土豆"（Iron Spud），通常简称为"土豆"。1969 年 4 月 1 日，连队更名为第 131 监视机连。连队装备"莫霍克"三种机型：OV-1A 执行目视和照相侦察任务，OV-1B 执行机载侧视雷达任务，OV-1C 执行红外侦察任务。图为连队的飞机队列，前方两架飞机是 OV-1B。

母舰上进行电子监视，而为了让陆军的"莫霍克"进入越南南部，就需要绝密进行。

第4空中监视和目标搜索分队拥有5架OV-1，3架OV-1C和2架OV-1B，于1964年12月部署至越南，在那里加入第23特种作战航空分队，随后这两个分队于1964年12月26日被编入第73航空连（空中监视），该连于1965年1月10日开始行动。到1965年中期，第73航空连拥有近30架"莫霍克"，型号包括OV-1A、JOV-1A[①]、OV-1B和OV-1C型。1965年年末，另外3支"莫霍克"部队抵达越南，第1骑兵师第11航空连的监视和目标捕获排部署到安溪，第20监视和目标捕获分队"夜鹰"在芽庄成立，第1步兵师第1航空营B连的监视和目标捕获排"鹰眼"（Hawk Eyes）在富利成立。1965年12月，空军发起了"虎爪行动"（Operation Tiger Hand），"莫霍克"在胡志明小道上进行夜间飞行，定位由空军C–130飞行照明弹照亮的目标。

1966年6月，装备"莫霍克"的隶属于第1骑兵师的第131航空连"土豆"（Spud）接管了第20监视和目标捕获分队的资产。第225航空连"幻鹰"（Phantom Hawk）于1967年5月抵达富协。1967年7月，第244航空连"三角洲鹰"（Delta Hawks）抵达芹苴。1967年10月，第245航空连"红眼"（Red Eye）抵达岘港，此时"莫霍克"在越南的力量达到了顶峰。1969年，"莫霍克"部队被指定为监视机连（Surveillance Airplane Company，缩写SAC）。

归纳"莫霍克"在越南执行的任务，用第225航空连的亚历克斯·帕鲁蒂（Alex Paruti）的话来说："'莫霍克'的表现非常像高性能飞机，虽然它的速度并不快。"按照帕鲁蒂的说法，"莫霍克"在越南执行的任务可以概括为两种：使用机载侧视雷达的雷达监视任务，以及使用红外传感器的红外监视任务。OV-1B的机载侧视雷达最远有效距离可达45千米，非常善于获取移动目标，它可以捕捉任何以超过3千米的时速移动的东西，因此非常擅长在胡志明小道上捕捉运输车辆。"莫霍克"通常在7000英尺高度执行机载侧视雷达任务。OV-1C型则装备了红外传感器，这需要在低得多——1500英尺甚至更低的高

---

① 陆军把一部OV-1A和OV-1C升级加装挂架，配备瞄准具，供挂载武器作战使用，型号变更为JOV-1A和JOV-1C。

度执行任务，飞行员要尽可能靠近地面并进行搜索。在低空飞行时，飞机腹部的红外仪可以覆盖约500米宽的探测区域。

总的来说，"莫霍克"在越南战争中表现出色，它可以在前进机场起降，为战地指挥官提供实时情报，因其获得了大量敌军位置和活动的情报，故而能对目标立即进行攻击。它甚至还可以挂载补给吊舱为部署在偏远地区的部队投放补给。"莫霍克"飞机的身影出现在南越、老挝、缅甸甚至越南北部的上空，还经常与空军、海军和陆战队联合行动。

到1972年12月，"莫霍克"总共生产了380架。截至1973年战争结束时，"莫霍克"为提供武装支援和监视付出了沉重的代价，有63架"莫霍克"损失，其中行动事故损失36架，战斗损失27架。

情报战飞机

从第一次世界大战起，美国陆军就一直采用通信情报来支援其作战部队，美国陆军安全局（ASA）通过在世界范围内建立固定站点链——野外站来维持远东和欧洲大型战区司令部的通信。

在20世纪60年代初期，美国陆军安全局再次被要求在战场上提供援助，这促使后来美国陆军使用了改装的通用直升机、通用飞机、观察机和运输机组成多样化的情报飞机队伍，利用这些机载平台执行广泛的高度机密任务，包括通信情报、电子情报、信号情报、摄影、红外和雷达监视，多数使用代号，因此不为人所知。

为了监控游击队通信，美国陆军提供了无线电接收器和AN/PRD-1测向仪，此后不久，陆军情报人员开始计划部署到越南开展小规模通信情报行动。陆军安全局很快制订了两个行动计划："白桦行动"（Operation White Birch），建立一个78人的陆军安全局作战部队，目标是游击队的通信发射机，以打击当地的游击队；"剑齿虎行动"（Operation Sabertooth），派出一个15人的小组以训练南越通信情报操作员。

1961年4月27日，肯尼迪总统签署了向越南部署情报部队的命令，组成了第400美国陆军安全局作战队（暂编），并指定掩护番号为第3无线电研究队。"无线电研究"这个词用来掩盖这支部队同陆军安全局的秘密联系，它实际上成了陆军安全局机构的代名词。

1961年5月13日，第一批陆军安全局人员——第3无线电研究队的92名成员抵达越南，这支秘密情报部队的部署标志着陆军建制部队首次部署到越南，而以前是以个人身份单独分配到陆军顾问团。该部在新山一空军基地建立基地，监测任务迅速从每天17小时转为24小时覆盖，测向任务变得更加紧迫。批准实力后来又增加52人。

1961年12月22日，25岁的詹姆斯·"汤姆"·戴维斯（James "Tom" Davis）下士在执行任务中丧生，成为陆军安全局在越南战争中死亡的第一名士兵，约翰逊总统称其为在越南战争中死亡的第一名美国军人。戴维斯的死让陆军安全局意识到，携带短程测向设备进入丛林，可能距离游击队无线电发射机只有几英里，这样很危险。由于在东南亚无线电波传播要求测向设备离发射机足够近，要保证安全，显然只有机载才是最好的方式。

二战后，美国陆军在航空通信情报领域几乎没有任何进展，整个20世纪50年代，陆军安全局操作员在海军EA-3B飞机上执行电子侦察任务。60年代初，陆军安全局机组人员再次登上这种飞机执行任务。

在此时期，陆军决定投入人力和资金，以便在规模和复杂性似乎都在增加的战区内扩大情报的覆盖范围。陆军的U-6"海狸"是首批从通用任务转换为空中情报收集平台的飞机之一，因此被重新正式命名为RU-6。这实际上也开启了一项进程，将陆军大部分剩余飞机最终纳入到这个新兴的通信情报平台机队，并重新将前缀代号指定为侦察机的"R"。

美国陆军电子司令部电子战实验室开发了机载无线电测向电子设备，安装在3架德·哈维兰U-6A"海狸"飞机上，并重新将该飞机命名为RU-6A，美国陆军拥有了第一种机载测向平台。1962年12月，首批6架OV-1A"莫霍克"飞机抵达，但几乎立即变成了武装飞机，并未用于设计初衷的侦察任务。为了响应任务扩大的需要，第3无线电研究队的人员规模不断扩大，在北面的岘港成立了一个机动分队，由21名军官、4名准尉和356名士兵组成，这个机动分队后来搬到北部的芙拜，被称为J分队。

1963年年初，机载测向平台又有7架RU-6A加入，代号为"七朵玫瑰"（Seven Roses）。紧接着又有2架RU-8D加入，代号"将死"（Checkmate）；还有1架RU-8F加入。RU-6A有装甲保护，其机组人员携带降落伞，而RU-8D两者都没有。当年晚些时候，又有7架RU-6A和10架RU-8D抵达。最后一批抵达的RU-6A和RU-8D分别被指定为"酒瓶"（Winebottle）和"头鱼人"（Cefish Person），总计是41架RU-8D和34架RU-6A。早期抵达越南的还有1架单独名为"探路者"（Pathfinder）的RCV-2B"驯鹿"（序号62-4147）、1架名为"咖啡馆女孩"（Cafe Girl）的RU-1A"水獭"、2架名为"拉芬水獭"（Laffing Otter）的RU-1A"水獭"。所有这些系统构成了在越南使用的第一代机载无线电测向飞机队伍。

RU-6A是一种相对简单的基础平台，配备了机载任务接收设备，用于追踪敌军发出的信号。由于没有多普勒及惯性导航系统，飞行员要依靠地标和航位法推算来确定自己的位置，从而计算出拦截的位置。单引擎的陆军飞机RU-1"水獭"配备了同样的人员和设备，但也只是一个扩展平台。直到陆军引入RU-8D机型，其特种电子任务飞机机队才有了重大发展，除了最初安装在RU-6A和RU-1A上类似的机载任务设备外，RU-8D还配备了马可尼多普勒导航系统，机翼上安装了刀状天线。飞机上的这些设备加上机组人员，成为特种电子任务飞机机队的新主力，有助于扩大和改进部队任务覆盖的维度。无线电"指纹"设备被称为"短裙"（Short Skirt），安装在约12架RU-8D飞机上，大部分分配给了第509无线电研究大队，但也有一些分配给了运输连一段时间。有一些RU-8D也使用了后来用于OV-1B"莫霍克"的机载侧视雷达系统。

"探路者"最后于1967年6月移交给美国空军，"拉芬水獭"和"探路者"被分配给第146无线电研究航空连，"拉芬水獭"后于1971年1月在美军开始撤出越南时退役。"酒瓶"和"头鱼人"两种侦察机分别有34架和41架，大部分被分配给第156无线电研究航空连。严格来说，这两种飞机并不是真正的机载无线电测向飞机，它们可以锁定发射器，但很难确定其确切位置，在计算出精确位置前，飞机必须飞越目标位置。RU-6A于1972年4月27日在越南停止行动。

随着1965年美军大型地面作战部队进入越南，美国陆军安全局在越南的部队也扩大了，到1965年中期，陆军安全局有1487人，分布在3个部队——第3、第7和第8无线电研究队，其指挥部队仍是第3无线电研究队。

1966年6月1日，第3无线电研究队撤编，并重新指定为第509无线电研究大队，下辖3个营——第303和第313无线电研究营、第224无线电研究营（航空），以及分配给所有陆军部队直接支援的无线电研究连和分队。

第二代机载无线电测向系统分别为"拉芬鹰"（Laffin Eagle）和"左拳"（Left Jab）。"拉芬鹰"系统安装在一架RU–21D上，该系统频率覆盖范围更大。由于RU–21D内部空间比RU–8D大得多，因此RU–21D增加了第二名操作员的位置。此外，"拉芬鹰"使用了AN/ASN–86内部导航系统取代RU–8D上使用的AN/ASN–64多普勒导航系统，但事实证明新系统难以维护，需要供应商的持续支持。后来，一个名为V–SCAN的系统被装入RU–21D飞机中，提供以机头和机尾为中心的240度测向范围。

电子战实验室在1970年研发了"左拳"，美国陆军首次拥有了可360度测向的机载情报收集系统。"左拳"系统安装在改进的U–21飞机上，飞机型号为JU–21A，其显著特点是机腹下有一个椭圆形天线，飞机起飞后可以伸出进行无线电测向。至少制造了3架JU–21A（序号67–18063、67–18065和67–18069），并全部分配给第138无线电研究航空连，于1971年1月9日在越南完成了第一次任务飞行。其余的机载平台还有拥有机载通信情报特别装备的6架UH–1直升机，型号被重新指定为EH–1"左岸"（Left Bank），主要用来支援第1骑兵师。

陆军安全局使用RU–8等机型来监听低功率无线电传输信号和其他信号，这是一个非常隐秘的计划，旨在侦听战场通信，以确定敌人在做什么，在对方不知情的情况下对其进行监控。这个计划总体上是成功的，但由于受RU–8等机型的尺寸和重量限制，随着任务大规模地增加，显然需要更多的情报监控设备。早在1965年，陆军就意识到需要更大的飞机，大型飞机可以提供更强的搭载能力，具有更大的航程，可以覆盖不断扩大的作战区域，特别是当时作战范围扩大到了老挝和柬埔寨。

▲ 1971 年，停在芙拜机场的第 138 航空连所属的飞机，中间为 67–18063 号 JU–21A。

起初，陆军考虑改装CV-2"驯鹿"来发挥通信情报作用，因此就有了前面介绍的"探路者"，但鉴于这种运输机将很快移交给空军，随后陆军的重心就从固定翼飞机转移到CH-47等重型直升机上。由于军种间的竞争，并且当时空军正在极力游说接管陆军的"驯鹿"飞机，因此当陆军需要一种大型飞机来执行通信情报任务时，自然想到了海军的机型。

最终美国陆军安全局从亚利桑那州飞机坟场中"借用"了四引擎P-2"海王星"（Neptune）远程反潜巡逻机，选择了6架状态最好的飞机。根据任务需要，陆军安全局对这些飞机进行了改装，包括扩展了翼尖油箱以容纳传感器，增加了更多的天线，机头换掉了原来的透明观察员舱，改装成5架任务机加1架训练机（保留了透明观察员舱）。由于当时这是一项秘密计划，陆军不想让任何人知道这种飞机有什么特别之处，所以陆军指定型号为AP-2E，而不是RP-2，但如果陆军遵循1962年制定的三军飞机命名规则，鉴于陆军的"海王星"执行的是情报任务，型号应该是RP-2E，陆军之所以这样做也有避免引起空军不满的考虑。对于陆军安全局来说，"海王星"的型号就是RP-2E。1967年6月30日，装备AP-2E的第1陆军安全连（航空）抵达越南，以金兰湾为基地开展行动，掩护番号被指定为第1无线电研究连（航空），呼号为"疯猫"（Crazy Cat），后来改名"海狮"（Ceflien Lion），由陆军飞行员和陆军安全局任务操作员来操作"海王星"。

第1无线电研究连执行的大部分任务都集中在胡志明小道走廊沿线、越南南部与老挝边界沿线，以及非军事区和柬埔寨边界沿线。飞机将在8500~10500英尺高度的指定位置徘徊8~9个小时，所有拦截下的传输信息都将采用手工记录，并采用磁带录音机录下来。在返回飞行中，拦截到的原始信息数据将会在岘港进行后续处理，飞机会补充燃料，在早上起飞约16个小时后，飞机和机组人员将返回金兰湾。重要的语音拦截信息也会在飞行过程中传输到地面，优先级别高的信息会得到最快的处理。

▲ 第 1 无线电研究连 RU-8D 排的一架飞机，该机有 3 名机组人员——飞行员、副驾驶／分析员、任务操作员，任务是机载无线电测向。垂尾上的第 224 无线电研究营营徽很明显。

▲ 1967 年第 2 通信大队大队部直属分队的一架"海狸"RU-6A"史纳菲"（Snuffy），序号 58-2075。

▲ 美国陆军的 U-6A"海狸"是第一批从通用角色转变为情报收集角色的飞机之一，安装的特殊接收装置可以接收敌方发射机发出的信号。
1970 年，第 146 无线电研究连的这架 RU-6A 上表面涂有白漆以保护敏感的设备不被太阳炙烤。发动机罩上有流行的史努比图案。

◀ 1966 年在新山一空军基地的第 146 无线电研究连的 RU-8D，远处可以看到美国军事支援越南司令部飞行分队的 6 架 U-8F 飞机。

◀ "探路者"是一架独一无二的安装着无线电测向系统的"驯鹿"（序号 62-4147），指定型号为 RCV-2B，于 1966 年 9 月 20 日隶属于第 3 无线电研究大队第 146 航空营第 509 安全连。该机在非军事区稍北的越南北部上空约 5000 英尺高度执行情报拦截任务时，被一座高山上的 37 毫米高射炮的炮弹击中了飞机尾部，因此损坏。该机最后于 1967 年 6 月被移交给美国空军。摄于 1964 年 8 月 11 日。

▼ 停在金兰湾基地的第 1 无线电研究连的 6 架"海王星"RP-2E 机群，这是越战时期陆军使用的最大固定翼飞机。

▲ 训练用的 131492 号 RP-2E 飞机的名字是"猪"，机头画有一个红猪图案。

▲ 1968 年，在日本岩国基地滑行的 131526 号机，其他 5 架飞机序号为 131531、131429、131485、131492、131496。

▲ 1972 年年初，停在金兰湾基地的一架 AP-2E，标准任务机组人员为 12~14 人，由飞行员、副驾驶、替换飞行员、飞行工程师、5~6 名越南语专家、任务控制员、通信员，以及 1~2 名机尾观察员组成。人数不定也导致人员职能重叠，如当天出现的通信员可能是语言学家，也可能是机尾观察员，或者是无线电或航空电子技术人员。

第五章

航空医疗后送

05

在越南战争中，对于受伤的美军士兵来说，没有什么比"除尘休伊"的嗖嗖声更让他们兴奋的了，任何乘坐过医疗后送直升机的人都不会忘记那美妙的声音。毫无疑问，航空医疗后送直升机上的机组人员比任何人都更多地见证了战争的残酷，这些人需要极大的勇气在一天内多次面对战争造成的伤痛，在迫击炮和重武器火力的威胁下，有时他们要穿过雷区去寻找伤员，对美军部队而言，他们是这场战争中最英勇的人。医疗后送直升机被美军亲切地称为"除尘"。

有战争就会有伤亡，抢救伤员并从战场上将伤员运送到医院进行救治，时间最为关键。由于越南战区没有安全的道路网，对美军来说，地面撤离伤员几乎是不可能的，军方派往越南的5个独立连和5个地面救护车分队主要用于基地运输使用，例如跑道与医院之间的运输，或者通过两个邻近医院的安全道路运送病人。

高度机动和广泛部署的部队必须有一个高度机动和灵活的医疗后送系统，以立即响应部队的需求，在越南，救护直升机提供了这种灵活性和反应能力。在1968年的作战高峰期，有116架救护直升机提供航空医疗支援。这些救护直升机可以一次运送6~9名伤员，医疗后送的平均飞行时间只有35分钟，重伤者通常在受伤后1~2个小时就被送抵。在送到医疗机构的伤员中，约有97.5%的人幸存下来。

直升机的使用使现代医疗比以往任何时候都更加接近前线，结合医疗无线电网络，直升机给管理患者方面提供了更大的灵活性。在飞行过程中，患者的伤情和状况会得到初步评估，使用无线电网络可将患者引导至符合救治需要最近的医院。如果一家医院出现了手术积压，直升机与无线电网络两者结合，就可根据可使用的手术设备而不是床位来进行调节，两者的结合是在越南的陆军医疗管理系统的核心。

首支医疗后送部队

约翰·肯尼迪总统在1961年采取了一系列干涉措施，向越南派出了更多军事顾问，随着战事发展，

◀ 1967年9月的"库克行动"（Operation Cook）是由第4步兵师第35步兵团第2营B连在西贡东北320英里的广义省德普县周围的村庄和部落执行的一次搜索和摧毁任务，一架UH-1B直升机准备在稻田里降落接运受伤的士兵。

南越与美国顾问都遭受了越来越多的伤亡，军方开始派出陆军医疗部队，第8野战医院与几支专业分队是第一批部署的医疗部队。为了提供医疗后送，第57医疗分队（直升机救护）也将同时部署。

第57医疗分队驻扎在米德堡，由小约翰·坦佩里利（John Temperilli, Jr.）上尉指挥，他和手下官兵一起准备了5架"休伊"直升机共同执行任务。1962年4月26日，分队部署并抵达美丽的沿海港口城市芽庄，驻扎在第8野战医院旁边，并在接下来的11年里一直留在越南。将这个陆军医疗分队分配到芽庄是为了阻止后勤问题的恶化，但也使其远离部署在越南的大多数美军单位。

第57医疗分队不仅是第一支部署越南的直升机医疗后送单位，而且也是第一个使用"休伊"直升机的单位，被配属给美国陆军越南支援大队，当时这个大队控制所有在越南的美国陆军部队，并直接负责其行政和后勤补给。由于没有支援力量，第57医疗分队依靠部署在同一地点的一支航空单位来提供专业的航空气象信息和飞行许可申报等直接后勤支援。

第57医疗分队的"休伊"直升机作为第一批进入越南战场的医疗直升机，根据美国陆军指示，在机身上绘制白背景的红十字标志来标明身份。1962年5月12日，第57医疗分队执行了第一次任务，从绥和距海岸约60千米的一个海滨哨所运送一名发高烧的特种部队美国陆军上尉顾问，此人被带到了第8野战医院。不久之后，第57医疗分队开始后送南越士兵，甚至从战斗中进行后送。虽然禁止该分队撤离南越士兵和平民，但坦佩里利上尉发现这个政策并不切实际，他必须与南越当地官员密切合作，在安全地区设立指定的后送地点，并改进传达救护后送请求的通信网络。

▲ 约1968年，岘港南部，一架救护直升机正在运送一名因饵雷爆炸而受伤的人员。

当越南战争缓慢升级的时候，陆军医疗直升机部队正在其他地区重新编组。1962年8月，负责直升机救护的第49、第50和第54医疗分队人员和直升机被并入第377医疗连（空中救护）。几个月后，第50医疗分队在路易斯安那州的波尔克堡（Fort Polk）重组，第54医疗分队在本宁堡重组。

第57医疗分队是部署越南的第一支装备"休伊"直升机的单位，由于替换零部件和补给品供应渠道太长，该分队面临着独特的后勤挑战。事实上，该分队面临的后勤短缺问题只是所有陆军航空部队在第一年中面临的一系列问题的一部分，核定装备清单缺陷和过剩往往是在部队投入战斗之后才出现的，许多航空部队携带着不必要的取暖器和冬季衣物前往越南，仅仅是因为标准装备清单要求他们这样做，烦琐的各类规章制度更加重了这些装备问题。起初航空部队直接向冲绳陆军发送零部件清单，但冲绳经常退回这些文件要求进行修改，以符合部署越南的部队从未听说过的某项指令。在几个月的后勤混乱之后，美国陆军越南支援大队才开始协调零部件需求。

在越南行动的第一年，太平洋的陆军补给站只能满足越南航空零部件订单的四分之三，这个问题的出现是因为陆军航空兵在越南发挥了不同寻常的作用，用于支援的直升机飞行时间要长得多，消耗的速度也比和平时期的供应估计值快得多。到1962年11月，陆军航空兵在越南有13支航空兵部队，在越南10多个地方有8种型号的199架飞机在飞行，分散驻扎在多个基地的多个单位都增加了补给需求。

随着战事发展，军方意识到对医疗后送直升机的需求增加，又组建了几支部队：第159医疗分队在堪萨斯州的莱利堡组建，装备5架老式的CH-21直升机；第254医疗分队在科罗拉多州的卡森堡组建；第283医疗分队在华盛顿州的刘易斯堡组建。

在越南，医疗救护后送直升机的任务开始增加，当时南越陆军和空军都没有发展任何的医疗后送直升机能力，他们的请求由正规航空单位在"有空"的基础上处理，他们开始呼叫第57医疗分队。

1963年2月，坦佩里利将第57医疗分队的指挥权转交给劳埃德·斯宾塞（Lloyd Spencer）少校。在不经意间，斯宾塞少校在航空医疗后送历史上创造了一个小而重要的部分：在查看了一系列预先协调好的无线电呼号选项后，他从海军支援活动呼号簿上为自己的直升机选择了一个标准的无线电呼号——"除尘"。众所周知，UH-1直升机在着陆或起飞时会扬起相当多的灰尘，因此他选择了这个呼号。虽然有一些例外情况，如有一些直升机单位仍然使用"MEDEVAC"这个遗传自朝鲜的呼号，但"除尘"成为医疗后送直升机的永久通用呼号。虽然安全协议要求部队定期更换呼号，但指挥官们认为，永久呼号可以减少呼号变更引起的混乱，从而在紧急情况下更容易请求救援直升机支援。

1964年1月11日，查尔斯·凯利（Charles Kelly）少校取代了斯宾塞少校成为分队指挥官，但凯利少校在当年7月1日执行救援任务时丧生。

成长与成熟

1965年年初，随着越南形势的变化，美军作战部队加紧向越南增兵。随着更多部队的到来，陆军医疗部队也开始增兵，其中就包括增加医疗后送力量。这一年，更多常规医疗分队被部署到南越南部的两个军区。1965年9月1日，第283医疗分队（直升机救护）在西贡降落，开始协助第57医疗分队支援第3军区。1965年11月，第254医疗分队抵达西贡新山一机场，在装备通过海运送抵后，于1966年2月1日在隆平宣布投入使用，其任务主要是直接支援第173空降旅在第3军区的行动。而第57和第283医疗分队支援

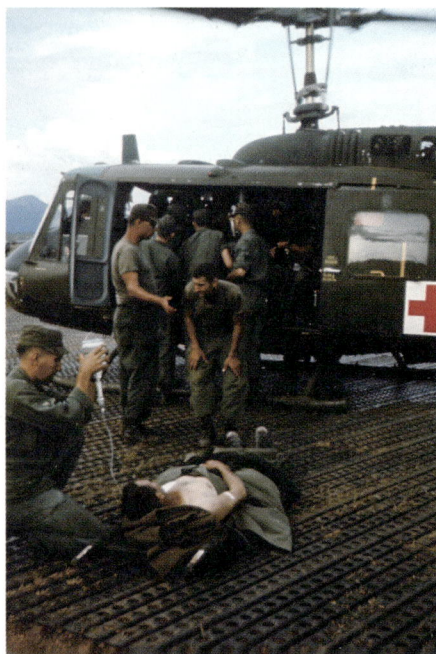

▲ 1970年2月25日，越南，一名伤兵在一架救护直升机外输血。

▲ 1967年10月10日，隆平，第57医疗分队的一架UH-1D直升机运送一名伤兵降落在第93后送医院。

第3军区其他盟军部队。

1965年9月，美军向越南部署了另一种新型医疗后送部队——医疗连（空中救护），根据1959年标准装备表，这个连有24架直升机，人员由28名军官和更多士兵组成，这支部队就是第498医疗连（空中救护）。

第二支空中救护连是由在越南的医疗分队组建的。1965年4月，美国越南陆军支援司令部的外科医生詹姆斯·布朗特（James Blunt）中校对使用非医疗飞行撤离伤员的普遍做法感到不满，他计划在越南增加至少两个空中救护分队。新的第82医疗分队指挥也建议他成立一个控制单位，可以是一个暂编连，来指挥拟议中的4个空中救护分队。当年晚些时候，布朗特的继任者拉尔夫·科南特（Ralph Conant）上校决定组建这样一个管理部队，因为它有利于减少由于当前4个分队太过分散以及不稳定的通信而造成的第3和第4军区医疗后送的混乱。至当年11月，他开始计划组建一支暂编空中救护连，由4个分队组成，类似于第498医疗连的4个分散部署的排。

1965年12月1日，医疗连（空中救护）（暂编）由第57和第82分队，以及新抵达的第254和第283分队组建，由指挥第498医疗连的第43医疗大队指挥，其任务是监督第3和第4军区所有的空中医疗后送行动，首任指挥官是格伦·威廉斯（Glenn Williams）少校。4月1日，他获准组建由2名军官和6名士兵组成的连部，他将管理46名军官和114名士兵，这个连将使用22架直升机（第57和第82分队各5架，第254和第283分队各6架）。

虽然建立这个暂编连的目的是改善空中救护分队的协调，但每个分队都保留独立性，倾向于把这个连部当成指挥系统中的另一个指挥部，因此这个新连并不成功。这样一来，威廉斯少校只能建立一个小

▲ 1968 年，在越南的第 82 医疗分队的一架救护直升机将一名伤员运送到位于黑马基地的第 7 外科医院。

型的暂编连部，1966年9月，这个连更名为第436医疗分队（连部）（空中救护），隶属于第68医疗大队。这个番号一直延续到1967年5月，而后分队更名为第658医疗连。

1965年年末，在卫生部部长的许可下，美军战斗部队还引进医疗服务队的飞行员，来驾驶新型医疗后送部队——空中救护排的飞机，与第44医疗旅的空中救护部队不同，它将依靠战斗突击师进行指挥和补给。这种空中救护排的存在要归功于第1骑兵师，当时豪兹委员会建议成立一个新的空中机动师，由一个空中救护排来提供航空医疗后送服务。空中救护排由12架直升机和机组人员组成，随第1骑兵师部署到越南。这个排作为师属第15医疗营的下属部队，不仅为第1骑兵师提供医疗后送，还装备有坠机救援和消防设备。

1966年3月，第44医疗旅接管了在越南的大部分医疗部队。在接下来两年里，该旅开始协调第68医疗大队（负责第3和第4军区）、第43医疗大队（负责第2军区南部）、第55医疗大队（负责第2军区北部）和第67医疗大队（负责第1军区）的工作。除了第55医疗大队负责区域的空中医疗后送由第43医疗大队负责外，其他医疗大队将指挥所有非师属的空中救护连队和分队。

1966年7月，第44医疗旅要求美国驻越南陆军部署另一支空中救护连，当时第44医疗旅旅长雷·米勒（Ray Miller）上校注意到，自1月以来，在南越每月医疗后送的人数从3000人增加到5000人，而战斗损失给"除尘"直升机造成了严重损失，但他的上司决定还要再等等。为了解决直升机不足的问题，上级为医疗后送单位分配了6架非医疗直升机，2个空中救护连各配备3架。

1967年3月，威斯特摩兰将军告诉美国太平洋陆军参谋长，他的战区需要120架救护直升机，但他手头只有64架，即使收到部队清单中批准交给他的49架，依然还是短缺。第二个月，美国驻越南陆军向美国太平洋陆军提出了需求，鉴于其力量不断地增长，并已经采取多种措施来降低救护直升机的短缺，包括给第498医疗连和第436医疗连（空中救护）（暂编）配备更多的非医疗直升机，给攻击和运输机组人员进行基本医疗培训，甚至指定空中机动攻击部队的特定飞机携带一名医护兵，救护直升机仍然不足，威斯特摩兰将军仍催促新的空中救护连和装备尽快运往越南。

至1967年中期，美军在越南的兵力达45万人，而威斯特摩兰还在要求增兵。美国驻越南陆军最后要求得到另一支空中救护连和4支以上的直升机救护分队，如果批准，美军在南越将共部署109架救护直升机。1967年7月，第45医疗连（空中救护）部署到了越南，为越南引入了新型UH-1H救护直升机。新连队抵达后，第658医疗连被撤编，暂编医疗连的试验失败了。第57和第82分队转隶于第45医疗连，第283医疗分队前往波来古，第254分队则前往芽庄。

1967年是美军在越南大规模集结的一年，不仅有第45医疗连，还有4支新的空中救护分队。第54医疗分队于8月抵达第1军区南部的朱莱，立即与第498医疗连开始战斗训练，并于9月25日投入行动，支援陆军最大的师——美国师很快积累了令人羡慕的支援记录。其他医疗单位紧随其后。10月，第159

医疗分队抵达古芝，任务是支援该地区所有部队，但主要是美军第25步兵师。11月，第571医疗分队在芽庄与第254医疗分队会合，但直到1968年1月2日才开始运作，因为港口拥堵延误了装备的卸载。12月，第50医疗分队抵达第2军区的富协基地，负责第173空降旅、韩国第28团和附近所有其他部队。在直升机抵达后第二天，这个分队就投入行动。截至12月底，这个分队已经后送了644名患者，其中包括100名韩国人。

在整个1968年，所有的医疗后送单位都改装使用性能更好的UH–1H直升机。在当年的战斗行动高峰期，陆军使用了116架空中救护直升机，每次运送6~9名伤员，陆军的"除尘"直升机飞行平均时间约35分钟。尽管《日内瓦公约》规定救护直升机两侧、机头和底部都应该涂上大大的红十字标志，但作为预防措施，依旧采用重型装甲板来保护飞行员座椅、驾驶舱门和机舱地板。

1969年年初，最后一批医疗后送部队——第68、第236、第247医疗分队被部署到越南。1969年开始，驻越南的医疗后送部队不断重新部署到越南各地，以支援必要的作战行动。在另一次重组中，第50医疗分队撤编，但重组为第101空降师第326医疗营空中救护排，被转移到位于顺化附近的第101空降师的主要基地鹰基地，这个排很快获得了"鹰除尘"（Eagle Dustoff）的绰号。医疗后送直升机队在1969年年底达到了顶峰，共有15个航空医疗后送部队——2个连、2个师属医疗营空中救护排和11个分队。

美国从1969年开始从越南撤军，这是一个漫长的过程。医疗后送部队经过成长变得成熟后，各种战

▲ 1968年，莱溪，第45医疗连的66-16429号UH–1H直升机"花的力量"（Flower Pover），直升机旁站着的是机长约翰·默里（John Murray）。

▲ 1967 年 6 月，在芽庄的第 498 医疗连的 UH-1D 直升机，舷窗下方绘有连徽。

▲ 1969 年，一级准尉史蒂夫·弗米利恩（WO1 Steve Vermillion）站在医疗后送直升机"悬停情人"（Hover Lover）机头旁，他于 1969 年 1 月 5 日抵达越南后被分配给第 45 医疗连，这个连装备了 25 架新型 UH-1H 直升机，1967 年 7 月部署到越南，从而为越南引入了新型 UH-1H 直升机。

▲ 1968 年 7 月，在关利的第 45 医疗连的直升机"铁蝴蝶"，旁边是飞行员约翰·默里（John Murray）。机组人员有机组长史蒂夫·亨特利（Steve Huntley）、医务兵特里·阿克罗伊德（Terry Ackroyd）。默里说机组长接受了他建议的名字，并让他把名字涂在机鼻上。

斗和医疗后送命令开始慢慢地减少，许多部队被遣送回国，部队整编变得司空见惯。总的来说，随着主力部队的撤离，医疗部队也紧随其后撤离，因为他们仍需要掩护其余部队，所以速度有些缓慢。

陆军医疗后送直升机的主要任务是航空医疗后送，其撤离的患者从1965年的13004人次增加到1966年的67910人次，到1967年达85804人次，并在1969年达到顶峰——206229人次。这个数字包括南越政府军及平民、美军及其盟军的伤患。每次患者乘坐直升机转移时，都会被记录下来，因此，如果一名患者被直升机带到外科医院，然后又被直升机运到后送医院，这将计算为两次后送。1969年，陆军空中救护直升机完成了10411次航空医疗后送任务，飞行约78652小时。除了运送伤患这个主要任务外，陆军直升机还执行向医疗机构运送专业人员、医疗物资和血浆等运输任务。

医疗后送直升机在越南到底表现如何，可以用一些超出了所有人预期的数字来加以说明：1962年5月—1973年3月，共飞行496573次"除尘"任务，空运90万名伤病员。在执行医疗后送任务中，因各种原因损失了199架直升机，医疗后送直升机比非医疗后送直升机损失率高出1.5倍，起吊任务是其中最危险的任务之一。有470名飞行员死亡，机组长和医护人员有121人死亡，545人负伤，有2名军官、1名准尉和2名士兵被列为失踪。医疗后送直升机机组人员中有2名飞行员和1名医护人员被授予荣誉勋章，3名军官、3名准尉和3名士兵被授予陆军优异服务十字勋章，1名军官被授予海军优异服务十字勋章。

▲ 1967年，在芽庄的第498医疗连（空中救护）的UH-1D直升机"黛比小姐"（Miss Debbie），机名来自机组长的妻子的名字。第498医疗连于1964年9月23日在得克萨斯州的萨姆·休斯敦堡（Fort Sam Houston）建成，最初批准实力为28名军官和139名士兵，分为4个飞行排，装备25架UH-1D直升机。

▲ 第 326 医疗营组空中救护排的一架直升机正准备运输物资，驾驶舱门下方有"鹰除尘"字样。

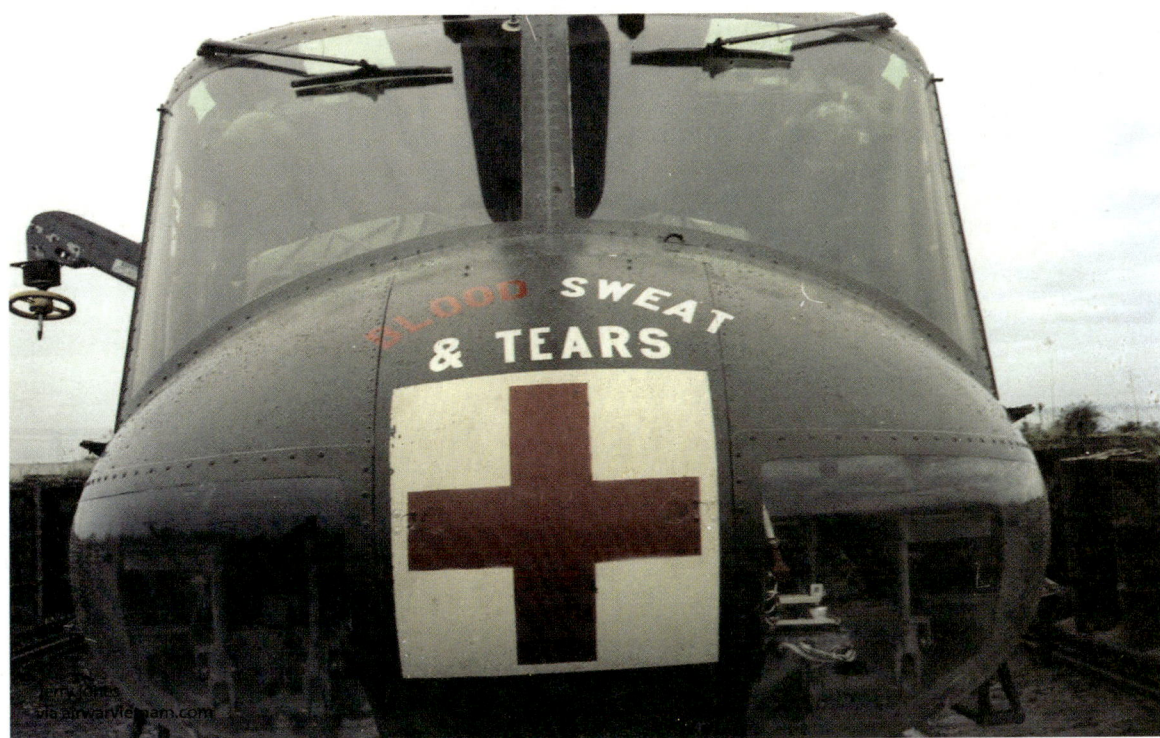

▲ 1971 年，第 247 医疗分队的一架直升机"血汗泪"（Blood Sweat&Tears）的机鼻艺术特写。

第六章

陆军直升机武器及装备

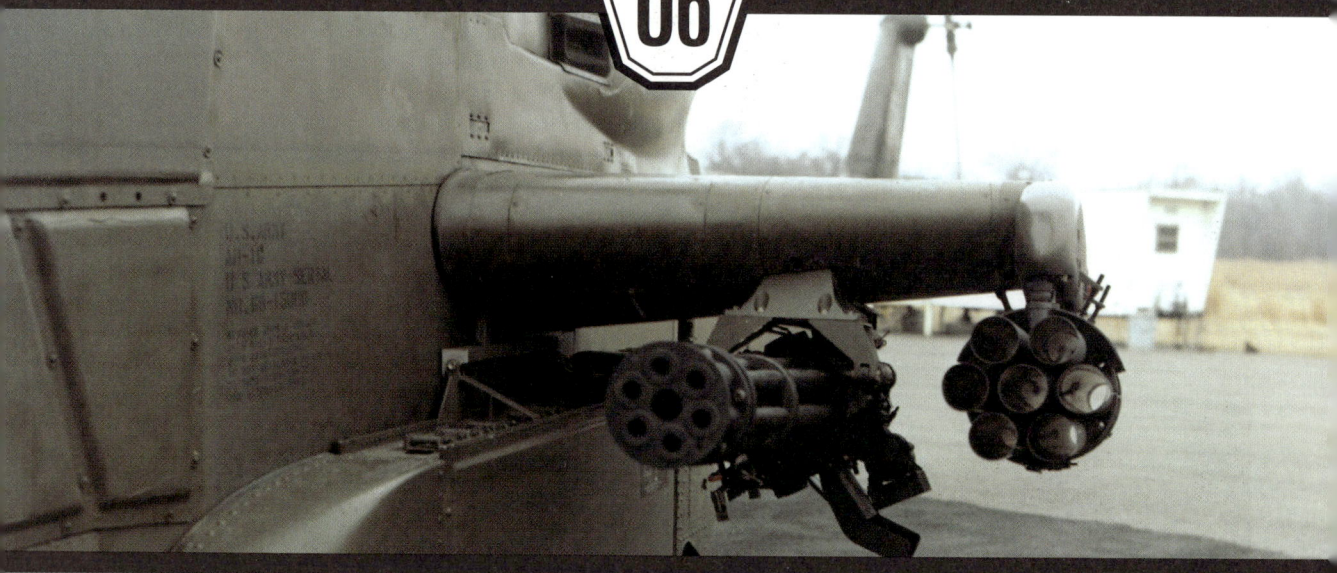

06

概述

开展空中机动作战，就涉及空中运输部队和物资，开展空中侦察并进行火力支援，就需要依靠在飞机上安装武器来自卫、支援和攻击。越南战争中，直升机装备了包括机枪、机炮、自动榴弹发射器和火箭弹等攻击性和防御性武器，可从有利位置发扬并提供火力，且可以在短时间内将火力投送到需要的地方。经过研发、测试、生产和装备后，许多不同类型的武器装备应运而生，被称为"武器子系统"，这些武器包括舱门机枪、机枪和火箭吊舱组合、榴弹发射器，以及机首下的炮塔等。需要说明的是，还有许多试验性武器虽然没有被标准化，但仍被安装并广泛使用。

对于美国军事机器来说，直升机为空中战场开辟了一个全新的维度，成为低强度冲突之母。1953年，第24步兵师在H-13直升机上试验了一种临时性的榴弹发射器。此外，马里兰州的阿伯丁试验场的弹道研究实验室在H-32直升机上进行了用5英尺长的发射管发射2英寸火箭弹的试验，但未成功。

▲ 一名军人披挂弹药站在一架"眼镜蛇"前摆拍，展示了武装直升机使用的主要弹药，包括机枪子弹、榴弹和航空火箭弹。

朝鲜战争后，美国陆军对武装直升机和其他轻型飞机的兴趣最初仅限于研制一种飞行的坦克攻击直升机。1955年2月1日，陆军部要求大陆军团司令部进行必要的测试，以确定使用陆军飞机作为坦克攻击机的客观需要和可行性。大陆军团司令部于4月15日指示陆军航空学校在4月15日—7月1日期间进行测试，并将其指定为"能力克星计划"（Project Able Buster），规定在7月1日前完成，以便就后续测试要求做出决定。在第一阶段试验确定相关需求后，陆军航空学校将在7月1日—9月1日期间为部队联合试验做准备。

陆军航空学校利用了现有的民用飞机和陆军机型开展测试，机型有L-19、L-29和L-23型飞机，还分配有T-34教练机、弗莱彻FD-25轻型攻击机和特姆科飞机公司的M-33轻型飞机，使用包括轻武器、火箭弹等在内的武器弹药进行了测试，并对直升机进行了简单评估，但结果是表现不佳。测试首先遇到的是军械问题，陆军当时并没有提供适当的航空火箭弹，现代航空火箭弹可从时速几百英里的飞机上发射，但陆军的飞机飞行速度要慢得多，陆军航空学校的结论为分配给陆军的飞机或经过测试的特种飞机都不适合承担反坦克任务。陆军曾提议使用空军或海军的固定翼飞机，但这个建议并未被采纳。

10月25日，陆军航空学校提交了可行性测试的最终报告，认为使用陆军的轻型飞机发挥反坦克作用是可行的，并建议对陆军采购的民用飞机进行部队试验，还建议为这个特定任务发展一种高效的空中武器平台，而并不仅是运输货物或飞行指挥联络任务。陆军航空学校建议，用一个单独的项目来确定最佳近距离支援飞机的要求和特点。大陆军团司令部并不同意陆军航空学校的建议，向陆军部建议不再使用现有飞机和弹药进行下一步试验。

"能力克星计划"失败和演习期间关于空中骑兵试验的不利报告导致武装直升机和空中机动理论发展严重倒退，赫顿将军在收到关于武装直升机试验的报告后很沮丧，他是武装直升机的坚定信仰者，决定自己来解决问题。赫顿将军行动的基础是大陆军团司令部司令威拉德·莱曼（Willard Lyman）将军的一份训练备忘录，赫顿在与莱曼的信件往来中，获得了莱曼将军的许可，可以继续他现有的直升机试验。正如范德普尔上校所言："莱曼将军没有告诉我们使用武装直升机，但他也没告诉我们不能这样做。"

1956年6月，赫顿要求范德普尔上校承担一个特别项目，以制造和测试用于直升机的武器系统，他相信空中作战飞机给空运部队提供密切支援是必需的。

范德普尔在拉克堡的航空学校开始工作时，面临的最大障碍之一就是没有人知道武装直升机应该是什么样子，虽然在朝鲜战争中军方就尝试用贝尔H-13侦察直升机发射巴祖卡火箭弹。1953年，日本自卫队员为自己的直升机制造了自制的榴弹发射器，海军陆战队曾尝试从更大的西科斯基H-19运输直升机上发射火箭弹。当时五角大楼的共识是，现有的直升机根本不足以承受重机枪、自动火炮或火箭弹发射的冲击，但卡尔·赫顿和范德普尔并没有被吓倒。法国军队在阿尔及利亚反"叛乱"作战时，在直升机使用武器上就取得了一些成功，而法国装备的许多直升机都是美国货。

虽然范德普尔上校并不是飞行员，但他以在二战和朝鲜战争的经历得出了自己关于武装直升机的想法。范德普尔一生可以说充满传奇色彩：他于1936年应征入伍，在野战炮兵部队服役，获上士军衔，后进入军官候补学校学习，于1941年获少尉军衔，分配至夏威夷第22步兵旅第8野战炮兵营，瓜达尔卡纳尔岛（Guadalcanal）战役期间在第11陆战团和陆军第25轻步兵师服役，所罗门群岛（Solomon Islands）战役期间从营S-2（营情报参谋）晋升第25步兵师G-2（师情报参谋长）情报参谋，于1944年年末在菲律宾组建自己的游击总司令部，作为顾问协调当地游击队同日军作战，并为美军提供情报。1945年4月回到第25步兵师，1947年借调到中央情报局前身的中央情报组，成为驻日本的朝鲜军事情报专家。朝鲜战争结束后，他满怀热情地接受了直升机机载武器的创新研究和挑战。

在没有正式批准成为研发项目的情况下，陆军航空学校谨慎地开展了足以改写空中机动作战理论的研究，其中包括武装直升机使用的内容，范德普尔从失败的"能力克星计划"遗留的武器开始他的研究。他一开始只有几架直升机、几枚火箭弹，没有瞄准具，他最大的资本是一群相信武装直升机的人，包括他的妻子。这群人愿意放

▲ 杰伊·范德普尔（1917—1993年），范德普尔的一生充满传奇色彩，他参加了直升机武器的创新研究。

弃晚上或周末的休息时间去开展武装直升机工作，他们经常边吃边干，赫顿和范德普尔经常一同工作，并共同进餐以便随时沟通。1956年7月，航空学校范德普尔的小群体收集到奇怪的备用直升机和原型武器装备时。这些先驱者被其他人称为"傻瓜"，但不久之后，他们被尊称为"范德普尔的傻瓜们"，成为这个特殊群体的一员是一份独特的荣誉。他们的研究工作没有正式的研究和发展援助，他们自己搜集装备，并且很高兴收到来自空军、海军和海军陆战队的"二手"武器部件。起初，他们在驻地机械车间工作，但很快就在拉克堡基地的直升机机场老虎港开了一家自己的车间。任何对直升机武器有想法的人都可以制造并测试，他们的许多想法后来演变成标准的直升机武器系统。

直升机第一次实弹射击试验是在1956年7月初进行的，使用了两挺12.7毫米机枪和4枚80毫米厄利孔（Oerlikon）火箭弹，出于安全考虑，采用固定在木制高架平台上的一架贝尔H-13直升机进行试射。一切进行得很顺利，直升机和平台完好无损。有了这次成功，范德普尔团队迅速扩大了自己的武器库。试验持续到1957年，最终组建了一个航空战斗连，使用了安装在4种直升机上的各种武器，当时还不包括"休伊"直升机。

赫顿将军指挥航空学校直至1957年6月，继任者是博加德斯·凯恩斯（Bogardus Cairns）少将，他于1957年12月在H-13坠毁事故中丧生，紧接着是欧内斯特·伊斯特布鲁克（Ernest Easterbrook）少将，他在1959年6月—1961年3月担任校长，二人和赫顿将军一样继续热情支持陆军武装直升机的研发工作。

在离开拉克堡几个月前，赫顿将军于1957年3月5日下令组建一支空中骑兵排（暂编）。这支被称为"空中骑兵"的部队于1958年3月24日撤销并改编为第7292航空战斗侦察连（Aerial Combat Reconnaissance Company，缩写ACR），这支部队是武器、侦察和步兵部队的结合体，是一个以直升机为主导的打击力量，它成为未来空中骑兵单位的样板。后来该部队番号再次发生了变化，1959年3月25日后重新更名为第8305航空战斗侦察连，但这支部队通称为航空战斗侦察连。

不论番号如何变化，这支部队仍在继续发展和完善对地打击的飞行与射击技术和战术，并继续改进和制造新的武器装备。航空战斗侦察连进行了大量的火力和战术演示，1957年3月27日，该连离开拉克堡，第一次进行新兴的空中机动战术原则演示。

到1958年年底，战斗发展办公室为其他感兴趣的单位发布了一份报告，该报告中包含了有关如何制造其开发的众多武器装备的步骤的说明，包括所有有关型号直升机的专用安装硬件及涵盖的武器系统的信息。当时没有为这些装备指定官方型号，但1968年9月南加州大学航空航天安全与管理部发表了一份题为《武装直升机的演变和未来设计要求》的研究报告，作者使用字母A至V提供了一份简单实用的战斗发展办公室武器套件列表，可以一窥部分武器装备的面貌，其中套件M、N、O、P、U和V涉及机枪系统，以及在某些情况下用于H-21、H-34等直升机的其他武器。

安装在H-21C上的M套件由伏托尔飞机公司研制，武器部分由2挺7.62毫米机枪和2挺12.7毫米机枪，以及安装在座舱下方围绕在前起落架周围固定支架上的8枚厄利孔火箭弹组成。N套件是M套件的第一种变型，由2个可容纳7发2.75英寸航空火箭弹的火箭发射吊舱取代先前的火箭弹，这种火箭发射吊舱是由帕克迈耶公司（Packmeyer Inc）为海军制造的，用于训练。O套件是通用电气研制的一种炮塔，虽然会使H-21C直升机超载，但其基本概念被认为是可行的。汤森德公司（Townsend Company）研制了类似的装备，称为汤森德地面火力压制套件（Townsend Ground-Fire Suppression Kit），装备一挺7.62毫米

M37机枪，内置在底座中。U套件是用于H-34直升机的一个大型前置火力武器装备，包括2挺7.62毫米机枪、2挺12.7毫米机枪、2门20毫米加农炮和两个火箭吊舱，每个吊舱可搭载6枚T214型2英寸火箭弹，直升机两侧各配备一个。在U套件基础上，本宁堡也研制了一套类似装备，除了拥有U套件的火力，还增加了更多的武器。

航空战斗侦察连的创造性杰出工作得到了整个陆军的认可，该连主要负责在整个陆军发展武器系统和空中机动战术。武器系统的测试发展继续进行，最终结果是产生了几种实用的武器系统，至1960年，作为陆军直升机标准装备的武器系统已经获得官方批准。到1962年年底，陆军的空中机动及武装直升机计划已经发展到一定程度，可以进行空中突击师测试，计划要求航空战斗侦察连及其专业知识成为试验师核心的一部分。

1962年9月24日，第8305航空战斗侦察连成为第17骑兵团D骑兵连，这个连后来被转移到本宁堡，于1963年成为第11空中突击师第17骑兵团第3中队的一部分，后来D骑兵连被重新命名为A骑兵连，第17骑兵团第3中队变成第9骑兵团第1中队，并作为第1骑兵师的一部分被派往越南。

随着在拉克堡的发展，航空战斗侦察连开始接受战斗发展办公室和陆军航空测试委员会的援助，陆军航空测试委员会在1961年组织了一个武器分部来测试直升机武器系统。在训练方面，航空学校在战术系设立了一个武器装备部（Armament Division），协助训练学生学习武器装备，并开发武器装备系统。

1962年，在华盛顿新组建的陆军物资司令部（Army Materiel Command）下成立飞机武器化项目经理办公室（Project Manager for Aircraft Weaponization），小纳尔逊·林德斯特兰德（Nelson Lindstrand, Jr.）中校成为首任项目经理，负责集中管理所有直升机武器项目，他负责管理航空战斗侦察连发展的XM-1和XM-1E1机枪系统，以及后续的XM-2系统，但林德斯特兰德的办公室也对整个陆军的许多其他直升机项目进行直接掌管。

航空战斗侦察连的战术演示促使1959年大陆军团司令部司令命令装甲学校组建一支航空侦察和安全骑兵连（Aerial Recon-naissance and Security Troop，缩写ARST），1960年1月，作为第2步兵师的一个试验单位，在本宁堡成立了航空战斗侦察连连队模式的航空侦察和安全骑兵连。"冬季盾牌演习I"（Exercise Winter Shield I）期间，航空侦察和安全骑兵连在斯图尔特堡和欧洲接受了测试和训练，完成了传统的装甲骑兵任务，取得了绝对的成功。1962年，陆军师按重组陆军师（ROAD）[①]改编，空中骑兵部队成为师的装甲骑兵中队的有机组成部分。除了发展航空侦察和安全骑兵连，装甲学校的第64运输连还在H-34直升机上试验了2.75英寸和4.5英寸火箭弹。

美国驻欧洲陆军司令对航空战斗侦察连在拉克堡的试验印象深刻，并指示第7集团军司令将武装直升机整合到某些部队中，这项任务交给了将从航空学校调到欧洲的赫顿准将。44名"范德普尔的傻瓜们"中的几人被调到欧洲，去研制武器装备供第7集团军使用。第7集团军内的每个步兵师都得到了这些装备，他们的教官飞行员接受了使用这些装备的特殊训练。

本宁堡的步兵中心指挥官——陆军飞行员赫伯特·鲍威尔（Herbert Powell）少将也对航空战斗侦察连的工作印象深刻，1957年7月，他要求威廉·豪厄尔（William Howell）少校进行一些武装直升机试

---

① 美国陆军重组陆军师（Reorganization Objectives Army Divisions）是美国陆军于1962—1983年间使用的常规陆军师编制。

验，准尉小詹姆斯·埃尔文（James Ervin, Jr.）被任命为项目经理，并召集了一个团队来帮助他。从拉克堡获得机枪和装备后，在西科斯基代表的帮助下，这个团队推出了一架武器装备最多的H-34直升机，该机型后来被称为"世界上最重的武装直升机"，装备有2门20毫米机炮、2挺12.7毫米机枪、4挺7.62毫米机枪、2个20管2.75英寸火箭吊舱、2枚5英寸高速航空火箭弹，在左侧后舷窗加装2挺7.62毫米机枪，货舱门有1挺12.7毫米机枪。这架直升机进行了测验，但因许多技术问题，该机最终淡出，被送往拉克堡的范德普尔部队。

重组陆军师空中骑兵部队出现后，又额外进行了机枪装备的研制，其中最成功的有"老铁人"（Old Ironsides）机枪装备，由胡德堡的第1装甲师第501航空营的指挥官约翰·休斯（John Hughes）中校监督研发，由第1骑兵团第1中队D骑兵连的人员制造，由克莱姆·沃马克（Clem Womack）准尉设计。这套武器系统有两挺M37C或AN-M2型7.62毫米机枪，安装在OH-13上，M37C机枪射速为每分钟1400发，而AN-M2机枪射速为每分钟2600发，采用两个AN-M2机枪弹药箱来供弹，每挺机枪备弹1000发，飞行中机枪并不能重新装填。整个系统重量，M37C机枪及2000发子弹是252磅，换成AN-M2机枪则是225磅。沃马克还设计有以他名字命名的"沃马克套件"（Womack Kit），包括2挺7.62毫米机枪和2个2.75英寸火箭发射器，每个发射器24枚火箭弹。其他武器装备包括12.7毫米的M-2套件和用于UH-1B的M-3套件。

通用战术运输直升机连是美军第一个武装直升机连，在部署越南后，前航空战斗侦察连成员、一级准尉克拉伦斯·卡特（Clarence Carter）为该连研发了大部分原始的直升机武器系统。在越南，卢瑟·洛尔（Luther Loller）少校和准尉克莱图斯·赫克（Cleatus Heck）为连队研发了更大的武器系统。沃马克后来加入了通用战术运输直升机连，负责为UH-1改进火箭发射器，一个发烟罐和一种改进的四联M6机枪系统，就是M-16系统的先驱。后来这些早期"休伊"被UH-1B取代，这些UH-1B在工厂安装了4挺7.62毫米机枪，还安装了部队在当地发展的2.75英寸火箭弹。

1963年3月，锡尔堡的野战炮兵学校组织了航空炮兵测试和评估委员会，它的第一个项目是在CH-34直升机两侧各装备一个10管4.5英寸火箭吊舱。1965年5月，锡尔堡著名的火力演习的一部分结果

▲ 由于动力不足，在H-19直升机上试验的武器数量有限。这架H-19C的后机舱机身上增加了一个防护罩，用以防护反装甲火箭弹的发射风暴，长发射管通常用于增加火箭弹精度。

▲ 这张照片于1963年年末在新山一拍摄，沃马克准尉向贝尔的董事长杜卡耶特（Ducayet）和两名技术代表简要介绍安装在通用战术运输直升机连一架UH-1B直升机上的M-156挂架，据信其内部是100磅炸弹，而外部是一枚凝固汽油弹。

▲ 1963 年 2 月 21 日，通用战术运输直升机连的戈登·约翰逊（Gordon Johnson）上士和阿尔默·肯尔森（Almer Kenlson）下士在新山一空军基地往一架 UH-1B 直升机上安装 M60 机枪。

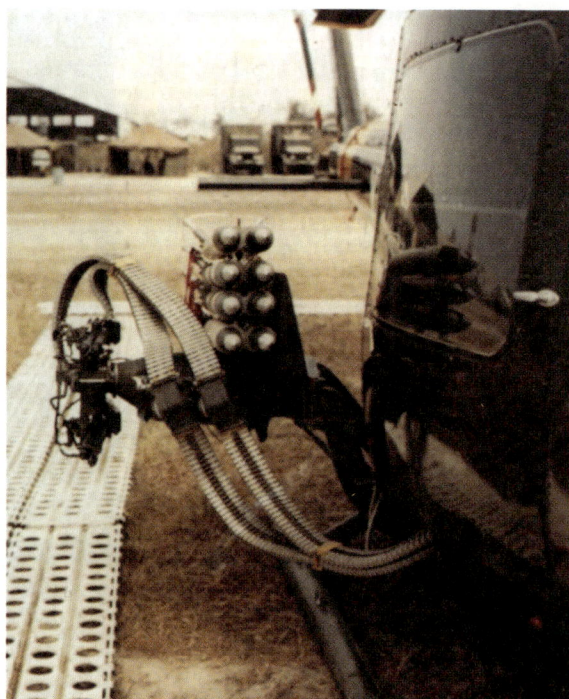

▲ 1963 年 2 月 21 日，在新山一空军基地近距离观看安装在一架 UH-1B 直升机上的 XM-6 武器子系统和 2.75 英寸火箭弹和火箭发射架。

令人印象深刻，一架CH-34直升机提供的火力相当于一个105毫米榴弹炮营，这促使第一个航空炮兵连（暂编）于1963年5月诞生。它的目的是为该炮兵连装备武装了XM-3系统（正式定型为M-3）的UH-1B，但当时没有这种武器系统可用，因此转而使用安装了4.5英寸火箭弹的H-34直升机。在"休伊"进入这个发展项目之前，西科斯基的H-34直升机是这种武器系统的主要测试平台。从1958年起，陆军对武装直升机的兴趣更多集中在反坦克上，于8月份下令试验由法国研制的SS-10有线制导导弹。1961年，陆军订购了SS-10导弹和UH-1B直升机。

直升机"机械肌肉"的发展完全改变了陆军航空兵的构成，在武装直升机取得成功之前，陆军航空兵一直局限于观察等任务，武装直升机使陆军在战术航空中处于主导地位，越南成为支持空中机动理论的大量武器的最终试验场。起初，运输直升机由B-26和T-28固定翼飞机护送，但它们不能像速度较慢、机动性更强的武装直升机那样将火力投送到友军附近。虽然早期尝试效果不大，部队还是为缓慢的H-21运输直升机进行了武装，以便在突击期间提供压制火力，H-21C通常在货舱门上安装由伏托尔作为M套件的一部分研制的枪架。

直升机武器系统的发展，最终产生了无数的武器配置和组合。海军也开始武装自己的HAL-3在越南使用的"休伊"，1966—1972年，"海狼"中队测试了各种各样的武器。两个舱门射手的配备加强了这些武器系统的效能，并成为"休伊"作战的标准配置。UH-1D和UH-1H运输直升机并没有配备重型武器，随着战争的进行，许多"光头"都加装了各种武器。

武装直升机存有的主要问题是：因为增加了武器和弹药的重量，它们的速度和机动性大大降低，为飞行员增加装甲座椅使这个问题更加复杂化。随着承担临时武装直升机职能的改进型UH-1C的服役，许多缺点得到了纠正。UH-1C是作为武装直升机制造的，能够在不牺牲性能的情况下携带全系列的武器系统。

关于武器系统，这里做一个简单的梳理。

早期的舱门机枪是标准的7.62毫米M60机枪，射速为每分钟600发，安装在枪架上或悬挂在蹦极绳上，这种武器精度可以说全依赖射手和运气。它也为直升机提供了一种向下角度的火力，但由于直升机快速机动加上难以估计距离，所以超过几百米就没有多少精度了。M60C是一种固定在外部发射架上的武器，去掉了枪托、握把、扳机组件以及地面两脚架，通过电磁线圈远程控制射击。有许多机组人员会携带一个扳机组件，这样就可以在卸下M60C时将其重新安装上作为手持机枪使用。M60D被安装作为舱门机枪，如果有必要的话，它可以拆卸下来作为地面武器使用。

第二种7.62毫米武器是M134米尼岗机枪，这是一种电动6管旋转机枪，从1964年开始，这种武器取代安装在"休伊"武装直升机两边的双联装M60C机枪，后来还被安装到许多"眼镜蛇"的机首炮塔上。机枪每5发子弹就有一发曳光弹，即使在射速较低的情况下，其弹道也会呈现出连续的红色弹道线。但这种武器也有缺点，就是经常会发生供弹故障。

勃朗宁12.7毫米机枪提供了一种更远射程的武器，但它的真正价值在于其穿透力，它可以射穿密集的灌木丛、竹子和轻型野战防御工事。机枪使用了三个版本：地面版M2机枪，射速为每分钟450~550发；航空版M2机枪，射速为每分钟750~850发；航空版M3机枪，射速为每分钟1150~1250发。除了12.7毫米重机枪，还使用了20毫米机炮（但它重量过大且易发生故障），这两种武器提供了在安全距离与对手12.7毫米德什卡重机枪进行对决的能力。

有一种更有效的武器是发射40毫米高爆弹的自动榴弹发射器或"捶击者"M75榴弹发射器，被用于UH-1B和AH-1G早期型武装直升机（改进版的M129榴弹发射器被安装到后期型AH-1G上）。这种弹链供弹的武器可靠，射速比手持式的M79榴弹发射器更快，而且与M79使用低速榴弹不同，它使用高速榴弹。但实际上，榴弹射速仍然不那么快，而且并不精确，武装直升机在射击时必须保持稳定，否则进行离轴射击的话，不知道榴弹会飞到哪儿去。

空中的重火力由2.75英寸折叠尾翼航空箭弹提供，这种火箭弹最大射程为8000米，但其精确有效射程不会超过1000米，实际上通常在500~1000米的斜距内射击。如果目标附近没有友军的话，它可以在更远的射程内进行火力压制。火箭弹具有多种型号，提供了各种功能，在战争中得以大量使用。所有这些火箭弹使用7管、19管和24管的火箭发射器发射，通常一次射击两枚，具体如何射击当然由机组人员掌控。

武器、弹药、装甲和射手的重量加到一起很重，这意味着直升机可能要放弃某些东西，有时需要减少燃料，如果任务必须长距离或长时间在目标上空徘徊的话，就需要综合考虑燃料和弹药负载。即使没有满载燃料和弹药，有时武装直升机也比它们所支援的运输直升机更重。武装直升机并不是总冲在前面准备着陆区，有时可能需要在部队运输直升机离开时留下来进行掩护。如果在着陆区遇到激烈交火，武装直升机可能很快就会耗尽弹药。一架"眼镜蛇"有两个7管或19管火箭吊舱，再加上满载40毫米榴弹

◀ 1965—1966年，第155航空连武装直升机排"猎鹰"（Falcons）的两名军人和一架UH-1B武装直升机一起展示直升机强大的作战能力。

和7.62毫米弹药，就可能只装一半的燃料，而作为航空火箭炮单位的"笨猪"（Heavy Hog），也不得不大幅减少燃料负荷。虽然武装直升机拥有惊人的投送火力，但也有战术上的局限性。这些武器多数用于区域射击，对点目标和快速移动目标效果有限。虽然7.62毫米和40毫米弹药能有效打击露天或隐藏在中型植被、轻型野战工事和轻型建筑中的部队，但这些弹药对中型、重型掩体或其他防御工事几乎没有影响。高爆弹在撞击目标时会引爆，穿透力很小。12.7毫米子弹在中等防御工事上会取得效果，但由于不精确，需要大量的火力覆盖才行，而且12.7毫米重机枪并不能安装在任何一种飞机上。2.75英寸火箭弹如果命中，会对掩体造成破坏，但同样不精确。从快速运动直升机上进行任何武器射击都需要很高的技巧，因为射程在不断变化，而且直升机在三维方向上进行机动，侧风加上不同高度风向和风速的变化，移动时射距难以估算，加之攻击角度的变化，极大地考验着机组人员的勇气和技术。

　　陆军直升机的武器装备型号看起来有些混乱——除了XM编号，也有M编号。实际上，编号为XM的，表示标准化前的型号。有一些XM武器系统在经试用、改进和标准化后，演变为正式装备的M；也有一些XM只是试验及测试型号，后并未正式采用，也就未标准化为M正式型号。各种武器系统装备部队进行使用的时间先后不同，而各种武器系统本身又处在不同的测试、试用或列装阶段，导致部队装备的武器系统就混合使用了XM和M武器系统型号。陆军在直升机武器装备命名方面也比较混乱，包括机枪、榴弹发射器、火箭发射器、机炮、导弹、武器吊舱等武器系统采用XM和M编号方式命名型号外，武器系统中的挂架、标准支架或基座，如适配于UH-1B/C/M直升机的XM-156挂架、用于M-22导弹系统的M55和XM58瞄准具、用于M-16和M-21武器系统的XM60瞄准具、用于OH-6A和OH-58A直升机的XM-27和XM-8武器子系统的XM70瞄准具、用于AH-1G直升机的XM73瞄准具，此外还有供"休伊"飞行员修正火箭弹发射的MK8瞄准具，也采用了XM或M编号命名，更增加了武器系统装备型号的混乱。

▲ 这是一张非常罕见的照片，直升机除了安装的武器子系统，舱门上还安装着榴弹发射器。

▲ 第227突击直升机营D连一架武装直升机安装的自动榴弹发射器的涂装。

"休伊"武装直升机武器挂载方案及常见名称①

	M60	M134 XM-21	M-6 XM-16	M-3	XM-159/200	XM-157/158	M-5	XM-157/158	XM-159/200	M3	M-6 XM-16	M134 XM-21	M60	俗称
1	●						●						●	捶击者
2	●					●	●	●					●	青蛙
3	●				●		●		●				●	笨猪、重蛙
4	●			●			●			●			●	笨猪
5	●				●		●		●				●	公猪
6	●		●								●			炮艇
7	●		●				●				●		●	炮艇
8	●		●		●				●		●		●	公猪
9	●				●								●	公猪
10	●	●			●				●			●		公猪
11	●	●				●		●				●	●	炮艇

① 最常见的武器配置是7号和11号，最不常见的是1、6、8和10号。

▲ 1966 年，第 175 航空连的 63-08712 号 UH-1B 武装直升机"小牛 34"直升机"月球"（Moon），这种武器配置称为"笨猪"。

◄ 第 190 突击直升机连 66-15171 号 UH-1C 武装直升机"花的力量"，搭载着最为常见的武器配置。该机于 1967 年 7 月—1969 年 4 月累计飞行 525 小时，于 1968 年 11 月—1969 年 4 月在第 190 突击直升机连服役，于 1969 年 4 月 14 日损失注销。

▲ 第 176 突击直升机连的 66-00608 号 UH-1C 直升机 "短时间"（Short Timer）。靠在直升机上的两人，左边是机组长组维尔（Newville）中士，右边是不明身份的舱门射手，注意挡风玻璃上被击中后留下一个孔洞的补丁。这架武装直升机先后在第176、第282、第192 和第135 突击直升机连服过役，装备过不同的武器系统，于 1967 年 3 月—1968 年 7 月在第 176 突击直升机连服役，累计飞行 865 小时。照片中的武器配置称为 "青蛙"（Forg）。

▶ 1968 年，在山德的第 187 突击直升机连第 3 武装直升机排 "鼠帮"（Rat Pack）的 66-00641 号 UH-1C 武装直升机 "罗诺"（Lono），该机 1967年 10 月—1971 年 7 月在越南服役并幸存，累计飞行 2758 小时，于 1968 年 7 月—1969 年8 月在第 187 突击直升机连服役。照片中的武器配置称为 "公猪"。

▲ 1959—1961 年，H-21C 安装的 B-29 炮塔特写。

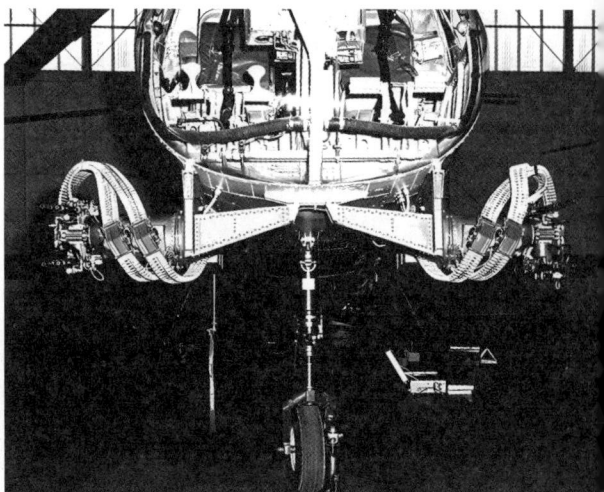

▲ 爱默生电气的 XM-6 武器子系统安装在一架 H-21C 直升机上。

H-21/CH-21直升机试验武器

1957年6月7日，一群美国陆军部队人员在亚拉巴马州拉克堡举办的一次研讨会上展示了7架武装直升机原型机，在这些试验性质的武装直升机中，有一架奇怪的飞机，它将运输直升机与二战时期的老式炮塔结合在了一起。

由于当时预算不足，且缺少高级军官支持，研发部队不得不使用他们能够得到的一切武器和装备。当时通用电气提供了一个选择，就是在一架H-21直升机下安装一个来自B-29轰炸机的旧炮塔，而之所以会想到这个办法，是因为他们认为直升机以抬高机头姿态着陆时可以用灵活的火炮向目标开火。

通用电气公司拥有将遥控武器安装到飞机上的经验，该公司为B29设计并制造了最先进的炮塔，冷战期间，该公司为空军B36轰炸机制造了更大型号的炮塔。通用电气技术人员为H-21设计了一个简单的金属框架来固定炮塔，两挺12.7毫米机枪的弹药缩减为原来的一半——500发子弹，这个炮塔系统被称为"O套件"。原则上，当直升机降落时，驾驶舱内的射手可以使用瞄准系统将武器对准敌军，这样可以在直升机运输部队降落到地面时进行火力压制，这让直升机拥有了防御手段。这种想法本身没有错，真正的问题出在直升机上，由于设计落后加上动力不足，这种行动缓慢的直升机很容易遭到攻击，而且占据直升机承载能力十分之一的650磅重炮塔的重量全部压在直升机机头下方，经过试验，发现这种炮塔并不实用，因而将其放弃，但这也预示着武装直升机后来通常使用的机首炮塔即将面世。"范德普尔的傻瓜们"将H-21配备机枪和火箭的其他尝试也失败了，法国军队在阿尔及利亚进行的类似试验也得出了同样的结论。

目前已知有7架H-21C参加了武器测试，序号分别为52-8647、55-4172、55-4203、55-4213、55-4214、56-2018和56-2128。1961年4月，作为陆军航空委员会与阿伯丁试验场的弹道研究实验室的试验机，H-21C对200发改进型2.75英寸航空火箭进行了评估，评估结果证实改进的航空火箭适合作为直升机武器。

H-13/OH-13直升机试验武器

▲ 这套H-21C搭载的测试武器配置称为航空战斗侦察连P套件，由8枚80毫米火箭弹、2挺12.7毫米机枪和2挺7.62毫米机枪组成，80毫米火箭弹耗尽后，改为发射2.75英寸火箭弹。

H-13"苏族"直升机被作为武器平台进行了广泛的测试，并在许多直升机武器系统发展中发挥了重要作用。尽管H-13外表柔和没有攻击力，被贴上了观察机的标签，但武装的"苏族"在越南空中骑兵部队手中被证明是一种强大的攻击机。

美国陆军早在1953年就开始测试H-13搭载的武器系统，当时H-13还在朝鲜战争的最后几天执行医疗后送任务，当时陆军航空中心的战斗发展办公室正努力发展一支武装直升机打击部队。尽管遭到陆军高级官员和空军的强烈反对，陆军部分人员仍坚持不懈地组建了一支部队，作为他们想法的试验田。1958年3月24日，第7292航空战斗侦察连在拉克堡的老虎港投入使用，这支部队试验了许多直升机武器系统，其中许多由航空战斗侦察连在当地制造，如果发展成型，就在1959年年底标准化。航空战斗侦察连混合使用了H-13D、H-3E和H-13H直升机来进行无数次的武器测试，一直持续至1963年。由于"苏族"动力不足和后来的重量限制，其他重型武器试验被禁止使用这种直升机。

在"苏族"上测试的一种武器系统是XM-1，这是第一种标准化装备。XM-1采用7.62毫米的勃朗宁M37C风冷机枪（原来通常安装在坦克上），每挺机枪配500发子弹，配有一个气瓶用于射击故障时的再循环，这个系统被证明非常不可靠。后来这种系统改为使用M60C机枪，并重新命名为XM-2。在早期XM-1的试验中，使用了多达8种7.62毫米机枪加上火箭弹组合。这些武器通常安装在每个滑橇起落架的枪架上，火箭弹固定在下方。即使采用最少量的弹药，这种武器系统对H-13来说仍过于沉重，因此被放弃，取而代之的是更轻的XM-2武器系统。

XM-2武器子系统是一套双联机枪子系统，是专为观察直升机设计的，由两挺M60C机枪组成，由飞行员远程控制。机枪直立安装在铝架上，铝架安装在滑橇起落架上，两挺机枪综合循环射速为每分钟1100发，有效射程750米。两挺机枪可在仰角9度射界内垂直调整，仰角速度约每秒6度，左右偏转调整由直升机机动完成。7.62毫米子弹箱直接安装在枪支下方，除了输弹槽中携带80发子弹外，每个弹药箱还有470发子弹，每侧备弹共550发，装满子弹的系统总重量是162.5磅。武器系统由位于驾驶舱内的控制开关控制，有一个射击/保险开关，并带有相应指示灯，当切换到射击位置时，电源会供电，通过周期变柜杆上的触发开关来射击。

由于当时作战需求迫切，陆军对直升机防御给予了高度重视，但他们认为XM-2系统只达到最低要求，然而，因为没有其他更好的选择，在越南作战头两年，这种武器系统成为OH-13S和OH-23G侦察直升机的标准装备。和大多数早期武器系统一样，这种武器系统并没有专用瞄准具，只能简单用油性笔在挡风玻璃上画出标记当瞄准点来进行射击，后来增加了瞄准镜座套环和一个光学瞄准镜。在战斗中，

▶ 1950 年年初，美国海军陆战队第 1 直升机中队（HMX-1）被赋予一项任务，确定是否可以在贝尔 47 型直升机上发射巴祖卡火箭。3.5 英寸发射筒被设计并安装在宾夕法尼亚州的海军航空发展中心（Naval Air Warfare Center Warminster）的贝尔 47 滑橇起落架前端，后来增加了一个防爆罩以保护发动机区域。

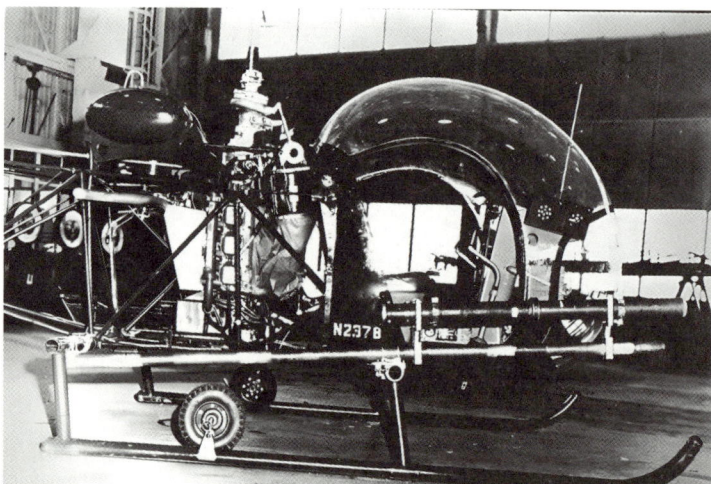

▶ 武装直升机研制的最初阶段，出于安全考虑，一架 H-13D 直升机（序号 51-2511）被固定在拉克堡马特森山（Matteson Range）一个木制平台上，用来测试多种不同的武器系统。照片为 1959 年 9 月测试的 20 发 89 毫米 T-290 反坦克航空火箭弹，它们被统称为航空战斗侦察连 L 套件。

▲ 1963 年年末，直升机上安装的坦克同轴 M37C 机枪成为直升机第一种制式 XM-1 武器子系统。

▲ 安装在一架"苏族"直升机上的由 2 挺 7.62 毫米机枪组成的"老铁人"套件。

▲ "苏族"直升机安装着瑞士制造的厄利孔火箭和一对 7.62 毫米口径机枪。

▲ "老铁人"套件安装在直升机两侧，机枪以 11 度仰角安装在枪架上。

▲ 一对 M37C 机枪被安装在 H-13K 直升机滑橇起落架上，这是一种非标准的安装方式，被证明不切实际。

▲ OH-23 直升机上安装着 XM-2 武器子系统。

▲ 这架直升机右侧安装有斯普林菲尔德兵工厂（Springfield Armory）的 XM-2 武器子系统。

这种武器系统受到了充电问题和越南密度高度的困扰，这也使大多数部队拿掉一挺机枪转而使用一个小型火箭弹系统替代。最终，为了提高武器系统的性能，这种武器系统被淘汰。

在 H-13 上测试的其他武器包括于瑞士制造的厄利孔火箭弹，这是一个资金未落实项目的剩余品；法国的 SS-10 有线制导导弹也进行了测试，后来成为 UH-1B 和 UH-1C 的标准装备。

H-34/CH-34直升机试验武器

　　陆军需要一种更大的实用战斗突击直升机，为此西科斯基的 S-58 直升机和 H-21 开展了对决，这一次西科斯基输了，陆军和空军采购了大量 H-21。由于皮亚赛茨基产能不足，满足不了陆军和空军的需求，而且空军机型有着更高的优先权，陆军转而向西科斯基购买了大量 S-58 直升机，将其定型为 H-34 "乔克托"（Choctaw）。为了简化后勤，陆军将两种大型直升机分开部署，H-34 在美国东部和欧洲服役，而H-21服务于美国西部和亚洲，越南战争开始时，因为东南亚是H-21的责任区域，陆军派遣了H-21进行支援，这使得陆军"乔克托"没有部署到越南投入战斗。

　　美国陆军像法国人一样，发现H-34是最好、最受欢迎的直升机武装平台，该机由一台1525马力的莱特R-1820-84发动机驱动，动力强大且机身结实耐用，因此进行了数量最多、威力最大的武器测试，H-34在帮助发展用于越南的"休伊"系列直升机的武器系统上功不可没。

　　1961年，军方对能够在直升机上快速安装和拆卸的一系列武器系统进行了测试，这些武器系统包括来自现有先进武器系统设计的武器和弹药，以及同步瞄准、安装和发射装置，可根据需要提供俯仰和横向调整，同时还提供了安装架以适应执行各种任务的

▲ 进行火箭发射器武器试验的 54-3031 号 H-34A 直升机。

▲ 这架 JH-34C（序号 56-4299）直升机两侧安装了火箭发射器以测试 2.75 英寸火箭，这种火箭发射器后来演变为用于"休伊"直升机的 XM-3 武器子系统。

▲ 在一次射击测试中，由于短路，这架 H-34 上的 25 枚 2 英寸火箭全部点火，发动机因进气造成故障。因为它的尾气会严重腐蚀直升机外壳，这种火箭看起来没什么用处。这里看到的 10 英尺长的管子用于不同类型的火箭测试，虽然提高了射击精度，但并不值得增加这些重量。

▲ 1962—1966 年，陆军航空委员会测试了这架 JH-34C（序号 56-4299），直升机两侧装备了 20 毫米机炮。

各种武器组合。1956—1962年，已知有8架H-34A和JH-34C用于武器试验，序号是53-4481、53-4482、53-4493、54-0925、54-0932、54-3031、54-3045和56-4299。53-4482号直升机于1966年在俄克拉荷马州的锡尔堡作为第1航空火炮连的武装直升机进行了使用。

H-34曾帮助研制2.75英寸航空火箭武器系统，在经过H-21C成功的测试后，有一架配备了2.75英寸火箭系统序号56-4299的H-34直升机被分配给了航空委员会。这个系统由亚拉巴马州红石兵工厂的陆军军械导弹司令部（Army Ordnance Missile Command）研发和制造，火箭弹于1961年8月28日接收，1961年9月27日—1962年1月21日，由航空委员会对安装在H-34直升机上的2.75英寸改进型航空火箭武器系统进行了评估，技术支持由陆军军械导弹司令部提供。火箭吊舱悬挂架安装在直升机两侧，使用的炸弹架是MA-4A型，额定承重是2000磅。火箭吊舱是一个24管模块吊舱，由4个4排6管模块组成，每个模块都由钢销固定在相邻模块上，然后整个吊舱由一个适配支架悬挂在直升机两侧的炸弹架上。飞行员使用海军Mark17瞄准具发射火箭。测试期间，总共在拉克堡和锡尔堡进行了464枚高爆弹和反坦克火箭弹的发射。

通过测试，这套系统与H-34配合得很好，这套装有48枚火箭弹的系统总重量是1350磅，直升机重心没有受到加装武器重量的不利影响，也没有明显的控制问题，飞行姿态也没有受到显著影响。整个测试过程中，这套系统未发生故障，而且足够耐用，可以在战术条件下持续使用。在向前飞行过程中，火箭弹发射也是准确的，直升机在150~200英尺绝对高度以70节速度飞行，在1500米射程内火箭弹散布范围约为40×400米。与所有固定式直升机武器系统一样，悬停射击很困难而且不精确。在使用方面，经过2小时地面指导和最少144枚火箭弹的空中射击就足以训练一名飞行员和射手有效使用这种武器；而直升机机组长需16个小时的在职训练，训练内容包括武器功能、安全防范措施、火箭的使用，以及武器系统的维护和保养。

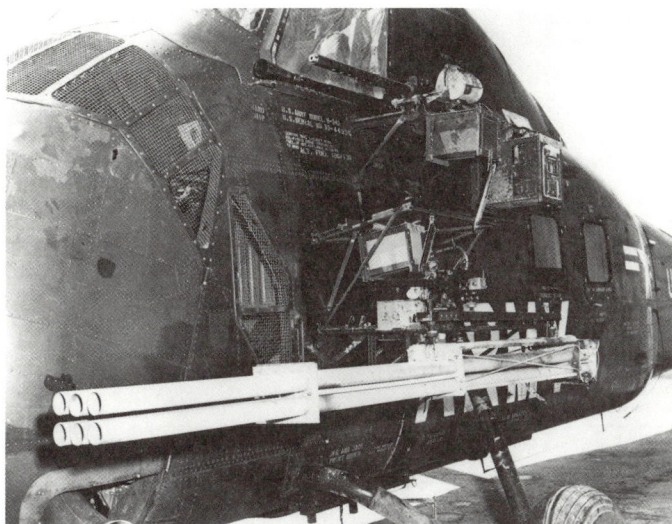

▲ 这架 53-4493 号 H-34A 上的这种武器装备称为航空战斗侦察连 V 套件，长长的 6 管火箭发射器上方是两挺 7.62 毫米机枪，内侧机枪装有枪口消焰器，以尽量减少对直升机蒙皮的损伤。

▲ 这架 54-0932 号 JH-34C 直升机展示了用于取代地面间接火力支援的 10 管 4.5 英寸火箭弹系统，4.5 英寸火箭弹后来被 2.75 英寸火箭弹取代。

▲ 西科斯基派出代表协助在本宁堡进行武器测试，这架当时世界上最重的武装直升机（序号 53-4493）由此诞生，它安装了数量最多的各种武器。

▲ 一架航空战斗侦察连的 53-4482 号 H-34A 直升机上装备着 4.5 英寸火箭弹和一挺 12.7 毫米机枪。

▲ 53-4493 号 H-34A 于 1955 年 10 月 21 日交付给美国陆军，最终改装成武装直升机。这两张照片显示了在这架直升机上测试的几种武器配置之一：左舷窗上安装着两挺 7.62 毫米机枪，右侧舱门安装着一门 20 毫米机炮，可以看到左侧一挺 12.7 毫米机枪和一门 20 毫米机炮的弹药箱，以及 5 英寸火箭和 20 枚火箭弹发射吊舱。

XM-3/M-3武器子系统

　　该武器系统是陆军资助的一个研发项目的成果，研制始于1960年11月，两年后推出简化版本。这套48发火箭弹的武器系统安装在一个特别设计的曲柄和适配器组件上，由2个24管火箭发射器组成，机身两侧各有一个，标准弹药装载量（48发火箭弹）重1324磅（6.45磅弹头）或1494磅（10磅弹头），发射2.75英寸折叠尾翼航空火箭弹。安装的火箭武器面板包括一个电源开关、一个射击/保险开关、一个抛弃开关和一个旋转选择开关，通过选择开关，飞行人员可以选择发射的火箭弹数量，可以是1对（每个吊舱一枚）、2对、3对、4对、6对或24对，由一个数字计数器来显示已经发射的火箭对数，飞行员通过观看火箭武器面板上的指示灯确定武器状态。两侧发射器成对发射相同数量的火箭弹是为了防止直升机失去平衡。

▶ 1963 年，早期的两段版本的 XM-3 火箭发射器在肯塔基州的坎贝尔堡进行测试，临时支架内部装有一挺 7.62 毫米口径机枪。

▶ 一架直升机右侧的 M-3 火箭发射器特写。直升机左右两侧必须成对安装火箭弹以保持平衡。

这种武器适用于对抗部队、轻型装甲车辆和各种物资目标，最大有效射程可达2500米，引信解除保险后，机组人员最低安全距离为30米。Mark8无限反射瞄准具位于飞行员仪表板上，飞行员使用这种瞄准镜将火箭管与目标对准，由于武器系统是固定的，所以在攻击目标时飞行员必须机动协调飞行。紧急情况下，这种发射器可以从直升机上抛弃，通过使用火箭弹武器面板上的抛弃开关来完成，每个发射器上有两个爆炸螺栓可同时抛弃两个吊舱。由于XM-3设计坚固且简单，在战场上易于维护，如果发生战损，可以快速修复或更换。

XM-3进行了有限生产，并于1963年5月在越南投入使用。XM-3和发展型XM-3E1之间唯一区别是E1型的发射管长4英寸，XM-3E1被标准化为M-3。

▲ 第175突击直升机连"小牛32"武装直升机安装的XM-3火箭发射器特写，直升机一次可携带48枚火箭弹。一旁的飞行员正在系上防弹衣，准备进入驾驶舱。

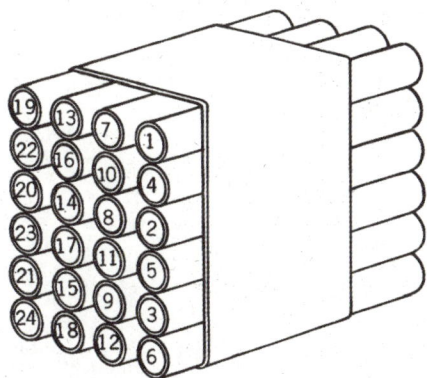

▲ M-3火箭发射器火箭弹发射顺序。

▲ 第175突击直升机连的"小牛35"武装直升机的局部，可以看到XM-3火箭发射器只安装了两个模块以减轻负荷。

▲ 1966 年，在永隆的第 114 突击直升机连的 63-08723 号 UH-1B 武装直升机"眼镜蛇 IV"，其 M-3 火箭发射器上画的是该机呼号。

▲ 第 118 突击直升机连一名军人正在给"土匪 2"火箭发射器补充火箭弹，注意这个 XM-3 武器子系统的火箭发射器只安装了 3 个模块，变成了 18 管。火箭发射器上饰有"土匪"徽章。

▲ 1967—1968 年，在第 175 突击直升机连服役的 66-15047 号 UH-1C "小牛 35"武装直升机，安装着 24 管火箭发射器，舱门上饰有"启示录"（Apocalypse）。瑞克·戴尔（Rick Dyer）站在直升机旁边。

XM-5/M-5武器子系统

1962年10月下旬，斯普林菲尔德兵工厂开始对安装在UH-1A直升机机头下方的新炮塔系统进行广泛的测试，并在第二年采用了这种武器系统，于1964年安装在UH-1A上随第一支武装直升机部队通用战术运输直升机连部署到越南。

武器系统由一个单管M75榴弹发射器、可动炮塔和火控系统组成，副驾驶或射手通过火控系统，可以将准确的火力直接射向目标而不受直升机姿态的影响。球形炮塔可安装在UH-1B、UH-1C、UH-1M型直升机的机头，可以灵活操作，发射管可以在射界仰角15度和俯角35度间，也可以在水平左右各60度间调整。炮塔连接到直升机电气设备舱外的3个加固支柱再连接到机身上，顶部和前部的外壳可以拆开，这样就可以对M75发射装置和炮塔组件进行维修。发射器通过柔性输弹槽连接弹药贮存箱进行供弹，驱动由一个5/8马力的28伏直流电动机提供，通过软轴驱动发射装置。发射器顶部外壳还有一个开口，输弹槽和电缆通过这个开口连接进入炮塔。最初部署时，M-5武器系统重约335磅，最大容弹为150发M384高爆榴弹，其中75发在输弹槽中，75发在弹药箱中。后期版本采用更大容量的转鼓，内部装有302发榴弹。

M-5可以在1750米最大射程内以每分钟225~230发的射速进行射击，初速为每秒241米，最大有效射程为1200米，带有弹链的空弹壳通过下方的滑槽弹出，以远离机身。训练期间发射M384榴弹的最小安全射距为300米，战斗射击最小安全射距约为100米。

主武器控制装置位于仪表控制台上，可由驾驶和副驾驶操作，武器可以通过双人控制的操纵杆握把上的触发开关在收起位置进行射击。同时，有一个特殊的反射式瞄准具安装在左侧座椅的上方，可由副驾驶手控来操作炮塔瞄准和射击。由于射击时榴弹初速相对较低（高爆弹为每秒790英尺），弹道精度容易受外界因素影响，射手必须接受全面的火控系统使用和火控射击技术培训。

这种武器系统为飞行员提供了一种填补7.62毫米机枪和2.75英寸航空火箭弹之间空白的武器，非常适合作为着陆区压制火力，对暴露的人员最为有效，同时对舢板、茅草屋、弹药储存区和没有顶部防护的武器阵地也很有效。使用这种榴弹武器时，飞行员要格外小心，尤其是在俯冲或树梢高度飞行的时候，要避免直升机飞入榴弹爆炸后的弹片区。这种武器主要缺点是发射管磨损过快，1964年的陆军飞机武器报告认为这种武器在基本设计上是不安全的，因为在射击停止后还会有实弹留在后膛内，有过关于这种武器失控的报告。

1967—1968年，菲尔科–福特公司对M-5武器子系统进行改进，采用新式M129榴弹发射器。装备新式榴弹发射器的武器系统有一个可容弹85发的弹药箱，后来被一个可容弹302发的弹鼓取代。还有一个柔性输弹槽，弹药通过输弹槽运送到榴弹发射器。除弹鼓中携带的弹药外，输弹槽中可内装65发榴弹以备随时射击。

装备M129榴弹发射器的M-5系统总重量为150.75千克，榴弹发射器本身重20千克，射速为每分钟220~240发。炮塔射界不变，发射管上仰7度时最大射程为1500米，而上仰3度时有效射程为700米。

安装新榴弹发射器的M-5武器子系统易于使用，其精确性令人难以置信，且装有该武器的直升机火力更强大，非常受飞行员欢迎，因此总共生产了494套安装有M129榴弹发射器的炮塔。

▲ 安装在展示台上的 M5 榴弹发射器，注意武器瞄准站。

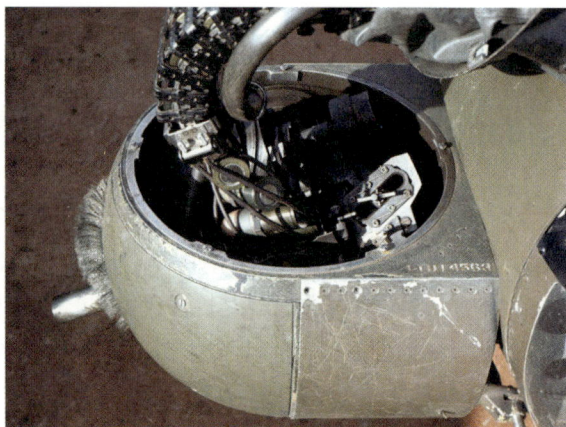

▲ 1967 年 5 月，第 155 突击直升机连一架直升机机头安装的榴弹发射器，上盖打开后可以看到内部构造。

▲ 安装在一架 UH-1B 直升机机头的 M5 榴弹发射器，机首需要承受武器的重量。

◀ 40 毫米 M-5 武器子系统炮塔内部，里面装着 M75 榴弹发射器，可以看到榴弹如何从机舱经输弹槽正确送入榴弹发射器。

◀ （左图）安装在后舱内的弹药贮存箱通过输弹槽给装在机头的榴弹发射器供弹。

◀ （右图）罕见的清洁自动榴弹发射器的镜头。

▲ 第 227 突击直升机营 D 连一架武装直升机机头的自动榴弹发射器涂装，这种武器成为许多连队发挥艺术创造力的地方，有各式各样的涂装。

▲ 1967 年，在永隆的第 175 突击直升机连的一架"青蛙"UH-1B 武装直升机机头局部特写，机头安装着 40 毫米 M-5 武器子系统。

◀ 1968 年，在边和的第 68 突击直升机连的 66-00688 号 UH-1C 武装直升机的榴弹发射器上有"寡妇制造者"字样，这架直升机在越南从 1967 年一直服役至 1971 年 4 月并得以幸存，累计飞行 1569 小时，1967—1968 年在第 68 突击直升机连服役。

▲ 第 175 突击直升机连的 UH-1C 武装直升机"史努比 IV"，机头安装着榴弹发射器。

▲ 第 118 突击直升机连一名军人正拖拽榴弹弹链以便给榴弹发射器供弹，榴弹发射器外壳上饰有一对眼睛。该机应该是 1967 年的"土匪 2"。

XM-6/M-6武器子系统

1962年12月，装备有XM-6E3武器子系统的UH-1B直升机被交付给在越南的通用战术运输直升机连，XM-6武器子系统是XM-153武器子系统发展的产物，两者基本上相同，但它使用7.62毫米M60C机枪取代了M37机枪。这种机枪是陆军标准步兵M60机枪的改进版本，通过电控远程发射。与XM-153武器子系统一样，这个武器系统最初打算安装在陆军直升机机队当中：XM-6对应CH-21C系列直升机；XM-6E1对应CH-34系列直升机；XM-6E2和XM-6E3为UH-1系列直升机设计，两者之间的区别是XM-6E2安装在主舱室前，而XM-6E3安装在主舱室后。武器安装在机身两侧的XM-156/M-156通用外部储存挂架（Universal External Stores Pylon）上，这是贝尔公司专门为安装武器而研制的，早期的XM-153和XM-6E2的最初版本是直接安装在直升机机身上的。XM-6E2原本打算用于运输直升机，而XM-6E3后来被研制专用于武装直升机。虽然XM-6E2在UH-1B以及1962年首次试飞的长机身UH-1D上进行了测试，但发现机枪的安装位置对直升机重心有着严重的影响。此外，武器装备极大地影响了UH-1A的飞行特性，甚至包括安装了新发动机的UH-1B，在安装了XM-6E3系统后，直升机明显变慢了。XM-6E3最终被标准化为M-6，得到了广泛的使用。该武器子系统生产了444套，一直使用到1972年。

▲ 1961年2月，在一架HU-1A前端安装的XM-153C武器系统，由双联装7.62毫米T197E2机枪（后来型号为M73）组成。

▲ 早期的爱默生电气 XM-6E2 武器子系统安装在短机身的 UH-1 直升机右侧。

▲ 一架空军的 UH-1F 直升机安装着 M-6 武器子系统。

▲ 贝尔公司宣传它的 M205 型 UH-1D 具有改装成武装直升机的能力，这架 60-6032 号 YUH-1D 原型机被作为武器演示机使用，在其前方安装了 7.62 毫米机枪系统，贝尔公司还宣称可以安装 SS-11 导弹系统和其他武器套件。

这种武器子系统的四联机枪旨在为直升机提供有效的反击火力，以压制地对空轻武器火力，也可用于对付地面部队和软目标。这种武器系统是最早使用XM-156/M-156通用外部储存挂架的武器系统之一，这种挂架也用于XM-22和XM-16等武器子系统。在直升机两侧各有两挺使用7.62×51毫米子弹的M60C机枪，可以通过使用安装在副驾驶及射手位置的驾驶舱瞄准控制单元（瞄准站）进行控制，使用时，瞄准站瞄准线会亮起。机枪射界可在仰角15度和俯角60度、水平向外70度和向内12度范围内调整，射击开关直接位于控制手柄的动作开关上方，这种武器也可以由飞行员或副驾驶使用辅助射击开关在收起位置进行射击，这时必须通过改变直升机姿态来调整武器的俯仰角和偏转角。

安装在控制台上的武器控制面板包括一个开关—保险—射击开关，有一个枪支选择开关和射击—保险指示灯。开关—保险—射击开关控制武器系统的电源，并允许机组人员在枪支发生故障时立即采取应对措施。枪支选择开关允许选择上侧或下侧的机枪，或者所有4挺机枪。当向武器系统输送电力和液压动力并且将开关—保险—射击开关切换到保险状态时，绿色的保险指示灯会亮起，而将开关切换到射击状态时，红色的射击指示灯会亮起。

UH-1直升机后部座椅下方的弹药箱托盘中有12箱弹药，这个弹药箱排成4列，每列3个弹药箱。第1、第2列给左侧机枪供弹，第3、第4列给右侧机枪供弹，一挺机枪由3个弹药箱供弹。4条8节柔性输弹槽从弹药箱通过货舱地板上的孔洞连接到弹药驱动电机，其他4节从驱动电机连接机枪。12个弹药箱总容弹量是6000发，额外还有700发子弹可以装入输弹槽，因此总容弹量是6700发。

每挺机枪都可以通过一个快速释放闩锁固定到其他枪架上，机枪从上方进弹，向下弹出弹壳

▲ 这张照片展示了机舱内弹药箱的布置及供弹方式。

▲ YUH-1D 原型机上安装的武器系统细节特写。

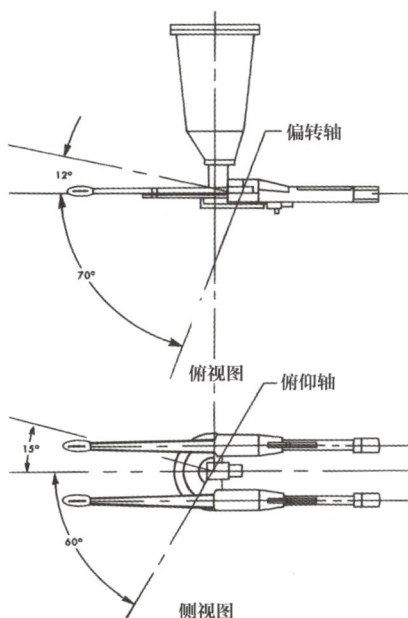

偏转轴

俯视图

俯仰轴

侧视图

▲ M-6 武器子系统的射界，展示了最大内外角和最大俯仰角。

和弹链节。机枪最大射程是3200米，最大有效射程是750米，然而在许多情况下，通过观察打击区可以射击更大范围内的目标。

试验武器子系统

XM-7 武器子系统

XM-7是一种轻型、连接简单的直升机机载机枪武器系统，作为美国陆军侦察直升机计划的一部分，贝尔、休斯和希勒三个承包商各自提供了一套XM-7系统，用于安装到各自的直升机上进行评估。在OH-6A侦察直升机批准给休斯公司后，XM-7的进一步努力被简化为支持XM-27E1武器系统，该系统包括了XM-7大部分性能。

休斯的XM-7系统安装着两挺倒置的M60C机枪，这两挺机枪拆除了两脚架、前组件和枪托。此外，触发组件被远程点火的电磁线圈代替，并添加了电动推弹击发装置。这套系统包括一个可快速拆卸的弹药箱，其中装有1500发连接好的弹药。该系统武器仅可俯仰调整，在正10度和负24度之间，每挺机枪射速为每分钟600发，并配备了一套可选的符合空气动力学的整流罩。

▲ OH-6A 直升机上的 XM-7 武器子系统。

▲ XM-8武器子系统除了使用的武器是M129自动榴弹发射器外，与XM-27武器系统非常相似。

▲ 安装在OH-6A上完整的XM-8武器子系统，弹药箱内部装弹150发。

XM-8 武器子系统

自动榴弹发射器是二战结束后几十年间在小型武器领域发生的为数不多的真正创新之一，并在越南战争期间经受了战火的洗礼，主要用于武装直升机和巡逻艇。XM-8武器系统为配备40毫米M129榴弹发射器的一种235磅重的武器，射界为正10度到24度，安装在"泥鳅"机身左侧，150发榴弹的弹药箱固定在飞行员身后的货舱地板上。这种武器在越南少量使用，但实战证明，对于给定的M70/E1反射式瞄准系统，将武器锁定在装填位置并进行瞄准射击更为实用。武器系统配用的瞄准具也用于XM-27武器子系统，由于在碰撞中有可能造成头部碰伤，所以经常保持着被包裹状态。在使用M70/E1瞄准具的XM-8和XM-27武器子系统中，飞行员经常用油性笔在挡风玻璃上简单标记瞄准点来取代瞄准系统。

XM-16/M-16武器子系统

1964年4月，名为XM-16的四联装机枪武器系统原型抵达越南，这套武器系统安装在UH-1B、UH-1C上使用，此外，出于试验目地安装在YUH-1D直升机货舱前。有几架UH-1A在退役前也装备了这种武器，这主要是用于最后的战斗测试。

实战证明，安装在UH-1B直升机上的XM-16武器子系统是一种非常有效的武器系统，武器部分实际由M-6武器子系统加上两个XM-157或XM-158火箭发射器组成，火箭发射吊舱由炸弹挂架挂载并连接到通用挂架上，这样就让驾驶人员在与特定目标交战时可以挑选最合适的武器。

武器子系统包括4挺机枪和2个火箭发射器、1个机枪控制面板、1个定时器控制面板、2个挂架和支撑组件、2个带有弹药供给的电动柔性输弹槽、1个机枪瞄准站和1个从收起位置发射火箭弹和机枪的无限反射瞄准具。

在驾驶舱内，Mark8光学瞄准具安装在直升机飞行员一侧，这种反射瞄准具与XM-3武器子系统中使用的瞄准具相同，瞄准具底部的光源将发光瞄准线投射到反射板上，投影图像有一个中心点、一个50密位内环和一个100密位外环，从中心点垂直以10密位的增量调整。

火箭发射器可以手动或电动抛弃，但最好的办法是使用电气。每个火箭发射器可携带7枚2.75英寸的航空火箭弹，因此火箭弹总数是14枚，火箭弹可以选择成1对、2对、3对、4对、5对、6对或7对进行发射。由于同时拥有机枪和火箭弹，

▲ 1964 年 6 月 8 日，UH-1B 直升机安装着 XM-16 武器子系统。

▲ 在越南的一架 UH-1B 武装直升机安装的 XM-16 武器子系统以及舱门机枪。

▲ 这两张照片是 1965 年 8 月 3 日对 XM-16 武器子系统进行工程测试时的存档照,展示了机枪零度仰角时最大外角位置。

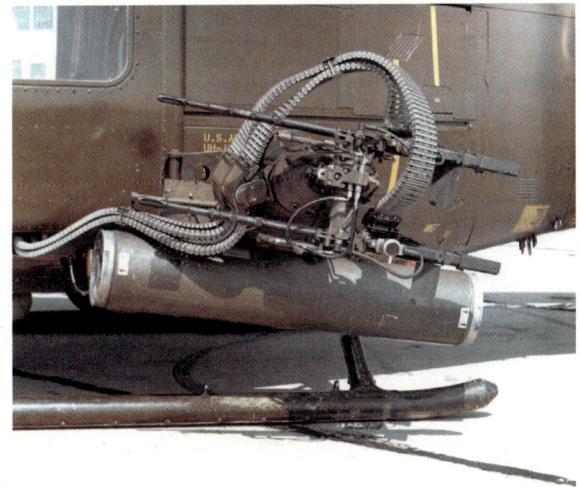

▲ 这张照片展示了 XM-16 武器子系统的机枪零度仰角时最大内角位置。

▲ 这张照片展示了 XM-16 武器子系统的机枪在最大仰角和正前方位置。

▲ 这张照片展示了 XM-16 武器子系统的机枪在最大俯角和正前方位置。

▲ 这张照片展示了 XM-16 武器子系统的机枪在装填位置,火箭吊舱在正常位置。

▲ 罕见的在斯普林菲尔德兵工厂测试设备中对 XM-16 武器子系统进行测试的照片，穿白大褂的测试人员手里拿着武器的反射瞄准具。

▲ 第 120 突击直升机连的一架 UH-1B 武装直升机的两张照片，可以看到安装的 XM-16 武器子系统特写，以及舱内的个人武器。

这种武器组合非常适合执行多种作战任务。例如，飞行员可以使用各种2.75英寸火箭弹攻击前方目标，而副驾驶可用机枪向前方和侧翼发射压制火力。

机枪射速为每分钟550发，而火箭发射器的射速为每秒6枚。该武器系统最大有效射程，机枪为1500米，火箭弹为2500米，但该系统在1500米的距离上最为有效。整个武器系统重量，不包括弹药是260千克，包括弹药是548千克。

▲ 第48突击直升机连的一架直升机上安装的M-16武器子系统特写，此时搭配的是M-157火箭发射器。

▲ 装备有早期XM-16武器子系统的UH-1B直升机，白色的19管火箭吊舱是美军空军的型号，有一个白色的前整流罩，这种整流罩因提供的空气动力优势不大，很快就被取消了。这张照片可能来自于1963年的通用战术运输直升机连，当时他们测试了许多不同的武器装备。

▶ 在一架UH-1B前展示XM-16武器子系统所有组成部件。

这套武器系统的缺陷主要出现在M60C机枪上，它经常卡壳，这不仅是M60C机枪的问题，还是M60机枪整个结构设计上的问题，这种机枪需要经常清洁和保养。此外，M60C机枪另外一个显著缺点是：相对于其他航空机枪来说，M60C射速偏低。

XM-16武器子系统一直安装在"休伊"直升机上使用，直到1967年中期才被XM-21系统取代，但它在一些部队中一直服役到1972年。该武器系统共生产了461套。

XM-17/M-17武器子系统

两个凯莱特（Kellett）挂架安装4个M159火箭吊舱，每个吊舱携带19枚2.75英寸火箭弹，这个系统安装在通用战术运输直升机连的一些UH-1B和UH-1C直升机上。有一些证据表明，美国人也测试过基于M-156挂架的版本。由于XM-17系统的重量限制了它的使用，因此并没有被广泛采用。

▲ 1964 年 6 月，通用战术运输直升机连的 UH-1B 安装的试验性质的双 19 发火箭发射吊舱特写，但试用时间很短。

▲ 挂载 4 个 M159 火箭发射吊舱的 UH-1B 直升机，其伪装图案明显，舱门上有通用战术运输直升机连的交叉马刀标志。

XM-21/M-21武器子系统

将XM-16武器子系统配备的4挺M60C机枪用2挺M134米尼岗机枪替换，就变成了XM-21这种新的武器系统。XM-21由2挺可俯仰转动的M134型7.62毫米6管米尼岗高射速机枪和2个7管M-157、M-158或19管2.75英寸M-200火箭发射器组成，但后者由于重量原因很少与米尼岗机枪配合使用。XM-21武器子系统总重量，采用M-157或M-158火箭发射器时净重为302千克，满载弹药包括6400发子弹和14枚航空火箭弹时为605千克。

该武器系统于1965年进行了测试，第二年被送往越南，并在越南得到了广泛使用。许多武装直升机部队在越南使用XM-21时因为被武器横向和俯仰问题所困扰，就以固定模式进行射击。1966年后，这种武器系统成为陆军（和海军）"休伊"武装直升机最为常见的配置。

米尼岗机枪采用一个柔性输弹槽供弹，输弹槽连接安装在机舱地板上的弹药箱，12个弹药箱中总共装有6000发子弹，左右输弹槽另外容纳400发，输弹槽穿过地板上的开孔连接机枪供弹机。机枪的射速可以调整，为每分钟2400~4000发，在驾驶舱机枪控制面板上，有开关—保险—射击开关，还有机枪选择开关，允许选择左或右侧机枪，或者两挺同时选定。武器系统由一个控制箱总成，位于机尾行李舱，包含断路器、继电器和其他电气元件来控制机枪。米尼岗机枪带有一个可调自动瞄准站，使用时可从左侧驾驶员座位上方舱顶垂下，可根据需要压低并调整到适合使用的位置。通过瞄准站控制器，可以使机枪射界在仰角10度俯角90度、内12度外70度范围内调整。

M-157、M-158火箭发射器是为了发射MK4/40型火箭弹而研制的，这种2.75英寸折叠尾翼航空箭弹被美国空军称为"巨鼠"。MK4/40型火箭弹是一种空对空武器，但从20世纪50年代后半期开始被逐步替换，取而代之的是"猎鹰"和"响尾蛇"等导弹，后来美国海军和陆军将其改造成空对地武器，并研制了大量弹头和引信。飞行员通过使用XM60反射瞄准具来进行火箭发射的瞄准，瞄准具安装在右座椅上方的挡风玻璃框上，可以向左旋转收起。

　　驾驶舱的定时器控制面板在XM-21与XM-16武器系统上是相同的，载有多种武器使用开关。第一部分有三个武器选择挡："7.62"位置选择机枪作为主武器；"2.75"位置选择火箭弹作为主武器；"40"位置是不使用武器系统。不过需要注意的是，"40"位置并不是安全的，武器选择开关选定这个位置时，压下发射开关仍会导致火箭弹发射。第二部分是选择火箭弹发射数量的开关，可以选择1对到7对火箭弹进行发射。第三部分是抛弃开关，可以在紧急情况下将火箭发射器电动抛掉，当然也可手动抛弃。第四部分则是复位开关。

　　武器开火模式可以选择，就7.62毫米高速自动机枪而言，一种是由射手使用灵活的瞄准站灵活射击，另一种是使用XM60无限瞄准具和周期变距驾驶杆上的射击开关。对2.75英寸航空火箭来说，一种是1对发射，就是每个发射器发射一枚火箭弹，第二种是2对、3对、4对、5对、6对或7对发射。在直升机速度为0~160节时，在任意位置或以任意姿态都可以开展上述射击。两挺机枪通过校靶或调整到1000米处会合，发射的火箭弹在1250米处会合时，具有较高的精确度。武器最大有效射程，机枪是1000米，2.75英寸航空火箭是2500米；最小安全距离，机枪是100米，2.75英寸航空火箭是300米。

　　XM-21武器子系统最初安装在UH-1B型直升机上，UH-1C投入作战后也安装使用，但很少安装在UH-1D和UH-1H上。该武器系统共生产和使用了406套，直至越南战争结束。

　　XM-21武器子系统可通过火箭弹或自动机枪对开放目标、软目标和轻型装甲车辆展开进攻或防御性

▲ 一架用于 M134 机枪测试的 UH-1B 直升机，注意其柔性输弹槽。

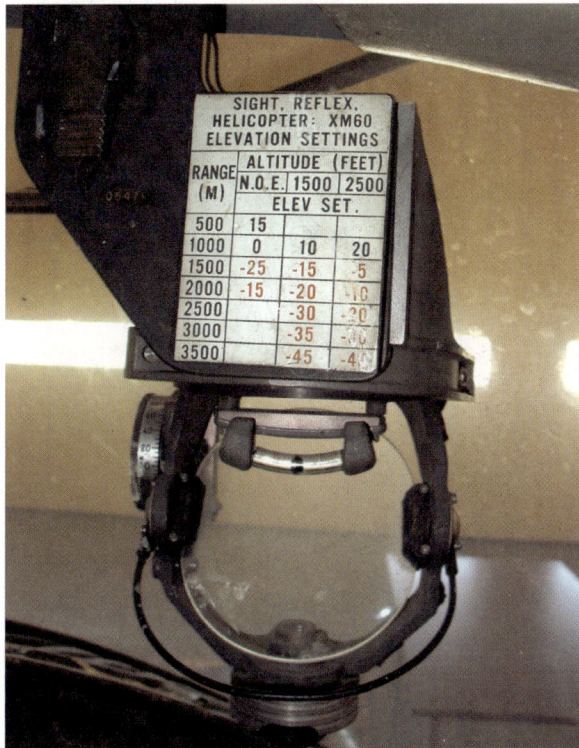

▲ XM60 反射瞄准具，飞行员使用这个瞄具进行火箭和机枪瞄准，不使用时，可以把它收回到驾驶员面前靠近舱顶的地方。

▲ 两名技术人员正在直升机驾驶舱内副驾驶座位前调试安装 M-21 武器子系统第一个瞄准站。

◀ XM60 反射瞄准具使用时的瞄准界面。

▼ 陈列在托比汉纳（Tobyhanna）陆军仓库已修复的 66-15193 号 UH-1M，总距操纵杆在每位驾驶员座椅左边，油门安装在靠近驾驶杆顶部位置，紧挨着引擎控制系统下方，一个黑色的乙烯基防尘罩安装在总距操纵杆基座上，一些"休伊"上这个防尘罩是灰色的。

▲ 米尼岗机枪瞄准具悬挂在副驾驶兼射手座位前的操作位置上，供火箭弹瞄准的 XM60 瞄准具是为飞行员安装的。两名飞行员都有装甲座椅，这提高了他们在战场上的生存能力。此外，飞行员有时还在飞行服外穿上防弹衣来加强防护。

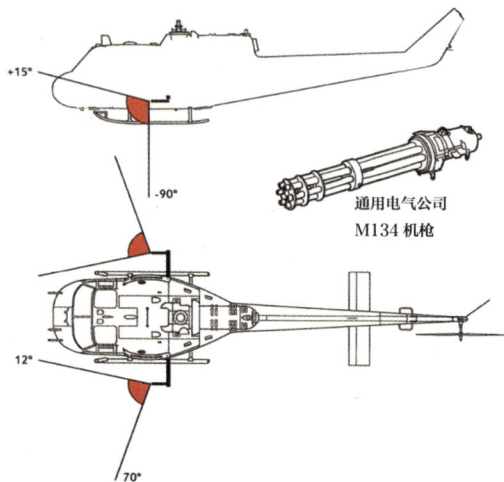

▶ M134 机枪射界可以在内角 12 度和外角 70 度、仰角 15 度和俯角 90 度间灵活调整。

通用电气公司
M134 机枪

+15°

-90°

12°

70°

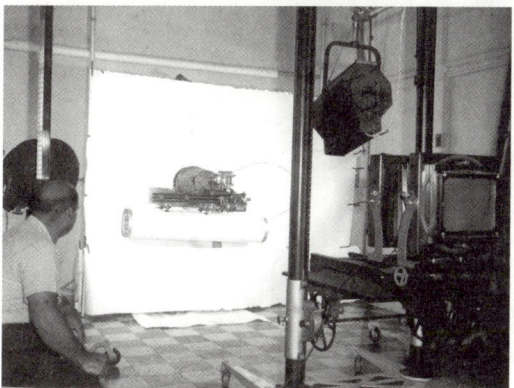

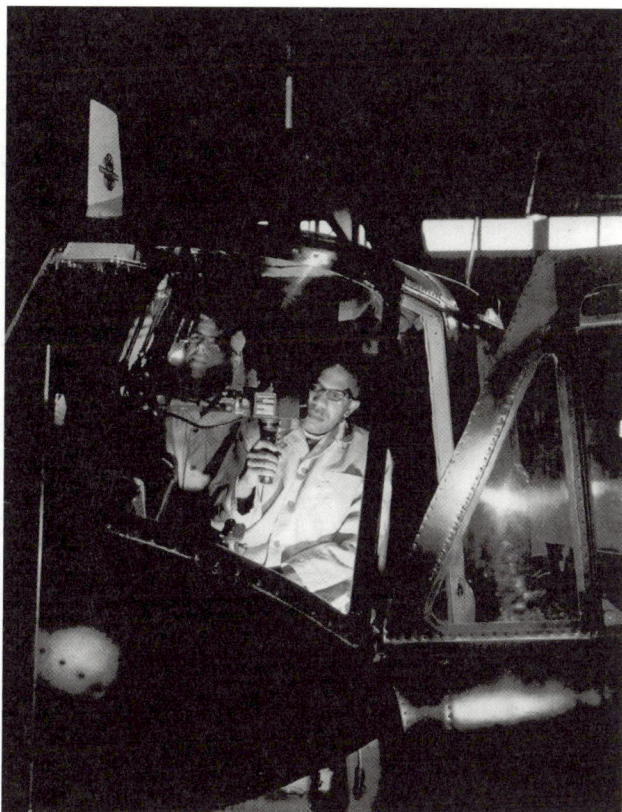

▲ 在M134机枪研发中，陆军物资司令部于1964—1965年组织对机枪和瞄准站进行了测试。照片显示的是正在测试的XM-21武器子系统。

▶ 1969年8月12日，头顿机场，来自澳大利亚皇家空军第9中队的一名成员正在一架UH-1D直升机上给米尼岗机枪弹药箱装填弹药。

▲ 一架武装直升机安装的 M-21 武器子系统，包括左右各一套 7.62 毫米 M134 米尼岗机枪和 7 管 2.75 英寸火箭发射吊舱。

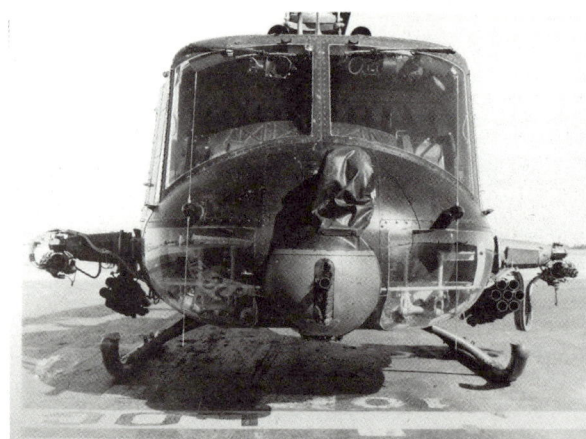

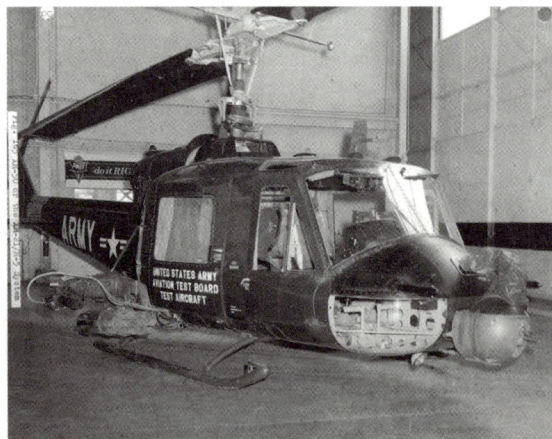

▲ 一架强大的 UH-1C 武装直升机，安装着 M-21 和 M-5 武器系统，这两种武器系统组合称为 XM-50 武器子系统。XM-50 武器子系统，包括有新瞄准具、新控制面板和改进的弹药储存设计，安装在 UH-1B、UH-1C 或 UH-1M 直升机上。

区域火力，由于安装了两种武器，可以对不同目标选择最佳的武器或同时与两个区域目标交战。两种武器设计，可在一种武器因出现战斗损伤而无法使用的情况下快速进行更换。当然这种武器也有局限性，武器子系统易受到轻武器在内的各种防空火力攻击，由于目标获取和距离估算方面的局限性，在夜间和低能见度时作战效率会降低，而攻击时受到相对目标距离、高度和直升机空速、飞行高度的影响。

舱门和跳板安装武器子系统

XM-23/M-23 武器子系统

在越南战争期间，XM-23武器系统是UH-1D和"休伊"运输型直升机的主要武器系统，该系统及其发展型还装备了"休伊"武装型直升机，包括UH-1B、UH-1C和UH-1M，它是"休伊"火力系统中非常重要且有效的组成部分。XM-23武器系统是使用最广泛的标准机载武器系统，几乎出现在每一架"休伊"直升机上。

这是一种舱门安装的防御性武器子系统，包括2挺M60D机枪、2个枪架、2个550发弹药箱、2个柔性输弹槽、2个弹壳收集袋，机枪安装在每个敞开的舱门后方的枪架上，是运输直升机的标准武器。550发弹药箱通过柔性输弹槽连接到机枪上，提供了快速重新装填能力，这种小型弹药

▲ 在斯普林菲尔德兵工厂场地拍摄的用于测试的 XM-23 武器子系统。

▲ M-23 武器子系统中机身右侧的 M60D 机枪，通过柔性输弹槽连接弹药箱。

▲ 弹药箱通过卡扣安装在基座上。

▲ 550 发金属弹药箱，满装时可以供机枪持续射击约一分钟。

▲ 机枪安装弹壳收集袋的方式。

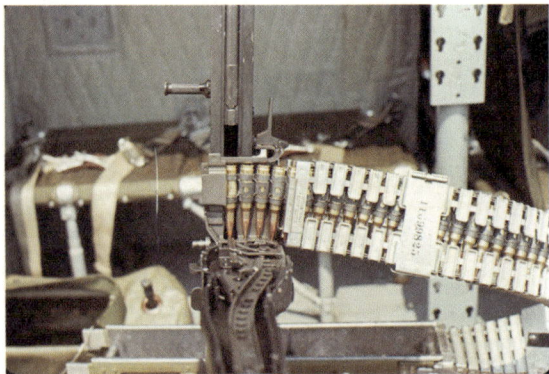

▲ 这名军人正在展示 M-23 武器子系统的最大俯角。

◀ 柔性输弹滑槽用卡扣固定在机枪的进弹口及弹箱的出弹口上。

◀ 机舱门关闭状态下的 M-23 武器子系统。

▶ 1966 年 3 月 16 日，在一次战斗突击行动期间，第 1 骑兵师的机组长汤姆斯·达南伯格（Thoms Dannenburg）中士使用机枪向一枚红色烟雾弹标记位置的敌人开火。

▲ 1969年，在越南的第117突击直升机连第1排的68-17545号UH-1H直升机上装备的XM-23武器系统变型为并列的两挺M60D机枪。

◀ XM-29武器子系统源自XM-23武器系统，但适用于短机身UH-1直升机，这种直升机由于承载点离主舱门太远而无法有效使用XM-23系统。XM-29系统包括称为"相模架"（Sagami Mount）的枪架，该枪架最初是日本冲绳相模陆军仓库为通用战术运输直升机连制造的。最终XM-29武器系统并没有得到广泛使用。

▶ 1964年，第121航空连的一架UH-1B直升机，其M60A机枪枪架称为"相模架"，部队登离机时，这种枪架可以摆向一边以方便人员进出。

◀ 非常有趣的舱门武器，相模架进行了战场改装，使M60机枪处于侧面固定位置。

箱通常被更大容量的弹药箱取代。有一个帆布收集袋连接在抛壳口处，用来收集抛出的弹链和弹壳，避免吸入涡轮发动机或打坏尾桨。M60D机枪是M60C的改进型，具有环形瞄具，握把和枪托换成D形握把。M60D机枪可以在1100米射程内以每分钟550发的射速进行射击。1964—1975年，这种武器系统制造了4316个，并被许多使用UH-1系列直升机的军事用户所采用。

直升机在高空正常飞行时，由于当时武器使用枪械上的机械瞄具，缺乏精确的测距设备，即使采用曳光子弹也没能解决问题，舱门机枪可以说毫无用处。这种武器另外一个缺点是无法将火力指向直升机桨叶，这在接近着陆区阶段非常重要。直升机只有在距地面100~200米低空飞行时，舱门机枪才成为有效的武器。

在XM-23武器系统的无数变型中，两挺机枪以并列方式安装的通常称为"吸烟式"，以上下方式安装的通常称为"背负式"。安装在舱门上的M60机枪通常都经过战场改装，以使其更加轻便。另外，为防止直升机被击落后在地面上作用，瞄准具和两脚架通常会被拆除。越南战争期间，XM-23武器系统是使用最广泛的标准机载武器系统，几乎出现在每一架"休伊"直升机上。

在任何一场战争中，都会对一些武器装备进行许多创新性的"战场改造"，其中有一些改造非常简单。在越南战争中就有这样一种战场改装，用来修复M60机枪供弹时发生的弹链阻塞故障。当机枪在静止状态时，机枪供弹机构会运行良好，但当机枪从直升机上瞄准时，它就会受直升机飞行的影响而左右晃动，这时候供弹问题就出现了。士兵们发现将一个装火腿和利马豆的C口粮罐夹到机枪供弹机构上，可以协助更顺畅地供弹，这种罐子很容易找到，且安装简便，还很有效，许多部队都采用了这种小发明。

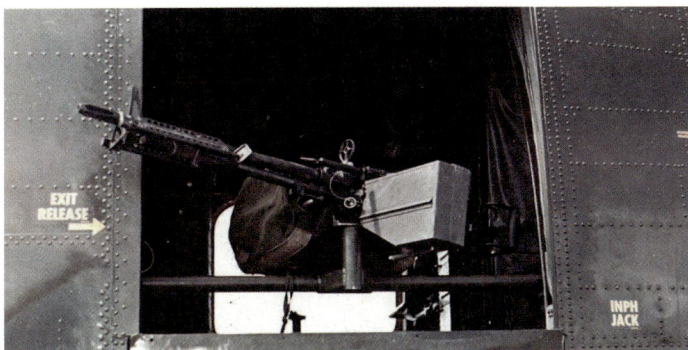

▲ 从直升机外看到的安装的 XM-24 武器子系统。

▲ 安装在 CH-47 直升机后货舱跳板上的 M-41 武器子系统，这种武器系统设计相当简单。

XM-24 武器子系统

CH-47直升机有两套防御性武器子系统，其中在越南的CH-47直升机上的标准武器子系统是XM-24武器子系统，该武器子系统在左舷逃生舱口和右舷舱门各安装一挺7.62毫米M60D机枪。这套武器系统包括机械限制装置以防射手在激烈的战斗中误击直升机旋翼和机身。武器系统中的M60机枪装有两脚架，如果直升机被击落，可以迅速拆下用作地面武器。为防止射击时损坏旋翼和发动机，每挺机枪右侧都装有一个帆布收集袋来收集弹壳和弹链。M60机枪左侧有一个装有200发子弹的弹药箱，这个弹药箱经常被更大的弹药箱所取代，这取决于直升机所属部队的政策或者机组人员个人偏好。有一些部队就采用了从米尼岗机枪借来的柔性输弹槽，连接直升机货舱地板上的大型弹药箱来供弹。XM-24武器子系统的射速为每分钟550~600发，有效射程为1500米。系统重量，未带弹药时是42.5磅，带有200发子弹时是55.7磅。

XM-41 武器子系统

在越南，安装的CH-47直升机上的另一种武器系统是不常用的XM-41武器子系统，这种系统由1挺M60D机枪、1个安装在直升机尾部装卸跳板上的射击支架、1个可安装的弹药箱和1个收集袋组成，从打开的跳板上进行射击，为直升机后方提供防御火力。这种武器系统于1967年中期进行了首次测试，在离开一个热着陆区时，作为区域压制武器得到了有限使用。该系统未携带子弹重量为41.8磅，带有200发子弹总重量为55磅。

XM-59/M-59 武器子系统

虽然运输直升机配备的武器在越南战争期间基本保持不变，但也得到了一些发展，战场上的部队已经考虑为他们的直升机装备威力更大的武器，陆军因此最终研制了XM-23武器子系统的加强版XM-59武器子系统，用于装备UH-1D、UH-1H直升机。这种武器系统与XM-23基本类似，采用了12.7毫米AN/M2机枪的改进型XM213/M213机

▲ 安装在 UH-1 直升机上配备 XM213 机枪的 XM-59 武器子系统，背景中可以看到单兵手持步兵型 M60 机枪及一支 M1 或 M2 卡宾枪。

▲ "和平使者"（Peacemaker）是第 4 骑兵团第 3 中队的救援直升机，配有一名医务兵，安装着 12.7 毫米机枪、双联装 M60 机枪、MK24 照明弹发射器等。

▲ 一名军人正在给 XM-59 武器子系统的枪座涂漆。

▲ 安装着 XM-59 武器子系统的直升机，中间地板上的大箱子是给机枪供弹的弹药箱。

▲ 一架 "休伊" 运输直升机安装着 12.7 毫米机枪，放倒的环形瞄具很明显。

枪，这种机枪本质上是一种翻新的12.7毫米航空机枪，与步兵型机枪相比，它具有更轻的整体重量和更高的射速。一挺M60D机枪安装在直升机一侧的销柱组件上，另一挺12.7毫米机枪安装在另一侧销柱组件上，销柱可以互换，这样就可以在直升机两侧随意安装M60D或12.7毫米机枪。在夜间作战中，一架 "萤火虫" （Firefly）将XM-59武器子系统与照明系统一起使用，XM-59可以安装在直升机右侧或左侧。XM-59系统的重量因装备的武器不同而有所差别：两挺M60D机枪无弹时为125磅，配弹时为188.3磅；一挺M60D机枪和一挺XM213机枪无弹时为216.7磅，配弹时为276.8磅。备弹量，两挺M60D机枪弹药为600发，而当两种口径机枪各一挺时配弹为400发。XM213机枪发射北约12.7×99毫米机枪弹。机枪总长1650毫米，枪管长1140毫米，重38千克，武器射速为每分钟700±50发，最大射程4200米，有效射程1800米。

导弹武器子系统

XM-22/M-22 武器子系统

美国陆军希望提高反装甲能力，1958年3月，3名飞行员被派往法国接受反坦克导弹训练。1958年9月，在取消了SSM-A-23"飞镖"反坦克导弹项目后，陆军对法国研制的S.11有线制导反坦克导弹产生了兴趣，并于1959年2月批准采购法国导弹用于评估，其最初评估型号为SS-11A1，1961年批准购买作为HU-1B直升机的轻型反坦克武器。军方之所以选择SS-11导弹，是因为这种导弹虽然超重，但它设计目的用于空对地，有着更大的射程和有效载荷。美国不仅从法国进口，还由通用电气在美国许可生产改进型SS-11B1。1963年6月，美国陆军将SS-11导弹型号命名为AGM-22系列，SS-11A1更改为XAGM-22A，SS-11B1G更改为XAGM-22B，SS.B1训练弹更改为XATM-22B。

UH-1系列直升机是美军第一种使用导弹的标准直升机，它安装使用的这种导弹武器系统称为XM-22武器子系统，主要作为一种反坦克武器，也可以对炮位、路障、防御工事及类似目标进行点射，具有快速响应和高机动性的特点，可进行空中火力支援。1966年3月，XM-22武器系统首次于越南投入战斗，此时XAGM-22B和XATM-22B型号更改为AGM-22B和ATM-22B。

XM-22武器系统全重650磅，装有6枚通用电气许可制造的AGM-22B导弹，导弹长47英寸，直径6.5英寸，翼展19.5英寸，包括15磅的反装甲弹头重66磅，导弹可加速到每秒600英尺。

导弹系统安装在UH-1B或UH-1C直升机上，由副驾驶座上的射手发射、控制和引导，射手操作一个控制杆来向导弹发出俯仰和偏航指令，指令通过导弹内部线管组件拉出的两条导线传输给飞行中的导弹，指令信号在导弹内部解码后发送到飞行控制装置。导弹可以在前飞方向500~3500米范围内发射，也可以在静止或悬停状态下在500~2900米范围内发射。对于大多数直射武器来说，命中率会随着射程的增加而减小，该武器系统向前飞行时在超过1000米范围最为有效，而导弹最小射程实际上是取决于射手的技术熟练程度，但通常在500~800米之间。这种远射能力使直升机远离大多数轻武器的射程，并让射手有时间在瞄准具中定位导弹并将导弹引导向目标，导弹一次只能发射一枚。因为导弹是由射手目视引导的，从导弹发射到击中目标，直升机必须暴露在目标面前，在夜间和低能见度情况下射击效果会变差。

射手有两种瞄准具供导弹射击使用。

第一种是在射手座位前面的M55抗震双目瞄准具，瞄准具安装在直升机舱顶，可以放大观察导弹和目标，其中主要组成部分是改装为固定焦距的海军Mk43六倍双筒望远镜。这种瞄准具在静态位置或者在直升机装备了偏航稳定装置时以任何模式射击都能发挥巨大优势，拥有着目标和导弹放大图像的明显优点。如果没有偏航稳定装置，则只能从静态位置进行射击，这是由于使用放大仪器固有的视野狭窄问题导致无法保持目标和导弹在视野内。这种瞄准具使用的另一个限制是只能用于1000米以外的目标，当目标射程小于1000米时，导弹的速度不允许射手有足够的时间来稳定导弹并正确引导导向目标。

射手使用的第二种瞄具是同样安装在射手前舱顶上的XM58瞄准具，这种瞄准具消除了使用双眼瞄准和使用M55瞄准具的缺点，结合了两者优点。XM58瞄准具采用半个改为固定焦距的海军六倍MK43望远镜，供射手右眼视野放大使用，左眼则使用带有彩色目标环的偏光环瞄准具，这样射手的右眼可以看到放大的目标，而左眼视线没有障碍，可以全程观察导弹从发射到击中的情况。使用M55双目瞄准具要求直升机配备偏航稳定系统，而XM58装有平衡环，只要规避机动方位在中心线45度以内，仰俯角在正

▲ 这是一张有趣的照片，这架 UH-1A 直升机上左右装备着不同的导弹，其左侧是 2 枚 SS-10 导弹，右侧是 3 枚 SS-11 导弹，SS-11 导弹将被采用发展成为 M-22 武器子系统。

◄ 陆军第一次测试 SS-11 导弹是于 1960 年 3 月在红石兵工厂进行的，使用的是安装在 UH-1A 上的 XM-3 火箭发射器改进型。贝尔公司安装了这套系统，最初使用二战 P-61 战斗机的一个瞄准具，后来改进瞄准具和发射器促使 XM-22 系统诞生，成为 UH-1B 和 UH-1C 的标准武器。图为一架装备着 XM-22 武器子系统的 UH-1B。

负16度以内，飞行员可以进行规避机动，陀螺稳定器将会保持目标和导弹在视线中心，但直升机规避动作会增加射手使用XM58瞄准具的难度。

XM-22武器系统最初供飞行员使用的瞄准具借自空军的P-61"黑寡妇"战斗机，后来改进为倒置的海军Mark8瞄准具，这个无限反射式光学瞄准镜安装在直升机的顶部，位置在飞行员前部。可以通过平面玻璃反射板来观察目标，反射板可从零参考点向上、向下调整14度以改变范围，通过带有度数刻度的滚花环形旋钮进行调整。这个瞄准具为飞行提供了一个瞄准线指示器，为飞行员提供了一个简单的参考，他可以保持直升机机头在视线的90度（中心偏左或偏右各45度）范围内。

导弹的控制面板有主电源开关、操作指示灯、武器电源开关。武器电源开关有两个挡位，其中有一个是切换到保险位置，只有将开关从保险位置切换到加热（HOT）位置时，才会允许射击。还有射击指示灯，红灯显示武器系统已经准备就绪。其他还有导弹装载控制开关，选择导弹的仰角或俯角，与控制相关联的选择刻度盘在正15度到负35度间并以5度增减调节。另外还有余弹指示器，标明剩余的导弹数量。

麦克斯韦系统

第20炮兵团第2炮兵营于1965年9月抵达越南时，每个炮兵连都有一个XM-22有线制导导弹系统作为辅助武器系统，但该系统并没有安装在任何直升机上，而是"按需"使用。这就造成了一个问题，因为武器系统之间转换和检查需要约2.5~3个小时，而由于导弹需求较低，这就意味着一架专用的导弹直升机将是一种不可接受的装备资源的浪费。

分配到B炮兵连的鲍勃·麦克斯韦（Bob Maxwell）研究了直升机和武器系统技术手册，发现可以通过电子和机械方式安装XM-3和XM-22武器子系统，同时可通过减少火箭弹数量来减轻一些武器重量。他发挥自己的才能，研制了必要的接口和支持机制，以便有效携带这两个武器系统组合并同时使用它们，改造后的武器系统装备36枚非制导火箭弹和2枚制导导弹。完成装配和检验后，他将自己的系统展示给营长纳尔逊·马洪（Nelson Mahone）中校，营长又向师长哈里·金纳德少将介绍了这个系统，金纳德少将来到连队检查这个系统后表示了肯定。当天下午，以设计者和发明者名字命名的麦克斯韦系统进

▲ 第20炮兵团第2炮兵营A炮兵连一架直升机安装着麦克斯韦系统。

▲ 1968年，埃文斯着陆区（LZ Evans）的第20炮兵团第2炮兵营B炮兵连的一架直升机安装着麦克斯韦系统。

▲ 1968 年，安装有麦克斯韦系统（有线制导导弹和 36 管火箭发射器）的第 20 炮兵团第 2 炮兵营 B 炮兵连的一架 OH-1C 武装直升机。

行了第一次试射。第二天，麦克斯韦开始制造另外3个系统，这样每个射击炮兵连都拥有了一套这样的系统，还有一套备用系统保留在炮兵营的储备中。

XM-26/M-26 武器子系统

这种直升机武器子系统采用了最新式的陶式导弹，为陆军提供了一种高机动性、机载和重型的点火力武器系统，设计用来替代M-22武器子系统。陶式导弹是作为一种地面发射武器研制的，以取代106毫米无后坐力炮和AGM-22B导弹，但很快被用于直升机。BGM-71A导弹长48.5英寸，包括5.4磅弹头共重41.5磅，最大速度为每秒986英尺，最大射程为3281码[①]。武器系统组成有稳定瞄准具/传感器，这是整个系统的关键，通过陀螺稳定瞄准具使射手能保持瞄准目标的瞄准线而无须考虑直升机的机动与振动，通过瞄准具，射手建立并保持导弹跟随到目标的视线。发射器安装到直升机炸弹架上，两侧各有一个装有3发陶式导弹的发射器。武器系统电源由直升机上的逆变器提供，从直升机的应急直流24伏电源转换为

---

① 1码约合0.94米。

▲ 陆军在两架 UH-1B 上安装了 XM-26 武器子系统的 3 管陶式导弹，一个瞄准镜单元位于机头右头左下方。

▲ 1972 年 11 月 2 日，在越南边和空军基地，特里·甘农（Terry Gannon）上尉和本特利·希尔（Bentley Hill）上尉给一架由第 12 战斗航空大队使用的 UH-1B 直升机的导弹发射吊舱装填一枚陶式反坦克导弹。

115伏交流电，为武器供应三相电源。驾驶舱带有导弹控制和显示装置，动力与武器控制装置位于驾驶员和射手座位之间的控制台上，二人都可以方便使用。额外的控制与显示器位于瞄准具升降器、射手扶手和直升机仪表板上。

XM-27武器子系统

　　1967年，美军在越南引入了OH-6A轻型观察直升机，对这种直升机有所了解的人对武器系统在实战中的表现褒贬不一，包括XM-27武器子系统。XM-27武器子系统为OH-6直升机提供了一挺M134机枪，安装在直升机的左侧，配备一个XM-70E1瞄准具，瞄准具可以在250~1000米射程内调整，瞄准具座可以调节并锁定到一个适合使用的高度。供弹采用连接M13弹链的MAU-56/A脱链供弹机，把子弹从弹链上剥离供弹，装有2000发弹药的弹药箱位于飞行员身后。这种武器安装在直升机上后左右射界无法灵活调整，在OH-6A直升机上射界仰俯角限制在10度到24度间。XM-27的改进型XM-27E1除可以安装

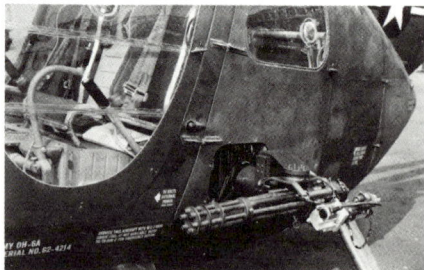

▲ 斯普林菲尔德兵工厂的 XM-27 武器子系统存档照。

◀ 1969 年 8 月 13 日，XM-27E1 武器子系统安装在一架 OH-6A 直升机上的后视图，展示了所安装武器的构造和弹药箱，以及带有整流罩的状态。

◀ XM-70E1 反射式瞄准具，可调海拔范围为 250~1000 米，瞄准架可以调整并锁定到一个合适的高度。

▲ 来自第 17 骑兵团第 7 中队 C 骑兵连的 OH-6A，机身上有 1967 年 10 月—1968 年 12 月在该连服役的罗伯特·艾伦·詹姆斯（Robert Allen James）准尉设计的连徽，整体形象为带有红边的黄色背景上一匹长着火焰翅膀的黑马，马头上方蓝色的 17 代表部队番号，下方红边白底旗帜上是 C 骑兵连的座右铭，这个徽标采用贴纸贴在 C 骑兵连所有飞机的两侧。

在OH-6A左侧外，还可以安装在O-58A直升机左侧，但O-58A直升机的武器仰俯角限制在5度30分到20度间。最初这种武器采用类似机枪架来安装，但很快被换上了一个更符合空气动力的整流罩。XM-27E1对供弹和其他设备进行了改进，弹药箱更加紧凑，整流罩组件、支架组件和反射瞄准具组件有所不同，XM-27E1还有一个改进的机枪驱动组件和一个分离装弹机冲压空气感应装置。该系统射速为每分钟2000发的低速或每分钟4000发的高速，最大射程3100米，最大有效射程1000米。

XM-28/M-28武器子系统

XM-28武器子系统是一种电控、液压操作的双控武器系统，为AH-1G"眼镜蛇"攻击直升机提供了广角火力覆盖和快速射击能力。武器子系统主要由以下主要部件组成：7.62毫米机枪及附件组件和（或）40毫米榴弹发射器及附件组件、炮塔组件、炮塔瞄准站、输弹槽分离组件、电子部件组件、压差传感器、储存挂架组件、武器机枪射速和发射器制动控制器（分左侧和右侧）、射手控制面板、飞行员控制面板、飞行员短翼存储控制面板、XM-73反射瞄准具。

武器系统有一个液压驱动的炮塔安装在前座射手的前下方，位于空气动力学设计的整流罩内，炮塔射界可在前方左右各107.5度内调整。M-28系统可以使用多种武器组合：第一种左侧为M134机枪，右侧为XM129榴弹发射器；第二种左侧为XM129榴弹发射器，右侧为M134机枪；第三种为2挺M134机枪；第四种为2具XM129榴弹发射器。根据炮塔方位，武器射界仰角为10.6度到18度，所有方位武器的俯角均为50度。炮塔可以由射手使用瞄准站瞄准并灵活地操控射击，这个瞄准站安装在直升机地板上，位于射手前方，不使用时可收起靠近射手的控制面板。炮塔也可由飞行员控制作为一个前向武器进行射击，机上安装有M-73反射瞄准具，位于飞行员仪表板上方，供飞行员使用短翼携带的武器吊舱或炮塔武器。

M134机枪射速可选以每分钟2000发的低速或每分钟4000发的高速进行射击，供弹的弹药箱组件位于炮塔后面的弹药舱内，圆柱形弹鼓容量4000发。进行机枪射击时，武器选择开关必须位于机枪射击位置，并可选定左侧机枪、右侧机枪或两侧机枪同时进行射击。XM129榴弹发射器射速为每分钟400发，位于炮塔后部的弹药舱可容纳265发弹药，由安装在弹药舱前面的电动马达驱动。射击时，同样可通过武器选择开关选定任意侧或两侧武器进行射击。最初的XM-28和M-28，以及M-28E1和M-28A1都安装在AH-1G上，M-28A1E1和M-28A2安装在AH-1Q上，而M-28A3安装在AH-1P及AH-1S上。

◄ 这是两张罕见的资料照片，直升机机头安装的M134机枪（非常早期的原型机枪）安装在一架UH-1A直升机上的早期XM75机头炮塔上。

爱默生炮塔

　　爱默生电气公司成立于1890年，位于苏里州圣路易斯市，前身是爱默生电力制造公司。该公司最初生产电动机，后来生产如风扇、缝纫机等电器和电动工具。到二战爆发时，该公司将其半个世纪的电力生产经验转移到更有利可图的军工生产上。最初生产炮弹弹壳，二战期间制造的最著名的产品是B24轰炸机的动力炮塔。二战结束后，爱默生电气公司继续为军方生产，到20世纪50年代末，成为陆军合作研发直升机武器系统的公司之一，当时这是一个相对前沿的领域，爱默生为陆军制造了第一批标准化武器子系统之一的M-6系统。后来又研发了这个系统的变型，允许搭载2.75英寸火箭吊舱，后进一步发展，用2挺M134米尼岗机枪取代4挺M60C机枪，该系统被命名为M-21武器子系统，成为越南战争期间UH-1武装直升机最受欢迎的武器组合之一。

　　爱默生电气公司并没有止步于此，它于20世纪60年代和70年代开发了一系列用于飞机的动力炮塔，并主要用于直升机，公司将这些系统作为战术武器炮塔（TAT）系列的一部分销售给军方和海外。在公司内部，这些炮塔型号命名方法是在前缀TAT后面跟三位数字，TAT系列包括飞机炮塔，以及用于陆地车辆、舰只和其他船只的炮塔。TAT系列产品并未取得太重大的成功，许多产品并没有走出开发阶段。

　　TAT系列的第一个产品是TAT-101，装备有两挺7.62毫米M60C机枪，炮塔的电源和500发弹药在炮塔外部。TAT-101生产了许多发展型，如为UH-1D提供的TAT-101D炮塔，炮塔射界左右73度，仰角15度，俯角45度。

1963年后，贝尔直升机被授予生产合同，制造一种攻击直升机概念验证机，并制造了贝尔207"苏族侦察兵"，两名机组人员一前一后坐在一起，爱默生炮塔位于机首下方。陆军虽未采用概念验证机，但它为未来攻击直升机发展铺平了道路。爱默生电气公司随后向军方提供了用于UH-1系列直升机的TAT-101变型，并向陆军销售TAT-101D，向海军陆战队销售TAT-101E。陆军并未采购这种炮塔，海军陆战队采购了TAT-101E，共购买了94个，于1967年4月开始改装UH-1E以携带炮塔，并由部队在越南投入使用。陆战队在越南使用炮塔的情况并不乐观，炮塔过于脆弱，对环境因素很敏感。虽然炮塔交付时带有护罩，但由于经常需要维修，陆战队机组人员通常会将其摘掉。直升机停在地面时，炮塔组件就用某种保护物包住。到1972年4月，TAT-101E已从所有直升机上拆除。爱默生电气公司还寻求向国外销售炮塔，并为德国UH-1D直升机改进TAT-101D为TAT-103，采用MG1机枪代替M60机枪，但最终并未成功。除了TAT-101和TAT-103，爱默生电气公司还开发了一种炮塔内带有较少弹药的发展型，并指定为TAT-111。

爱默生电气公司第二个TAT系列产品是TAT-102，基本设计与TAT-101相似，是专为通用电气米尼岗机枪设计的，与TAT-101一样，炮塔的电力供应和弹药在炮塔外部，炮塔同样可上下左右灵活调整。由于米尼岗机枪为电动，射速可以调节，在TAT-102中，武器设置的射速为每分钟2000发或4000发。

TAT-102发展型TAT-102A武器子系统是一种电控液压驱动的单一武器系统，为AH-1G武装直升机提供了广角覆盖和快速射击能力。这个武器系统由五大子系统组成，包括炮塔组件、射手瞄准站、射手武器控制面板、电子控制子系统和供弹系统。液压驱动的炮塔安装在一个空气动力学整流罩内，位于射手的前下方。炮塔安装的M134机枪能以每分钟1300发或4000发的射速进行短点射或长时间射击，炮塔武器射界向左右各115度，武器仰角为15~25度，这取决于炮塔所在的方位，所有方位武器俯角均为50度。供弹系统储存着8000发7.62毫米标准金属链装子弹，供弹系统包括4个弹药箱，每个弹药储存箱分为2个隔舱，每个隔舱再分成2个隔间。每个弹药箱都有2个弹簧手柄，有一个盖子盖住这4个弹药箱。

TAT-102是贝尔AH-1G上使用的第一个机首炮塔，延续了贝尔和爱默生在武装直升机发展中的密切合作。TAT-102由于只有一挺机枪，被视为临时系统，后被TAT-141所取代，除用于AH-1G之外，还用于美国空军和海军直升机。TAT-141是贝尔AH-1G、AH-1P、AH-1Q和AH-1S早期型号的标准固定武器，这个炮塔单元安装有2挺M134机枪或2个40毫米M129榴弹发射器，或两种武器各一。配备的米尼岗机枪射速预先调整为每分钟2000发或4000发，炮塔本身具有水平114度、仰角17.5度和俯角50度射界。每挺机枪备弹为4000发，而榴弹发射器由一个300发的弹箱供弹。随着AH-1直升机的发展，TAT-141炮塔系统发展出多种型号。

◀ 这架 AH-1G 下的炮塔安装的 XM-28 武器子系统为两挺 M134 机枪。

▶ 1968 年在福绥拍摄的一架"眼镜蛇"的炮塔，右侧是 M134 机枪，左侧是 XM129 榴弹发射器。

◀ 1969 年，边和空军基地一架"眼镜蛇"鼻部炮塔上安装的 XM-28E1 武器系统右侧视图，炮塔罩被移除，露出内部安装的 M134 机枪。

▲ AH-1G 直升机的前座副驾驶兼射手座舱，可以看到武器瞄准站。

▲ 直升机瞄准站炮塔瞄准线景象。

▲ "眼镜蛇"后座的 M-73 反射瞄准具十字线景象。

XM-31武器子系统

XM-31试验武器子系统是在20世纪60年代中期左右制造的，旨在加强当时准备配备7.62毫米口径武器（M60机枪和米尼岗机枪）的UH-1B/C武装直升机的火力。该武器系统由2门20毫米M24A1机炮组成，安装在两个横置气动金属吊舱内，吊舱安装在M-156挂架上，实际上武器只能进行俯仰调整。M24A1机炮使用20×110毫米炮弹，射速为每分钟650~750发，这种机炮也用于ACH-47A武装直升机、F-89战斗机，后也用于B-36、B-47和B-66轰炸机。每架UH-1为每门机炮携带600发炮弹，总计1200发炮弹，最大射程在3000米左右，实际有效射程不超过1500米。

　　1965年晚些时候，在岩岛兵工厂的一架UH-1B直升机进行了外挂20毫米M24机炮的测试后，1966年，陆军向越南派遣了两架装有带整流罩的XM-31的UH-1B，这两架直升机最初分配给第197航空连进行测试，这个连是边和空军基地的第145航空营的下属单位。1966年4月末，XM-31在一次有数百人的平民游击防卫群（CIDG）部队参加的行动中接受了战争的洗礼，它在战斗行动中首次使用，对着陆区周围林地进行了火力准备。后来这两架直升机被派到第145航空营的其他连队，以便训练使用这种武器，后来又被派往其他单位，如第9骑兵团第1中队、第20野战炮团第2营、第229航空营。

　　测试中，这种武器因为火力强大和射程远而得到赞赏。射击任务确实取得了一定的成功，尤其是对一些精确目标例如重机枪阵地进行压制的时候。在机炮射击时，强大的M24A1会产生巨大的声响，伴随着相当强烈的噪音和振动，在飞行中舱门打开的情况下射击甚至会将机组人员震离座位，机组人员通常更喜欢使用火箭发射器等其他武器。XM-31在越南测试使用后，几乎就销声匿迹了。岩岛兵工厂资料指出，这种XM-31原型只制造了2套。

▲ XM-31 的首个原型，注意此时没有吊舱整流罩，输弹槽布置方式也不同。

▲ XM-31 武器子系统最终型号，只缺少了整流罩。

▲ 测试期间输弹槽置于直升机下面的滑橇上，正好从两个滑橇之间穿过。

▲ XM-31 武器子系统的大型输弹槽通过吊舱上方的水平开口输送弹药。

XM-35/M-35武器子系统

这种武器系统为直升机提供了一种远程压制火力，以对抗德什卡重机枪和其他防空系统。武器是6管M61A1型伏尔甘（Vulcan）20毫米机炮改进短炮管版本M195自动机炮，由于炮管要短得多，因此直升机使用M195的射速必须大幅降低到每分钟750发，而M61正常射速是每分钟4000~6000发，但即使降低射速，武器射击依然会让直升机剧烈振动。1969年12月下旬，6套XM-35武器系统引入越南，提供给了"眼镜蛇"直升机部队。

这套系统装载弹药时重1186.5磅，不装载弹药时重550磅，弹药容弹约950发，配用弹种为M56高爆燃烧弹和M53穿甲燃烧弹。弹药从安装在机身两侧的两个鞍形弹药箱输送到机炮，弹药箱前端和后端都带有空气动力整流罩设计，以减少阻力。弹药箱安装在机身两侧的起落架上方，并通过输弹槽供弹。弹

◀（左页上图）安装 XM-35 武器子系统的 AH-1G 武装直升机，由于 M195 机炮的炮口风暴，机身左侧安装了额外的金属防护板。

◀（左页下图）XM-35 武器子系统左侧武器，注意其紧贴机身的大型弹药箱。

▶ 这张后部视图展示了输弹槽的细节。

药箱分为右弹药箱和左弹药箱：右弹药箱储存约 400 发已装在弹链上的炮弹，其前端前整流罩部分容纳有一个助推器总成，通过这个助推器可把右侧弹药通过输弹槽推进左弹药箱内，弹药箱后整流罩内有火炮控制单元；左弹药箱在左侧短翼下方，固定在直升机机外位置，弹药箱内储存约 415 发炮弹，左弹药箱弹药耗尽后，可以把右弹药箱内的炮弹转移到左弹药箱内使用。

飞行员和射手都可以使用控制装置来射击，M-28A1 武器子系统的瞄准设备和部分电路与该系统配合使用，通常由飞行员射击，但射手或副驾驶可以使用 M-28A1 控制面板上的飞行员手动控制装置来射击，使用 M-73 反射瞄准具。这种武器作为区域火力射程为 3500 米，作为点火力射程为 2000 米。由于 M195 的炮口风暴，炮口机身一侧必须安装额外的金属板防护，以保护电缆、飞行控制系统和机身。

武器系统主要武器

M60 机枪

经过漫长的研制过程，美国陆军于 1957 年正式采用了北约 7.62×51 毫米的 M60 机枪，这种机枪融合了德国 MG-43 机枪和 FG-42 步枪的特点，使用可分解的弹链供弹，并带有一个可快速更换的枪管。到 1958 年年底，第一批 M60 开始装备部队，旨在取代美军现有的班用勃朗宁 M1918A2 自动步枪、空冷的勃朗宁 M1919A6 机枪、水冷的勃朗宁 M1917 机枪和 M1919A4 中型机枪，将通用机枪概念引入美军。

1965 年美军开始部署到越南时，新的 M60 机枪也随之进入越南，开始在越南得到广泛的使用。M60 机枪由海军陆战队首次在作战中使用，改进型很快被安装到几乎所有的直升机、车辆、装甲运兵车、坦克和巡逻艇上，成为越南战争的标志性武器之一，在越南获得了"猪"的绰号。

有许多关于这种机枪相互矛盾的观点，有的士兵喜欢它的可靠性，但同时又讨厌它更换枪管的过程烦琐而笨拙——由于两脚架连接在枪管上，因此要额外给枪管安装两脚架，这带来了不便，当然让人讨厌。虽然武器设计目的是可以抵肩、腰际或卧姿射击，但抵肩、腰际射击时不如卧姿使用两脚架精确，且机枪和 100 发链装子弹重量超过 23 磅，士兵抱怨过重，难以携带，虽然它是当时最轻的通用机枪之一。在越南丛林高温、潮湿和泥泞的环境中，机枪需要定期维护保养，早期型号在越南恶劣条件下也并不太可靠，这些因素导致M60机枪作为传统步兵武器遭受的损失最大。战争期间，M60有时会被分配给新加入部队的士兵，因为老兵认为他们是消耗品，而班用机枪在交火中经常会吸引敌方更多的注意。这样做实际上并不妥当，因为没有M60使用经验的人并不能发挥好武器的战斗力，而且不能熟练处理武器故障。

由于M60的7.62毫米子弹威力强大，足以穿透越南丛林的树枝和灌木丛，其通常射速为每分钟600发，射击可控，并不会浪费弹药。由于高度的适应能力，M60机枪几乎在越南的任何地方都能看到：它被汗流浃背的步兵背着进入稻田和丛林，也被安装在"褐水海军"的船只上进入内陆水道，还为在空中盘旋的直升机提供了杀人武器。在许多方面，M60机枪成为越南直升机战争不可分割的一部分。

M60机枪不仅成为许多运输直升机的标准武器，电控射击的M60C还作为武装直升机武器系统的标准武器在直升机两侧安装。同时在直升机上有时还会有两名舱门射手手持M60机枪自由射击，由于手持机枪不受射界限制，于是就出现了击中座机的着陆滑橇、机舱底部或尾梁等部位的尴尬局面。安装在滑橇基座上的M60机枪带有止动装置，就不会出现这种情况，标准的弹链是每4发子弹就有一发曳光弹，以便确定弹着点位置，采用一个柔性铝合金输弹槽供弹。

在机枪使用中，输弹槽可能发生故障，有时M60的子弹弹链会挂在输弹槽内，导致弹链断裂或卡住，由于这种情况总是发生在最糟糕的时候，有的士兵就扔掉了这个输弹槽，采用弹链直接给M60供

▶ M60 机 枪 基 本 型 号与发展型 M60D 和 M60C。M60D 在枪尾 装有 D 形握把，并且采 用环形表尺，便于搜索、 瞄准和跟踪目标。

弹。不过弹链供弹又出现了其他问题，在射击过程中弹链容易断裂，所以有舱门射手在闲暇之余研究了一种简单的"战场权宜之计"来解决这个问题：用一个标准的C口粮罐夹在M60后腔开口处的薄铝适配器板上，弹链越过C口粮罐再进入枪腔，这样有助于供弹并防止卡弹。实战证明这种小改进非常有效。这种改进在越南舱门射手中得到广泛使用，甚至地面上的M60机枪手也这样改造使用。

为了方便使用机枪，还有一种战争改造是取消收集袋。M60机枪右侧抛壳机构处有一个弹壳收集袋，防止弹壳和弹链节在货舱周转弹跳打到直升机，但这个庞大的收集袋增加了风阻，这样就更难控制机枪，因此有不少射手拿掉了这个收集袋，让空弹壳直接掉到直升机地板上，任务完成后再清理。

▲ 第175突击直升机连的一名机组成员正在展示使用M60机枪向后射击，这种射击可以攻击直升机侧后的目标。

▲ 1968 年 1 月，第 191 突击直升机连的一名舱门射手，可以看到机枪带有 C 口粮罐。

▲ 1970 年，第 190 突击直升机连的一架直升机机枪安装有 C 口粮罐以便更加顺畅地供弹。

▲ 约 1969 年，一架正在飞行的"休伊"直升机上的舱门射手，注意其机枪直接用弹链供弹并且使用了 C 口粮罐。

　　有一些舱门射手更进一步对M60机枪进行了修改，以便在狭小的机舱空间内更好地发挥其性能，例如有的将枪管截短以方便使用，还有的取消了护木、枪托、扳机握把组件，增加M2风格的射击按钮以及一个大型折叠瞄准镜，标准的两脚架则保留作为携行柄，经这样改装过后机枪更轻。

　　有的部队还有一种战场改装叫"鸡肉棒"（Chicken Rods）。机枪悬空时，在激烈的战斗中，射手使用自由机枪射击时可能会不小心将武器摆向直升机机舱内，飞行员可能会因此受伤，这种情况确实发生过。于是机组人员采用了"鸡肉棒"来延长枪管末端的长度，有的用带有翼形螺母的螺栓将金属杆固

▲ 来自第 57 航空连的一名舱门射手正探出身子观察，蹦极绳绑在机枪提把上。注意他手持机枪的枪管上固定有延长段"鸡肉棒"。

▲ 图中可以看到第 68 突击直升机连一架 UH-1C 武装直升机上用蹦极绳吊挂着机枪的方式，还可以看到驾驶舱的瞄准站和反射瞄准具。通常舱门射手会系上"猴子带"（Monkey Belt）或"猴子安全带"（Monkey Harness）以防自己掉下去，安全带固定在后舱壁上。舱门射手一只脚可站在火箭吊舱上或着陆滑橇上，向直升机下方及底部射击，以保护直升机脆弱的腹部，他们在直升机机身保护范围之外进行射击时，会受到时速 110~140 英里的气流的冲击。

▲ 机枪安装 C 口粮罐的特写。

▲ 约翰逊·特雷西（Johnson Tracey）于 1970—1971 年在第 128 突击直升机连服役，他操作的机枪显然用啤酒罐代替了常用的 C 口粮罐。

▶ 一架"泥鳅"上安装的 M60 机枪，机枪改造中用 M60C 后部进行了替换。舱内挂满了各种手榴弹。

定到枪管上，这样一来，在使用机枪时，由于机枪变长，射击时就不容易摆进机舱内发生误击。

　　在直升机内，官方规定弹药量为约1000发子弹，机组人员通常携带两倍于官方规定的弹药量来保持火力。射手执行任务前还要检查所有的M60弹链，以确保装好的子弹齐整，没有太靠前或太靠后，这两

种情况都容易导致卡弹。如果时间允许，有的射手还会准备一条新弹链，增加额外的曳光弹，通常是每隔3发子弹而不是标准的4发，这样做比较耗时，但这样可以更快地"达成目标"。

勃朗宁重机枪

在二战中，著名的M2式勃朗宁重机枪衍生出了许多变型，除了作为步兵火力支援武器，它也是包括坦克在内的装甲车辆的首选武器，用来进行防空和反装甲作战。还有一些勃朗宁重机枪安装在特种车辆炮塔上作为一种防空和反步兵武器，同时，无数海军舰艇也把M2作为防空武器使用。战争期间，这种机枪也被英国、澳大利亚、加拿大、南非和新西兰等英联邦国家广泛使用。美军的战斗机和轰炸机安装了衍生型AN/M2航空机枪（AN代表陆军和海军）作为遥控式固定武器或航空机枪，采用较轻的枪管，基本武器总长度56.25英寸，重61磅，枪管为圆柱形，枪管护套带有散热孔，枪管长36英寸，射速每分钟750~850发。该型武器也可换成D形握把改为手动射击，同时通过改变一些内部部件，可以将左侧供弹改为右侧。配备的弹种有穿甲弹、穿甲燃烧弹、曳光弹、空包弹和教练弹，穿甲弹初速为每秒866米，最大射程为6652米。二战后，M2机枪在朝鲜战争以及越南战争中再次随美军参战，其中XM213/M213是AN/M2的现代化改进版，用作M-59武器子系统的舱门机枪。

▲ 1969年，隆平的第117突击直升机连第1排的68-17545号UH-1H直升机上装备着一挺12.7毫米M2式勃朗宁大口径重机枪。

M134 机枪

随着美国侵入越南，通用电气武器部的工程师开始研制电动旋转的加特林式武器，主要为了满足直升机在行动期间对压倒性压制火力的需求。设计师以该公司1959年为空军研制的20毫米M61A1航空机炮为基础，制造了7.62毫米北约口径的M134机枪，于1963年服役，尔后美军迅速将这种武器称为"迷你枪"（中国国内一般音译为"米尼岗"），虽然这种机枪肯定不是迷你版机枪，但它被认为是M61的缩小版本而获得"迷你枪"的称呼。

M134主要由枪身、枪座、弹箱、控制箱（电源箱）四大部分组成。枪身包括枪管、机匣、旋转体、枪机、供弹机、电动机等组件。该武器由28伏直流电机电动操作，采用加特林机枪的原理，用电动机带动6根枪管旋转，在每根枪管回转一圈的过程中，它所对应的枪机则在和枪管一起旋转的旋转体上的导槽内做往复直线运动，依次进行输弹入膛、闭锁、击发、退壳、抛壳等一系列动作，所以射速极高。陆军最初指定射速是每分钟6000发，后来降低标准射速为每分钟2000发"低速"或4000发"高速"。该枪重15.9千克（不包括电机和供弹机），全枪长801毫米，枪管长559毫米。

该机枪于1964年开始抵达越南，很快就安装到了直升机上，在OH-6和OH-58的机侧吊舱、AH-1G的机枪吊舱和炮塔，以及UH-1系列直升机舱门和挂架上投入使用。整个越南战争期间，M134成为美军直升机和固定翼战机上的重要装备，在战争期间生产了超过1万挺。

采用射手操控的两挺M134机枪的XM-93武器子系统作为一种舱门武器装备在长机身UH-1（UH-1D/H/N）的舱门上，而美军空军则在短机身的UH-1F/P上使用该系统。发展型有XM-93E1，包括一个M60反射瞄准具，允许飞行员通过瞄准具同时使用锁定的两挺机枪向前遥控射击。容弹量XM-93是10500发，而XM-93E1为12000发。陆军的"夜鹰"使用了类似的武器系统，将M134机枪与在越南制作的枪架搭配使用。

◀ 1967 年，第 68 突击直升机连的一名成员正在展示 M134 米尼岗机枪。该机枪射速极快，可靠性同样十分出色，成为最具代表性的美军机枪，在越南战争期间得到广泛使用。

◀ 1969 年 10 月 19 日，来自第 1 骑兵师第 7 中队的一名舱门射手密切注意着地面的情况，察看是否有敌人行动。此时直升机正在木和附近执行任务。

自动榴弹发射器

M1自动榴弹发射器最初由福特汽车公司的国防部门设计，1961年，福特收购了濒临破产的菲尔科公司，两年后合并成菲尔科—福特（Philco–Ford）公司（后来的福特航空航天公司），此后的国防项目就由合并公司进行。20世纪50年代后期，设计师们并没有设计自动榴弹发射器的经验，因此采取了一些当时符合要求的解决方案，采用了电动机驱动鼓形凸轮让枪管往复式运动来实现射击时的自动循环，这也形成了这种武器独特的外观，项目最初称为XM75榴弹发射器。第一批原型武器出现在1961—1962年，并立即进行了测试，测试结果是这种武器总体上符合军方要求，但同时也发现存在一些问题：由

于采用电动机作为动力，这种武器在使用方面有明显的限制，显然无法作为步兵机动武器，它需要某种载具来承载。这种缺陷对这种武器来说算不上是什么严重问题，因为当时主要设计目的是作为航空武器来使用。另一个严重问题是那个大而重的鼓形凸轮，在射击中会出现陀螺效应，使武器瞄准变得困难，精度受到影响。此外，还有一些安全方面的问题，比如射击后弹膛中仍会有余弹，可能会带来一些危险。虽然存在着上述缺陷，但相对这种武器的先进性来说，这些缺点看起来可以接受。根据测试结果，在进行必要改进后，该武器被推荐给了军方使用，很快就出现了改进版本的榴弹发射器，并定型为M75榴弹发射器。

M75榴弹发射器是一种风冷、电动快速射击直接火力区域武器，设计用于对付轻型装甲车辆和其他软目标，也称为"捶击者"（Thumper）或"重块"（Chunker）。榴弹发射器有一个348毫米长、带有膛线的发射管，在机匣上方带有电机驱动装置，安装着一台5/8马力的28伏直流电动机，由这个电动机驱动发射器完成供弹、装膛、待击、闭锁、发射、解锁、拉壳、抛壳等一系列射击动作。M75榴弹发射器在发射管伸出时总长不超过22.5英寸，发射管缩回长度减少至18英寸，高度为9英寸，宽度为8英寸，发射器重27磅。设计射速为每分钟220~240发。这是第一种使用40×53毫米M383和M384高爆榴弹的武器，这种榴弹可以承受航空武器高射速所需的更大的膛压，初速为每秒230~240米，射击距离达到1900米。

用于飞机的M75榴弹发射器于1965年开始批量生产，由于多种原因，这种武器生产并没有交给研发商，而是交给了斯普林菲尔德兵工厂，生产大约持续了两年，在此期间，军方获得了近500具发射器，并很快安装到了M-5和M-28武器子系统上，供陆军直升机使用。装有这两种武器系统的直升机被派往了越南，虽然带有榴弹发射器的直升机数量并不多，但实战证明这是一种非常便捷和有效的火力。军方同时也迅速指出了发现的缺点和问题：事实证明这种武器很难维护，而且越南恶劣的气候也影响了榴弹发射器的可靠性和性能。这促使更易于维护的新型XM129榴弹发射器的出现。M75被逐步淘汰，于1967年生产最后一具后停产。M75榴弹发射器继续使用了一段时间，直至损耗和最终取消。

▲ 最初的 M-28 武器子系统右侧是 M134 机枪，左侧是 M75 榴弹发射器。

改进M75榴弹发射器缺陷的新式榴弹发射器设计于1963年开始，XM129榴弹发射器由此诞生，实弹遗留在弹膛内等一系列问题得到了解决。对XM129的测试始于1965年，测试证明XM129的性能要优于M75榴弹发射器，这导致后者于1967年停止发展。XM129后来标准化为M129，取代了M75。1971年及以前，M129由菲尔科-福特公司生产，后于1972年由马雷蒙特公司（Maremont）继续生产。大部分生产的M129被用来取代M75，其他的作为武器系统的一部分配备部队。随着时间的推移，XM129装备了AH-1G、UH-1、OH-6A和OH-58A直升机。

XM129榴弹发射器还被用作XM-94武器子系统的武器。该系统类似于XM-93武器子系统，但改为采用两具40毫米XM129作为舱门榴弹发射器。每具榴弹发射器容弹量为800枚，通过特制的铝制输弹带输送至榴弹发射器，射程为1500米。XM-94武器子系统大多数安装在越南南部的美军海军巡逻艇上，装备直升机时，很少安装到"休伊"直升机上，主要由空军UH-1P直升机使用，通常与XM-93武器子系统混合搭配。

XM140 自动机炮

30毫米区域和点目标武器系统项目始于1963年年初，当时美国陆军武器司令部发布了技术规范要求。由斯普林菲尔德兵工厂研制的一种试验火炮在马里兰州阿伯丁弹道研究试验室进行了评估，在与其他政府兵工厂和商业公司的方案进行竞争性评估后，该兵工厂的试验火炮脱颖而出，得以进一步发展。这种武器在研发过程中有过不少名称，包括区域点武器系统（Area Point Weapon System，缩写APWS），正式研制始于1964年6月，最后被定型为30毫米XM140自动火炮。XM140是一种轻型单管火炮，用于给直升机和轻型飞机提供区域和点火力，对抗轻型装甲车辆和步兵。它采用28伏直流电源远程控制和供电驱动，由与炮管同心的鼓形凸轮组件驱动，25伏时的标准射速为每分钟405发，随电压变化，射速可以调整，炮口初速每秒670米，最大射程3000米，炮管长660毫米，全长1530毫米，重63.5千克。

采用XM140作为武器的武器子系统指定为XM-30。XM-30武器子系统包括有2门XM140机炮装在两个大型吊舱内，还包括XM140的一对电源系统、弹药箱（装在UH-1的货舱内）、助推器、放大接线盒，通过控制面板和瞄准站进行瞄准控制。配备的总弹药量是1200发，每门炮600发。

这套武器子系统旨在取代发射2.75英寸火箭弹的XM-3系统，并完成点目标火力支援任务，可攻击人员和轻装甲目标。工程和测试计划于1967年1月获得批准，但因为武器和弹药研制问题，预计给阿伯丁进行工程测试的武器被推迟到1968年9月才交付。由于研制并不顺利，工程测试暂停，武器子系统和武器进一步改进，工程测试于1969年6月重启。陆军物资司令部重新调整了工程测试方向，只对XM140火炮和弹药进行工程测试和服役测试，使用UH-1C直升机作为部分经过修改的工程测试计划载具，然后

▶ XM-30 武器子系统的细节，摄于 1968 年 7 月 26 日。

▼ 1964 年 8 月 24 日，斯普林菲尔德兵工厂，XM140 的第一个原型存档照，注意此时采用的弹药和后来采用的弹药不同。

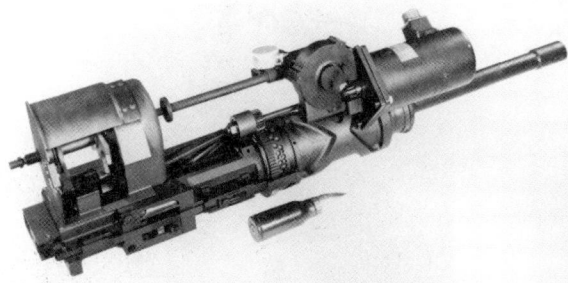

▲ 1964 年 3 月 17 日，在斯普林菲尔德兵工厂研制时的照片，桌上摆放着区域点武器系统模型和真正的 30 毫米炮弹。

▲ 没有安装整流罩的 XM140 火炮，注意货舱中的弹药箱，以及正在摆弄瞄准系统的士兵。

▲ 正在进行 XM-30 武器子系统的射击测试。

◀ "休伊"直升机安装的 XM-30 武器子系统的俯视图。

▶ XM-30 武器子系统的左侧吊舱，注意输弹槽和改装的宽大尺寸的货舱舱门。

才安装在真正的攻击直升机上进行测试。与陆军武器司令部签订合同后，在合同开发阶段，1967年制造了11门火炮，1968年制造了16门，到1969年进入有限生产阶段，当年交付了43门。

XM140火炮和弹药也被选作AH-56A"夏延"武装直升机的主要武器，武器子系统型号为XM-52。另一种供AH-1G使用的武器子系统型号为XM-120，该系统是一种电气控制液压动力炮塔，内部安装XM140自动机炮，弹容量是500发，重937磅，最大射程3000米，初速为每秒2200英尺，武器射界为仰角15度、俯角40度、左右各110度。

▲ 美国陆军航空军军官正在检查 UH-1C 上装备的 XM-30 武器子系统。

火箭发射器

　　XM-157和XM-158都是拥有7个固定发射管的2.75英寸火箭发射器，通常与XM-16和XM-21武器子系统配合使用，发射吊舱悬挂在MA4A炸弹架上。XM-157发展型有XM-157A，不兼容MK66火箭发动机，空军型号为LAU-32A/A。XM-157B是XM-157A的变型，有更长的发射管，可以安装XM118投放器。虽然XM-157和XM-158这两种型号看起来相同，但确实存在差异，XM-157于1966年被淘汰。

　　XM-158火箭发射器是一种可重复使用的火箭发射吊舱，由7个铝制发射管组成，有2套铸铝支撑段，外部并没有整流罩。该发射器后部装填，发射管可以重新更换，这样就可以重复使用，且便于维修。XM-158有改进型M-158A1，美国空军型号为LAU-68/A。每个发射管后端有一个1.5伏的摆动式点火器，任何一名飞行员都可以使用MK8瞄准具以任意发射组合进行射击。

　　XM-159火箭发射器是一种19管2.75英寸火箭发射器，可重复使用，由19个铝制发射管组成，外壳为铝制整流罩。由于这种发射器更大，在挂弹架和MX-156挂架间有一个调整垫。XM-159改进型XM-159A，其发射管壁厚度由0.045英寸增加到0.055英寸，前后隔板厚度由0.25英寸增加到0.375英寸，增加了电触点质量，所有内部的木管隔板更换为铝隔板。改进后，火箭发射器重量由495磅增加到524磅。

　　XM-159火箭发射器进一步改进，发展有XM-159B和XM-159C。XM-159C改进包括电触点更换为

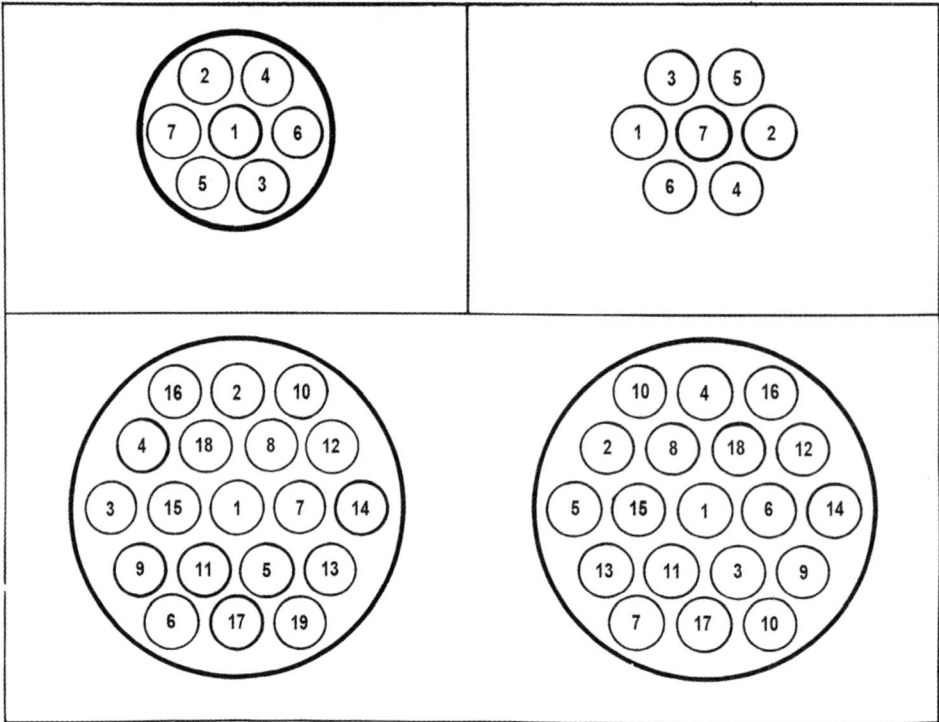

▲ XM-157、XM-158、XM-159 火箭发射器后视图。

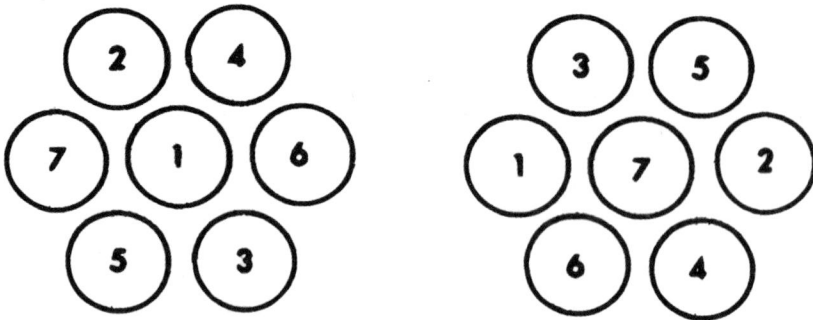

▲ 直升机左侧与右侧 M-158A1 火箭发射器火箭弹发射顺序后视图。

◀ 1968 年 4 月 3 日,第 145 战斗航空营第 334 武装直升机连第 1 排的排长罗纳德·格雷(Ronald Gray)在边和空军基地检查挂在一架 AH-1G 直升机上的火箭吊舱。

▲ 武装直升机火箭弹发射的瞄准界面。

▲ 1968 年 11 月，在藩切前进集结区的第 20 炮兵团第 2 炮兵营"蓝马克斯"（Blue Max）B 连的两架 UH-1B 武装直升机，前景机机鼻带有 B 连的"狮鹫"（Griffin）连徽。

▲ 第 20 炮兵团第 2 炮兵营是世界上第一支航空火箭炮营，由 1 个营部和营部连、3 个炮兵连（A 连、B 连和 C 连）组成，每个炮兵连装备 12 架武装直升机，最初装备的是 UH-1B 和 UH-1C 型直升机，后来由更新式的 AH-1G"眼镜蛇"武装直升机取代。图中这架 UH-1B 武装直升机有该营"蓝马克斯"标志。

▲ 停机坪上第 135 突击直升机连武装直升机排的 UH-1C 直升机正在待命，武装直升机排中有 6 架直升机装备米尼岗机枪、火箭弹和舱门机枪，其余两架则装备了 XM-5 武器子系统、火箭弹和机枪。

▲ 隶属于第 135 突击直升机连的澳大利亚成员在行动前给安装在一架 UH-1C 武装直升机上的 XM-158 火箭发射器装填火箭弹，XM-158 火箭发射器的发射管可以单独更换。

弹簧动作电触点，发射隔板由实心板改为0.375英寸厚的夹层板，发射器长度从49.87英寸增加到59.8英寸。XM-159C于1967年12月—1968年7月16日在阿伯丁试验场进行了试验，环境试验包括模拟了直升机振动、雨水、潮湿、盐雾、沙尘、高低温等环境，主要是评估发射器是否适合在UH-1直升机上使用，测试结果暴露了电气点火电路设计、发射器承受直升机振动、火箭发动机制动器等方面的缺陷，这种发射器被认为不符合预期用途，被要求进行改进以纠正报告中指出的不足。XM-159标准化为M-159，发展型有M-159A1，空军型为LAU-61/A。XM-159与XM-5武器子系统一起使用或单独使用，装备这种火箭吊舱的"休伊"直升机通常被称为"猪"。

XM-200火箭发射器也是一种19管2.75英寸火箭发射器，XM-200比XM-159更长，因此可以通过火箭弹头伸出发射器来轻松识别。XM-200变型有M-200A1，空军型号为LAU-69/A。

武器吊舱

XM-14 武器子系统

这是一种机枪吊舱武器，两个XM-14武器吊舱安装在挂架上，每个吊舱内有一挺12.7毫米M3机枪，配有750发弹药，吊舱直径16英寸，长118英寸。在飞行员位置有一个Mk8瞄准具，可以使用任何一个或两个吊舱进行射击，射速为每分钟1200发。武器系统重量为592磅（包括1500发子弹），弹药重量为225磅。

▲ 第131航空连的两名士兵正在维护OV-1飞机挂载的XM-14机枪吊舱。

▲ 通用战术运输直升机连的 UH-1B 正在进行武器展示，机上挂载的 XM-14 机枪吊舱拆下了整流罩。

XM-18 武器子系统

XM-18最初是为高速飞机设计的一种轻型、全集成的武器系统，融入了空气动力学设计，不仅可装备速度达1.2马赫的固定翼飞机，也可装备直升机。它包括一对密闭在吊舱内部电控操控的7.62毫米M134米尼岗机枪，射速为每分钟2000发或4000发，由一个1500发圆形滚筒来供弹，通过吊耳可以将吊舱安装在直升机或装有炸弹架的飞机上，这种武器也被士兵称为"迷你枪吊舱"（Mini Gun Pod）。尽管这种武器系统在UH-1B上进行了测试，但由于受到弹药供应问题的困扰，在AH-1G武装直升机上使用量有限。XM-18改进型为XM-18E1，标准化为M-18。该武器系统总计生产了842套。

▶ M-18 米尼岗机枪吊舱安装在一架 UH-1B 直升机上，用于测试。

▲ 搭载着 XM-18 吊舱的陆军航空委员会 AH-1G 测试机，机头下方安装有 TAT-102 炮塔。

"婴儿"夜战直升机

在越南战争中，有一种说法——"夜晚属于查理"，指的是游击队利用夜色掩护发动大部分游击战的做法。一份关于早期陆军计划的报告称："游击队虽然受到白天空袭的骚扰，但在过去的夜间行动中享有很大程度的自由。"在"婴儿"（Infant）系统出现之前，美国陆军正疯狂地研制夜视系统，地面作战分部甚至在弗吉尼亚州的贝尔沃堡成立了东南亚夜间作战办公室（South East Asia Night

Operations），以推进夜视作战系统的研发。

为阻止游击队利用黑夜进行攻击，美国陆军最初用在战场上发展的照明系统来应对，后来又采用一些为"休伊"直升机研制的尖端装备来应对。在越南，为"休伊"直升机提供夜间照明的早期尝试是由二级准尉肯尼斯·拉蒙特（Kenneth LaMonte）于1964年设计和制作的，这个临时装备由一根4英尺长的管子安装在直升机两侧的通用挂架上，每侧管子底部有6个炸弹锁，可以携带12枚照明弹。连接到XM-6武器子系统上时，飞行员可以按任何顺序投掷照明弹。当时，在越南的飞行员已经有所行动。

第一种在夜间成功定位并攻击敌人的机载武器系统是1965年年初由第97航空连发展出来的，名为"闪电虫"（Lightning Bug），后来改称为"萤火虫"。这个粗糙的高功率聚光灯系统由安装在一架UH-1B右舱门地板上的7盏高强度的C-123运输机着陆灯构成，安装在金属架上组成探照灯。机组人员可以将这套成本不到1000美元的"萤火虫"安装到他们的"休伊"运输直升机和武装直升机上，使用机载供电系统来供电，手动摆动探照灯光束来搜索。但是这种制作简易的探照灯存在一些问题——太亮，南越技术人员反馈说反光太强，除大型对比鲜明的地面物体外，无法识别地面上的任何东西。实战中，其他侦察直升机和武装直升机跟在后面，跟随的直升机将把利用灯光找到的目标一一消灭。

"萤火虫"任务在夜间进行，除一架直升机上装有一个强大的探照灯外，其他飞机没有任何灯光。带有探照灯的直升机将以500英尺的高度飞行提供照明，另一架直升机或武装直升机会以1000英尺的高度飞行，而第三架会以200英尺的高度飞行。隐藏在200英尺高度飞行的直升机是一架装备着轻型武器和火箭弹的武装直升机，而在1000英尺高空飞行的直升机则装备了12.7毫米口径重机枪。"萤火虫"任务是利用探照灯搜索可疑区域，找到隐藏在黑暗中的舢板、大规模集结的游击队，偶尔还会找到掩体或阵地，发现目标后，武装直升机就会用火力把找到的目标干掉。不过，飞行员发现这些聚光灯也使自己成为诱人的目标，他们显然需要一种能够照亮目标而又不会让机组人员陷入危险的系统。佩奇飞机维修公司（Page Aircraft Maintenance Inc）得到一份合同，要求制造一个"闪电虫"，用于在拉克堡培训飞行员，"萤火虫"的深化改进版本由此产生。

随着战争的进行，美国陆军发现，在夜间，低空飞行的武装直升机无法有效对付敌军，他们得出结论，只有一种集夜间搜寻与获取于一体的系统才具有战斗力和进攻能力。1967年，地面作战部门请休斯飞机公司为UH-1直升机设计夜间作战装备。休斯飞机公司在加州卡尔弗市（Culver）工厂进行AN/ASQ-132夜视器的研制和测试，为此在1968年7月—1969年4月向军方申请了一架UH-1C（序号66-00511），这是唯一一架C型"婴儿"，也是第一架配备了这个系统的"休伊"。整个系统，包括直升机、武器和夜视装备，被称为"易洛魁夜间战斗和跟踪系统"（Iroquois Night Fighter and Night Tracker），即"婴儿"，于1967年由休斯公司在陆军夜视实验室指导下研制。这个系统的核心是一个带有图像增强器的复杂炮塔和一个早期红外摄像机，这两种装备将图像传输到驾驶舱内的2个8.1英寸显示器和机舱区域内的14英寸显示器（后方监视器）上，休斯公司的工程师把整个装置固定在"休伊"机头上。飞行员与副驾驶员可以独立操纵旋转任何一个传感器。直升机上搭载了M-21武器子系统，可以快速向被红外聚光灯照亮并显示在夜视屏幕上的目标射击。

东南亚夜间作战办公室在美国国内进行了测试，证明该系统运行良好，但仍存在一些重大问题，对动力不足的UH-1C来说，这套系统实在是太重了。更为糟糕的是，米尼岗机枪的枪口风暴会使摄像机"失明"，并对其内部造成永久性损坏。为了找到合适的直升机，陆军提议将安装在UH-1H机上更强大的引擎安装到UH-1C直升机上，升级为UH-1M，第一架UH-1M直接用于"婴儿"计划。陆军武器专家通过在机枪所有枪口上安装消焰器来解决枪支问题。陆军武器司令部还制造了一种特殊的"暗曳光弹"，能够产生肉眼不可见的低强度光，这种子弹对于瞄准镜来说不会太亮。

在美国进行广泛测试后，3架配备了"婴儿"夜视系统的UH-1M前往越南进行了进一步常规测试评估，配备"婴儿"系统的UH-1M于1969年11月抵达新山一，稍后在第1骑兵师第227突击直升机营附近驻扎，开始进行战地测试，其中一架配给第191突击直升机连。在接下来的3个月里，特种武装直升机与来自第1骑兵师和第25步兵师的部队协同作战，最终报告评估结论是："'婴儿'提供了更强的夜间作战能力。"不过这个夜视装置在战场测试中反复出现故障，虽然休斯公司代表和陆军技术人员进行了速成培训，但直升机机组人员使用和修理摄像机仍然遇到了麻烦。问题主要出在UH-1M的炮塔上，这套系统主要安装在机头，导致机头承担的重量太大，飞行员担心失去平衡从而影响对直升机的操控。陆军的最终评估报告指出，直升机在直线和水平飞行时速度应限制在100节，在俯冲时应限制在120节。炮塔导致飞机在接近这些飞行速度时有向机头大幅度倾斜的趋势。

"婴儿"系统最大的问题与这个系统本身没有多少关系，当这种设备抵达越南时，第25步兵师的部队已经提出早期"萤火虫"的改进版，就是后面要介绍的"夜鹰"。曾在驻越陆军部队担任二号指挥官

▲ 1971年，第92突击直升机连的66-17038号UH-1H直升机"夜母马"（Night Mare）停在专用停机坪上，该机机身整体被漆成了黑色，拥有由两套氙气探照灯和C-130着陆灯组成的探照灯系统，右侧装备着12.7毫米的XM213机枪，左侧装备着米尼岗机枪。该机1967年12月—1971年9月在越南服役并幸存，共飞行3120小时，1970年5月—1971年9月在第92突击直升机连服役。

▲ 1966 年 2 月，朔庄的第 13 航空营一架 UH-1B 直升机上安装着由一套来自 C-130 运输机的氙气灯组成的探照灯。

▲ 第 190 突击直升机连的一架夜战直升机安装着米尼岗机枪和探照灯。

▲ 第 120 突击直升机连的一架照明直升机安装着米尼岗机枪和探照灯。

前   侧视图

UH-1H 指挥与控
制直升机

航速 60 节

"婴儿"直升机

两架直升机直线距约 1000 米

航速 60 节

"婴儿"直升机

距地面高度
1600~1800 英尺

装备 12.7 毫米
重机枪

UH-1H

距地面高度
600~800 英尺

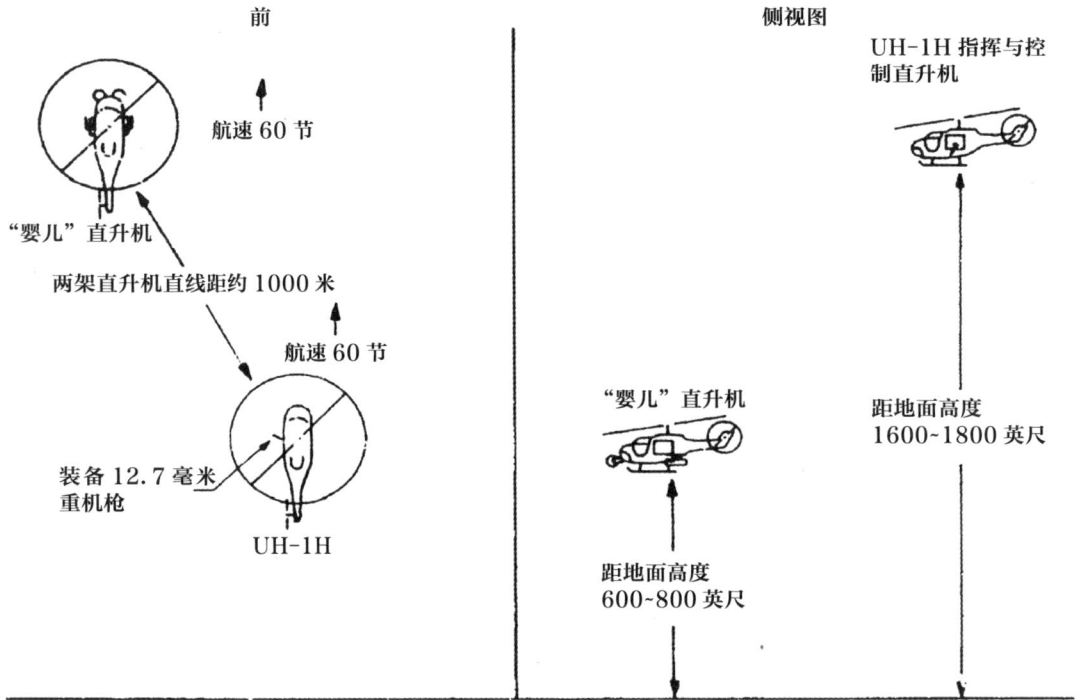

▲ 虽然 UH-1M "婴儿"能在几乎完全黑暗的夜晚自主搜索、获取和攻击目标，但与其他直升机配合效果更好。图为与一架装备
有 12.7 毫米重机枪的 UH-1H 指挥与控制机进行双机配合使用的战术图解。

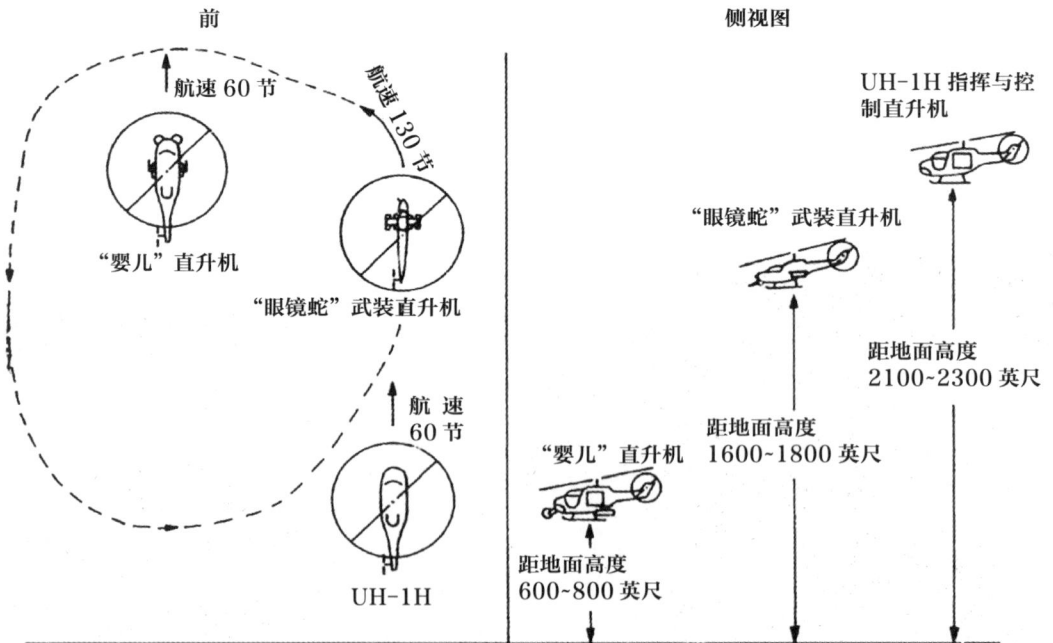

前   侧视图

UH-1H 指挥与控
制直升机

航速 60 节   航速 130 节

"婴儿"直升机

"眼镜蛇"武装直升机

"眼镜蛇"武装直升机

距地面高度
2100~2300 英尺

航速
60 节

距地面高度
1600~1800 英尺

"婴儿"直升机

"婴儿"直升机

UH-1H

距地面高度
600~800 英尺

▲ "婴儿"使用更为复杂的猎杀战术，这种战术典型的组合包括 1 架 UH-1M "婴儿"担任猎人，1~2 架 "眼镜蛇"武装直升机
担任杀手，1 架 UH-1H 运输直升机担任指挥与控制机，事实证明，这种战术编队是使用 "婴儿"系统最有效的编队。

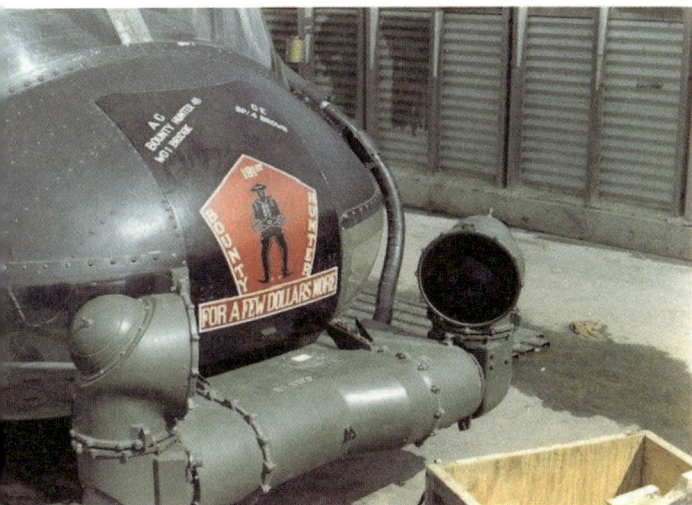

▲ 1970 年，芹苴，第 191 突击直升机连测试使用的一架搭载着"婴儿"夜视系统的 UH-1M 直升机，机鼻饰有连徽。

▲ 安装"婴儿"夜视系统的 UH-1M 直升机正在夜空中射击，安装在机枪上方的红外探照灯特别明显。

的弗兰克·米尔德伦（Frank Mildren）中将在一份官方汇报中写道："我们得出结论，'婴儿'是一种有效的、隐蔽的夜间武器系统，但与'夜鹰'相比，我怀疑它的成本效益。"最重要的是，陆军已开始采用更快的 AH-1"眼镜蛇"，在试验期间，改装后的 UH-1M 通常会为"眼镜蛇"发现目标而并不是自己直接射击。最后，陆军评估人员得出的结论是这个项目过于复杂，建议从休斯装备中获得有益的经验转而研制改进装备，放弃了在"休伊"直升机上安装一种新型红外摄像机的计划。

"夜鹰"夜战直升机

在越南夜间作战行动中，随着战事的发展，"夜鹰"逐渐成为一种固定装备。它是一架配备了特殊装备的 UH-1H 直升机，这种装备赋予了它独特的不被敌人发现的能力。直升机后舱内左舱门射手位置安装了氙气探照灯，与夜视仪固定在一起，

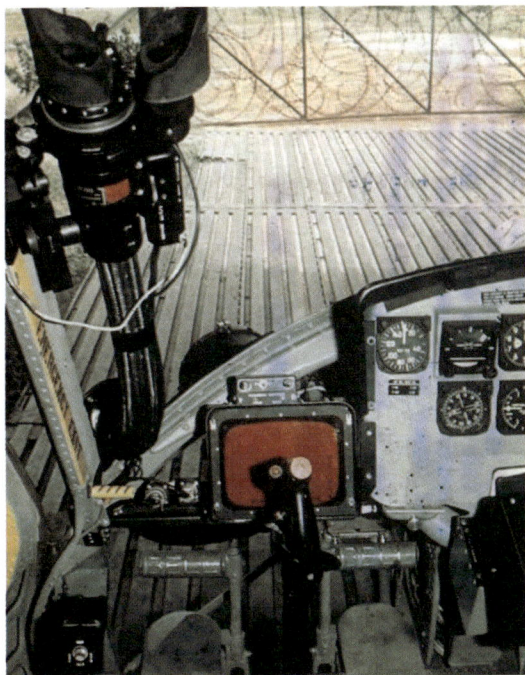

▲ UH-1M"婴儿"系统驾驶舱特写，显示了监视器和米尼岗机枪瞄准具。

氙气探照灯最初是从被击毁的 M551 坦克上取下的 AN/VSS-3A 轻型氙气探照灯，这是一种防水防风的车载探照灯，可提供红外和可见光光束，对应有两种操作模式，用于在夜间行动期间照亮战场或其他战术区域。当探照灯以红外模式工作时，操作员可以使用夜间观察设备观察地面上的物体，而不会暴露其位置。此外，红外光还增加了直升机的安全范围，使直升机能保持在 1000 英尺以上。当捕获到一个目标

时，操作员会通知位于左侧飞行员座位后面的舱门射手，舱门射手配备了装有枪架在当地制作的米尼岗机枪，他会以每分钟1500发的射速开火，这种射速对射手来说游刃有余，就算以每分钟4000发的射速射击，射手也不会遇到控制问题。

在行动中，操作员和舱门射手之间的密切协调至关重要，使用红外模式时，舱门射手是看不到任务目标的，操作员必须在10点方位（12点方位是直升机机头方位）、400米处给出方位以及目标与机枪的大致距离。如果情况允许，机长将向其他机组成员简要介绍情况，灯光操作员会给其他机组人员3秒倒计时，并将红外模式切换到白光，目标立即就会被突然照亮并遭到毁灭性的准确打击。

在直升机右侧，两名手持M60机枪的舱门射手负责为直升机提供保护。除了看到目标，他们无法以其他方式检测到目标。在灯具操作员和米尼岗机枪之间，还有一名舱门射手手持可自由活动的M60机枪提供额外的火力，以确保火力完全覆盖被捕获的目标。通常"夜鹰"每次任务都会携带8000~10000发7.62毫米子弹，等夜间行动结束时，大部分子弹都被消耗掉了。

从上面的介绍中，可以看到机组人员之间的作战配合是最重要的，为此一个机组会被永久性地指定驾驶"夜鹰"直升机。虽然这些人员不能在执行任务的第二天继续参加任务，但直升机可以在不到30分钟时间内就重新转换为运输直升机。通过这种直升机的使用，部队的侦察能力和夜间打击能力得到了提高，并且没有明显降低部队直升机的可出动率。

"夜鹰"的任务非常简单——找到并消灭敌人。执行任务时，"夜鹰"通常单独行动，这样它可以自由漫游，直升机上安装的火力使其能够打击几乎任何目标。"夜鹰"直升机将在1000~3000英尺高度飞行，它会被夜色完全遮挡，这样，地面上的游击队员可以听到直升机但看不到它，这增加了战术突然性，大大降低了遭到地面火力反击的可能性。这架几乎看不到的直升机并不是天空中其他友军飞机的噩梦，直升机由雷达跟踪，附近或接近的飞机会得到地面控制员足够的警告，以便采取规避机动。

"夜鹰"可以在指定的区域漫游，最主要的作用是发现敌军并与其交战。除此之外，还可以用来在夜间支援在驻地或火力基地的特定地面部队。执行这些任务前，需要事先与地面部队沟通协调好。在执行第一种任务时，这个地区通常是一个已知的敌方据点，没有友军驻扎。任务指挥官必须对指挥作战区域以及最近的友军位置（如果有的话）有所了解，以避免误伤。当然，所有必要的通信频率，直升机在出发前都会协调知晓。在出发执行任务前，它最好还要获得与机会目标交战的许可，这样可以争取尽可能多的战果。如果行动地区被认为是一个热区，那么一架武装直升机会伴随"夜鹰"以提供额外的保护，或者使用火箭弹打击大型目标。在这种情况下，武装直升机会关掉所有灯光飞行，而"夜鹰"只使用防撞灯。

支援一个特定的地面部队时，必须更详细地了解伏击巡逻队、监听站等友军的位置。事实上，来自受援地面部队的观察员可能就在机组人员当中，这样便于确定位置或允许开火。"夜鹰"以这种方法来支援基地和夜间的大型阵地，并被证明非常有效。此外，这种直升机还对游击队造成了心理影响，因为夜晚曾经属于游击队。在过去，游击队在日落和日出之前几乎可以自由移动和进攻，面对美军采取的"夜鹰"战术，这种行动就必须要考虑了，在任何距离上，在夜间成群结队地移动都不再安全。一旦听到直升机的声音，行军队伍就必须停止并隐蔽，不能冒险把它当成其他飞机。除了对敌军，对受援单位也产生了心理影响，有这样一架直升机在头顶盘旋，地面部队的士兵可能会松一口气。

▲ 这是一架 UH-1H "夜鹰" 的左侧，安装有通用电气的 M134 米尼岗机枪和由 AN/TVS-4 星光夜视仪和 AN/VSS-3A 氙气探照灯组成的夜视综合体，其右侧搭配武器通常有 .50 口径重机枪。这是标准配置的 "夜鹰"。

▲ 来自第 120 突击直升机连的一架 UH-1H "夜鹰"，配备有 M134 米尼岗机枪、AN/VSS-3 氙气探照灯和 AN/TVS-4 星光夜视仪。

催泪集束炸弹

　　在越南战争中，陆军航空兵使用了催泪集束炸弹，包括 XM-15、E-158 等型号。XM-15 集束炸弹是和 E-158 集束炸弹完全相同的武器，并取代了 E-158 集束炸弹。这一种包含有催泪毒气的杀伤性武器，能够快速使用催泪毒气覆盖大面积区域，可在突击前用于对付防御方，可用于在着陆区附近压制防空火力，可用于侦察，也可用于战斗情况复杂的敌控村庄，还可用于切断与敌联系。这种集束炸弹由 8 个模块、1 个引信杆组件和 1 个引信组件组成。这 8 个模块由模压的沙林（Surlyn）塑料制成，被热封在一起。每个模块内部有 33 个 XM-16 催泪弹，整个集束炸弹总共装有 264 个 XM-16 催泪弹，催泪弹为铝制，内部充填有催泪与烟火混合装药和引信。XM-15 由运输直升机（UH-1 和 CH-47）运输，机组人员在拔掉像手榴弹一样的保险销后，将这个集束炸弹从直升机上扔出去或踢出去，引爆线会引发机械计时引爆药，最后雷管会撞击撞针引爆，从而引爆烟火延迟引信，最终引燃催泪弹并从塑料模块中弹出，将区域目标用催泪毒气覆盖，催泪弹释放毒气时间为 4~6 秒。

　　集束炸弹可从离地面 700~4000 英尺高度的飞机上投放，机械定时引信必须设置在 400~500 英尺高度，如果低于 700 英尺最低高度空投的话，其模块将没有时间完成启动引爆程序，可能就无法实现引爆和目标覆盖。一枚弹药将覆盖半径约 40 米（约 5000 平方米）的区域，具体需要弹药数量将通过对目标效果的观察来确定。

　　除了 XM-15 集束炸弹，还有 XM-165 集束炸弹。XM-165 实际是将两个 XM-15 集束炸弹安装到一个定位板上组成，可以由直升机挂载。有一个爆炸螺栓可由飞行员控制。这种螺栓被引爆

▲ 1969 年，来自第 25 步兵师的一架直升机装载有 XM-15 集束炸弹。

▲ 停在室外水泥地面上的一架 UH-1B 安装着一套 M-6 武器子系统，并挂载着 XM-165 集束炸弹，陆军标志画在尾梁上，可以看到有个戴着头盔的人在驾驶舱内。

后，两个集束炸弹就在定位板上4个钢板弹簧作用下被推离直升机。XM-165集束炸弹可由在700~4000英尺高空以0~300节速度飞行的飞机进行投掷。

人员嗅探器

越南战争期间，由于气候潮湿、森林茂密等原因，许多传感器都无法穿透，而且游击队会挖掘数英里长的地道隐藏，可能会在美军眼前消失，找到敌军变成了难题。美军在与游击队作战中尝试了一些相当离奇的技术创新，例如第一代星光夜视仪，能在黑暗中发现敌人。为了找到探测敌军的方法，美军尝试了多种办法，包括使用落叶剂，研发了无人值守的地面传感器，还有人员嗅探器（Airborne Personnel Detector，缩写APD）。

人员嗅探器是一种可以真正嗅出人的电子鼻子。这项技术实际上并不是一个全新的概念，此前海军已经在P-3等侦察机上配备了通用电气的ASR-3，可以分辨出潜水艇尾气的气味。人体分泌物，如汗液和尿液，其成分中有氨，与盐酸结合产生氯化铵，氯化铵是一种微粒，可以被检测到，而这项技术就是基于检测尿液和汗液的化学痕迹来定位隐藏的敌军。1965年，在ASR-3的基础上，通用电气为美国陆军化学兵研发了人员嗅探器。化学军官设计侦察任务时，化学兵学会了如何进行侦察行动，这种行动后来被称为"史努比行动"（Operation Snoopy），执行史努比任务的机组人员会佩戴一种与众不同的徽章。

人员嗅探器的第一个版本是XM-2人员嗅探器单人背包，也称为E-63人员嗅探单人背包，由一个背包式传感器和一个安装在M16步枪末端的进气管组成，它可以检测比步兵射程还远的汗水、篝火烟雾和尿液。1967年部署试用，由陆军科学顾问小组派遣约翰·巴尔德施维勒（John Baldeschwieler）到越南进行试验来确定人员嗅探器检测的能力。根据报告，XM-2有几个缺点，最重要的是嗅探器虽然工作起来很好，但过于敏感，经常不仅检测到敌人的汗液和尿液，还可以检测到携带它的士兵和其单位中他人的汗液和尿液。为了解决这个缺陷，这套设备只能由侦察点或至少在逆风方向使用。另一个问题就不容易解决了：这个重达20磅的装置在使用过程中会发出巨大的声响，让隐秘探测的希望破灭。对手在知道这种装置后，立即通过在树上挂上一桶桶尿液的方法来转移注意力吸引美军，然后再转移到其他地方。

后来新版本的XM-3取代了XM-2，它不仅可以安装在背包中由地面部队使用，也可以安装到OH-6、OH-58和UH-1直升机上。这个探测装置有两个相同的独立单元，以两种不同模式工作。配备XM-3的直升机在垂直于风向300英尺范围内执行任务，距离地面或树木50英尺，并伴随有两架武装直升机。一架直升机携带嗅探器，一架武装直升机作为导航员在至少500英尺高度飞行，另一架武装直升机在嗅探器后方不超过50英尺的地方跟随并负责掩护。嗅探器有两个非常大的采样器，连接到直升机两侧，然后采样器通过软管连接到一个特殊的位于无线电控制台后面的控制台，控制台上有一个遮阳板，这样操作员就可以把头伸进去，读出读数。在建立30~40个单位的背景水平读数后，操作员会使用一组阿尔法代码（ALPHA、BRAVO、CHARLIE和DELTA）来传达读数。如果有人在，则读数就会指出来。

实战表明越南的高湿度实际上提高了嗅探器读数的准确性，尤其是在雨水冲走背景气味之后，但是大风天气、附近有村庄或最近交火的残留都可能影响探测效果。一旦嗅探器感应到大量氨气或篝火的烟雾凝结核①超标，或者收到最大读数，就会召集空袭，或者派出部队，或者使用大炮轰炸，或者使用催泪瓦斯迫使敌人逃离。

执行人员嗅探任务的直升机执行这项特殊任务时，为了确保空气中人体气味受空气影响最小化，采样时直升机必须飞得尽可能低，而且还必须以最快速度进行采样，这样机器才能更好地完成工作。但这也意味着影响飞机安全。

执行这种任务也充满着危险，1967年8月—1968年8月，在第4骑兵团第3中队D骑兵连服役的拉里·帕特森（Larry Patterson）就曾经历过。当时他得到了一个人员嗅探器，他将其装到了UH-1D直升机上。有一天，他驾驶这架直升机飞行，战友鲍威尔（Powell）驾驶一架刚刚维修完的UH-1C武装直升机，想顺便"检查一下"。根据计划，人员嗅探器探测到一些东西后，帕特森就通知鲍威尔，后者立即发射了一组火箭弹。但显然一切并没有按照约定正确执行，因为一枚火箭弹在帕特森直升机右侧舱门外爆炸，于是他立即取消任务——他要回去换裤子！此后帕特森再也没见过什么人员嗅探器。

第1骑兵师于1971年2月13日执行人员嗅探任务时，发生了一起悲剧。指挥当天试验的是曾担任第1骑兵师第2旅化学官和作战与训练官助理的弗雷德里克·菲利普·史密斯（Frederick Phillip Smith）上尉，他被分配到第1骑兵师师部直属连的连部，担任师化学军官的助理。史密斯生于1946年3月6日，家乡是俄克拉荷马城，他于1970年3月23日抵达越南。事发当天，负责支援的有第20炮兵团第2营营部炮兵连连部和一架UH-1H直升机，由第184化学排的士兵提供协助。试验使用美国空军一枚BLU E-158催泪集束炸弹，不知何故，在部署炸弹的过程中，这枚炸弹被引爆，史密斯上尉的衣服着了火，他被严重烧伤。虽然被大火和烟雾弄瞎了双眼，史密斯还是把炸弹推出了直升机。不过，在混乱中，史密斯跟着弹药从1500英尺高空坠落身亡，直升机上其他人被烧伤，有一些人伤势严重。

对这种设备，有一些军人持怀疑态度。第25步兵师在1967年参加了首次使用测试，有的飞行员当

---

① 凝结核是凝结过程中起凝结核心作用的固态、液态和气态的气溶胶质粒。

▲ 1967 年 1 月 31 日，安溪，来自第 1 骑兵师第 7 骑兵团的一名军人背着 XM-2 人员嗅探器单人背包，手持的 M16A1 步枪上装着采集空气的进气管。

▲ XM-3 人员嗅探器的存档照，左侧是这种探测器的技术手册。

◀ 来自第 199 步兵旅第 503 化学分队的一架"泥鳅"安装着人员嗅探器，采集空气的软管绑在滑橇起落架上。这个分队的任务包括在轻型观察机和 UH-1 直升机上使用人员嗅探器执行探测任务。

即表示不喜欢这种东西，主要是因为无法确定收集物是在哪里采集的，而且也不知道采集的是人类尿液还是动物尿液，认为这纯粹是浪费弹药、燃油和时间。一名参加过越战的澳大利亚军人的经历就说明了一些人为什么对这种设备持有怀疑。彼得·罗杰斯（Peter Rogers）2002年就向采访者讲述了他的一次经历。有一次他飞过一棵有30个或40个鸟巢的大树，直升机飞过其上方时操作员说探测器测得最大值。罗杰斯立即用无线电说道："不，取消，我们刚刚飞过一棵满是鸟巢的树！"但为时已晚，这已经被写

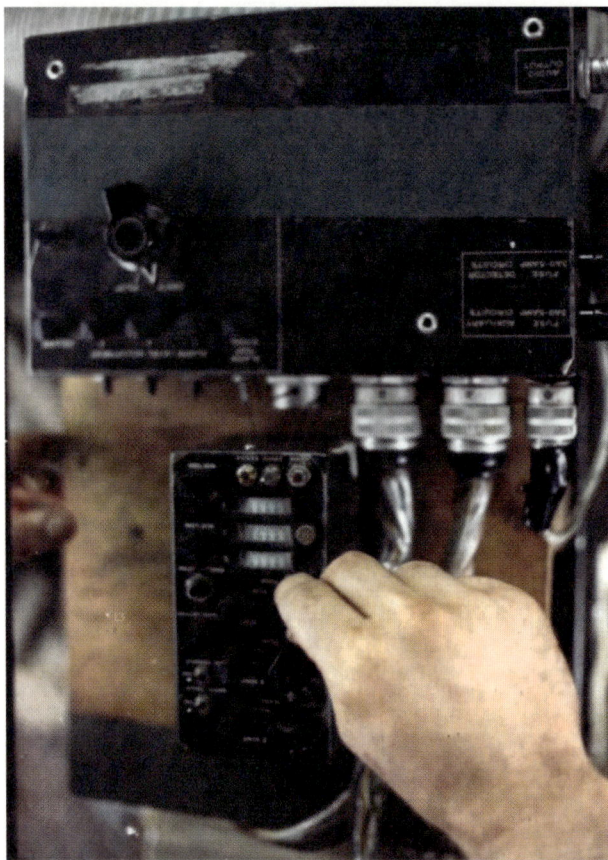

▲ 1967 年 10 月 1 日，安装在一架 UH-1D 直升机上的机载人员嗅探器控制装置特写。

到了记录中，第二天就动用了B-52轰炸机轰炸了那棵树。

有人怀疑，也有人对这种探测器持肯定态度。据称，第9步兵师指挥官朱立安·尤尔（Julian Ewell）中将和他的参谋长艾拉·亨特（Ira Hunt）少将就赞扬了直升机携带的人员嗅探器。两位将军声称："超过33%的重要读数得到了作战联络人的确认。"两位将军还驳斥了关于动物误报的报告，同时称尿桶诱饵并不常见。在越南的一些部队也称赞了这种探测器，第101空降师在1967年的一份报告中称，这种设备"在目视侦察无效的茂密植被区域有效地产生了情报"。有意思的是，1967年，美联社注意到了20磅重的嗅探器在一些部队中受到欢迎，1967年6月9日出版的《时代》杂志还称赞了这项发明。

其他系统

"休伊"直升机使用了大量在越南战争期间发展起来的除武器系统外的无数系统，有一些是作为标准装备提供的，有一些是野外部队设计和制造的，还有一些是研发用于试验和评估的。这其中有增加航程的燃料箱，一种是由两个150加仑的燃料箱组成，装在载员舱内；另一种是一对60加仑的铝制泪滴形燃料箱，安装在机尾固定的塔架上。其他设计包括各种各样的照明弹箱、照明设备、泰勒相机架、坠落飞机的回收装置、喷雾装置、消防装置、投弹装置、插入与撤离设备和降落伞装置等。

1963年，陆军越南概念小组发起了一个项目，以评估赫利伯姆指挥站（HCP）——它更广为人知的名字是"指挥与控制'休伊'"。在一些简易的指挥与控制直升机在野战部队中获得有限的成功后，陆军电子研究与发展实验室研制了4套系统，这些系统于1963年12月被送往越南。第一架装备HCP多路无线电控制台的是一架UH-1B，由于该机续航时间有限，因此在长凳座位下沿安装了一个额外的50加仑油箱，这样就有了两个小时的续航时间。由于这个系统的重量原因，UH-1B型指挥与控制机没有装甲座椅，因此它的飞行高度比其他直升机更高，指挥与控制机平均有4名军官操作货舱内的无线电控制台。有一个版本的指挥与控制系统太大，它的单边无线电必须安装在尾梁内。指挥与控制直升机很容易通过天线的数量来识别，无线电的类型与位置取决于所携带的无线电组合。

有一种常用的系统是装在舱内的救援绞车，它由一根将绞车固定在直升机地板和舱顶的垂直柱子、一个吊杆和一个电动绞车组成。绞车的吊绳长256英尺，可以承载600磅的重量，直升机舱内有4个位置可以安装。空军的"休伊"和一些陆军型号的绞车使用了一种丛林穿透钩。

　　1972年4月，SA-7便携式防空导弹进入广治省，到6月中旬，盟军机组人员报告使用了145个发射器。预计会受到地对空导弹武器的威胁，美国陆军1967—1971年为"休伊"和AH-1G"眼镜蛇"购买了1000多套红外抑制器。它们由安装在发动机尾部整流罩前面的尾管上的气流面板组成，气流面板经过了重新设计，可以遮蔽发动机高温部件以降低外露面的高温辐射，减少被导弹锁定的发动机红外信号。这些红外抑制装置成为陆军和其他战斗直升机的标准配备。然而，直升机机组人员很快了解到，对付SA-7导弹的最佳防御策略是在50英尺以下超低空飞行。

　　越南的空中机动理论有一个创新——"烟雾船"（Smoke Ship）。由于需要保护飞行和机组人员免受轻武器攻击，使用烟雾来遮蔽视线作为一种战术尝试可以追溯到一战。越南南部省份和沿海地区主要地形是开放的运河和稻田，为了便于运输和农业种植，这种地形被人为改造已经有上千年，这也为游击队提供了现成的堤坝和树木线，可供他们隐藏而不被发现，因此，要阻挡游击队有效射击的最简单方法就是阻挡他们的视线。1964—1965年某个时候，"烟雾船"首次由第145航空营投入使用，该营成为在越南第一个执行"烟雾船"任务的航空营。1966年，第145航空营的"探路者"分队负责飞行并维护UH-1B"烟雾船"，这一年"烟雾船"通常由分队指挥官霍默·赫德森（Homer Hudson）上尉驾驶，该营的其他军官担任副驾驶。

▲ 1968年，朱莱，第176突击直升机连的66-16828号UH-1H直升机"滑膛枪轰炸机"（The Musket Bomber）使用自制的迫击炮弹空中投掷器进行对地攻击。图中从左至右依次是机组长拉里·米勒（Larry Miller）、未知军人、巴泽（Buzz）、机长埃德·菲茨西蒙斯（Ed Fitzsimmons）、汤姆·瓦赫登（Tom Wahden）和舱门射手马丁·奥乔亚（Martin Ochoa）。该机1968年2月—1969年7月累计飞行639小时，1968年2—6月在第176突击直升机连服役，在调给第68突击直升机连后于1969年7月17日损失注销。

▲ 第 176 突击直升机连的几名士兵在直升机上给 81 毫米迫击炮弹安装引信。

▲ 第 176 突击直升机连的雷·赛乐斯（Ray Cyrus）正将一枚迫击炮放入投掷器滑槽内。

◀ 第 118 突击直升机连于 1968 年获得了额外的 UH-1H 直升机来作为"烟雾船"使用，货舱增加了燃料箱和泵，行动前施放浓密的烟雾形成雾墙遮挡视线，掩护直升机着陆。

　　发烟系统组件包括一个50加仑的自密封油箱，位于货舱内变速器舱壁的前面，SGF-2"雾油"通过软管由油泵从油箱的两侧泵入安装在排气管周围的24个喷嘴的喷环，雾油喷入发动机排气产生滚滚烟雾，在旋翼的帮助下烟雾向后向下翻腾，在飞行的直升机后方形成一道烟雾墙。UH-1C直升机也有一个类似的使用两个55加仑油囊的装置，可以产生约8分钟的烟雾。这种系统被称为XM-52，也常被称为"污染"（Pollution）或"吸烟者"（Smoker），在各航空部队得到了广泛的使用。

　　在执行任务时，发烟直升机会在运输直升机前一分钟左右抵达，然后会俯冲到低空，在稻田上方与树线或堤防线平行，以50~80节的空速低空飞行，然后会发出密集的白色烟雾，在降落区和可疑的阵地间形成一道烟雾墙以阻挡视线，而后运输直升机会在烟雾中降落，这为突击部队和伤员撤离提供了足够时间的保护。假如当时风并不太大，这种战术非常有效，烟雾会在地面附近停留4~5分钟。但是，执行这种任务对于"烟雾船"机组人员来说非常危险。由于执行这种任务时飞行速度缓慢而且飞行高度很低，非常容易遭到攻击，这促使部队在舱门上安装了12.7毫米机枪或米尼岗机枪，用来提供自卫和压制火力。

▲ 在越南，许多航空部队都参加了化学战，执行落叶剂喷洒任务，为此给直升机安装了相应的喷洒设备，图中第175突击直升机连的这架"亡命之徒18"直升机上安装了此种设备。

▲ 1969年7月26日，来自第335突击直升机连的一架UH-1D直升机正在三角洲茂密的丛林地区喷洒落叶剂，这给越南造成了深重的灾难。

　　直升机在武器装备方面的成功发展也突出表明，需要一种更快更灵活的直升机来执行攻击和火力支援任务。贝尔公司在研制直升机过程中很早就认识到了这个问题，早在1958年，贝尔公司就提出了一种基于"休伊"动力、旋翼和尾梁的双座版本武装直升机，最终发展成为AH-1G"眼镜蛇"武装直升机，越南战争加速了第一种专用攻击直升机的发展。

　　在越南战争中，飞行员和其他机组人员非常依赖他们的飞行机器，并逐渐学会了与飞行机器作为一个整体来生活和作战，与直升机的配合达到了近乎完美的状态。通常，机组人员会给他们的直升机起名字，并采用徽章标志、文字图案来装饰他们的爱机，使直升机更具个性。 在越南频繁、猛烈的阵雨浸透丛林的时候，直升机会为机组人员和士兵们遮风挡雨。回到基地后，直升机会为军人们遮挡灼热的阳光，旋翼叶片有时会被用作桌子或长凳，它们给士兵提供了休息的场所，融入了他们的日常生活。对于一名在越南服役的美国军人来说，直升机是他们日常生活和战斗的一部分，它可以被看到、闻到、听到和感觉到，直升机无处不在并随处可见。

美国陆军航空器代号

1956年美国陆军航空器代号系统

美国陆军于1956年引入陆军代号系统，取代了成为美国空军的美国陆军航空队所使用的代号系统，直到使用三军统一的代号系统。

代码	原文	机种类型	示例及1962年变化
AC	Airplane, Cargo	飞机，运输	AC-1，"驯鹿"，1962年变成CV-2
AO	Airplane, Observation	飞机，观察	AO-1，"莫霍克"，1962年变成OV-1
AU	Airplane, Utility	飞机，通用	AU-1，加拿大德·哈维兰公司"水獭"，1962年变成U-1
HC	Helicopter, Cargo	直升机，运输	HC-1B，波音伏托尔V-114，1962年变成CH-47
HO	Helicopter, Observation	直升机，观察	HO-6，休斯轻型观察原型机，1962年变成H-6
HU	Helicopter, Utility	直升机，通用	HU-1，"易洛魁"，1962年变成UH-1
HZ	Helicopter, Experimental	直升机，试验	HZ-1，德·拉克纳公司平衡驱动直升机
VZ	VTOL, Research	垂直起降飞机，研究	VZ-10，洛克希德"蜂鸟"，1962年变成XV-4

1962年美国三军航空器代号系统

麦克纳马拉成为国防部长后，肯尼迪总统发现美军不同军种的航空器使用不同的代号系统，三军命名系统之间的差异令人困惑，因此他命令为三军设计一个更加简单的代号系统，于是以空军1948—1962年的命名规则为基础，国防部于1962年7月6日发布了国防部第4506.6指令，因此诞生了1962年9月18日三军统一的美国三军航空器代号系统，统一了美军所有军种的航空器命名规则，包括陆军、海军、海军陆战队和海岸警卫队，结束了以前的混乱情况。基本格式为：状况代号—任务变更代号—机种代号—类型代号—序列代号—改型代号。

新代码	机种类型	示例
CH	运输直升机	CH-21C "肖尼"
UH	通用直升机	UH-1B "易洛魁"
OH	观察直升机	OH-13E "苏族"
CV	垂直起降/短距起降运输机	CV-2B "驯鹿"
OV	垂直起降/短距起降观察机	OV-1A "莫霍克"

航空器型号组成及含义

1.状况代号，位于机种代号或任务变更代号之前，下列符号用作航空器名称前缀时，表示航空器的状态：

G—表示永久停飞

J—表示临时性特种试验

N—表示永久性特种试验

X—表示试验原型机

Y—表示原型机

Z—表示处于计划或研制初期状态

2.任务变更代号，用下列符号作为航空器名称前缀时，表示该航空器在基本用途基础上所做的改进：

A—攻击

C—运输

D—指令

E—特种电子设备

F—战斗

H—搜索与救援

K—空中加油

L—寒带用

M—载导弹用

O—观察机

P—巡逻

Q—无人机

R—侦察

S—反潜

T—教练

U—多用途

V—专机

W—气象观测

3.机种代号（基本用途后缀），下列符号作为航空名称后缀时，表示航空器设计基本任务：

A—攻击机

B—轰炸机

C—运输机

E—特种电子战机

F—战斗机

K—空中加油机

L—激光测试机

O—前进观测机

R—侦察机

S—反潜机

T—教练机

U—多用途机

X—研究机

4.类型代号，用于表示航空航天飞行器类型，不属于航空航天飞行器的则不需要此代号：

D—无人机控制段（指无人机地面控制设备）

G—滑翔机

H—直升机

Q—无人机

S—有翼机

V—垂直起降和短距起降飞机

Z—浮空器

5.序列代号，这个数字应为连续序号，序号并不能与其他字母序列混淆，也不能与制造商型号序号重合，设计序号由半字线（–）与其左侧的代号分开。

6.改型代号，表示某一特定设计的首批生产型和随后的改进型号，用后缀字母来表示对原始设计的重大修改，为避免与数字"1"和"0"混淆，字母"I"和"O"不予使用。

附录 2

陆军飞机序号

1907年8月1日，美国陆军通信兵组建了航空科。1908年，美国陆军购买了第一架重于空气的航空器——一架莱特A型飞机，其序号是1，购买更多飞机后，陆军就按照购买顺序分配了序号。由于当时记录相当不完整，有许多矛盾和令人困惑的地方，并且经常出现一架飞机重新修复后被分配一个全新的序号的情况，例如有一架DH-4飞机在其生涯中至少有4个序号。经过一段时间后，军方对序号进行了规定，200号段留给水上飞机，40000号段留给实验飞机，94000号段留给原型机和正在评估的飞机。

1914年7月18日，新成立的通信兵航空处取代了航空科，1918年5月20日更名为陆军航空勤务队，其连续序号方案一直持续到1921财政年度（即1921年6月30日）结束，当时序号已至69592，还要加上1919—1921年的94022至94112范围内的特殊实验采购号段。

从1921年7月1日（1922财政年度起始日期）开始，根据每个财政年度的采购情况，美国陆军飞机采用了新的序号系统。现在，每个序号都包含一个基本号码——对应于分配资金用于制造飞机的财政年度最后两位数字，以及一个序号，表明特定飞机在该财政年度内订购的顺序，例如22-1飞机是1922财政年度订购的第一架飞机。这个序号反映的是飞机订单所在的财政年度，而不是交付的年份，从下订单到飞机实际交付可能要相隔多年。

第一次世界大战后，根据1920年的《陆军改组法案》，航空兵成为陆军的一个战斗兵种。根据1926年的《航空兵法》，1926年7月2日，陆军航空勤务队改称为陆军航空兵，但其在陆军中的战斗兵种地位并未改变。为了应对战争危险，陆军航空兵大力扩编，1941年6月20日更名为陆军航空队。1947年9月18日，陆军航空队从陆军独立出来后成为独立的军种——美国空军。在这些变化过程中，较早期确定的财政年度序号制度保持不变。空军成立后，陆军继续使用相同的飞机序号系统，因此陆军和空军的飞机序号就混合出现在相同的财政年度当中，没有间隙和重叠。

大概在美国空军正式成立的同时，美国国防部颁布了第5304.9003号规定，要求飞机序号至少有三位数，这意味着如果财政年度单个序号小于100就需要使用"0"来填充，使其长度达到三位数以符合规定，例如49-1在官方文件中就写成49-001。大于9999的序号使用五位数书写。1958年，序号最小位数提高到四位数，因此1958年的飞机序号就从58-0001开始。

虽然陆军从1964年就开始使用五位数序号，但当时实际上使用的是四位数和五位数的混合编号。1966年（1967财政年度），陆军开始使用五位数的序号，序列从15000开始，这些序号大于美国空军使用的任何序号，这样就不会混淆两个军种的飞机。此外，在空军序号中分配的陆军序号通常用额外的0填充，使序号总共有5个数字。但由于有一些混乱，这个规范并没有被完全遵循，有许多飞机序号偏离了这个规范，因此可以看到1966年前有一些陆军飞机的序号并不是五位。1971财政年度，陆军直升机采用了新序号，从20000开始，并一直持续至今。

　　飞机的机尾或垂尾上显示的尾号（或直升机的挂架编号），最初几年是相当一致的，使用财政年度的最后一个数字和序号4个数字组成。开始使用五位数序号后，就采用了一种混合的尾号，只有5个数字而没有年份（有时前导号是零），也有的显示年份最后一位数字以及所有五位数序号来表示。有时，显示年份的两个数字都会被涂掉，然后只显示五位数的序号。如第81运输连（轻型直升机）CH-21序号为U. S. ARMY 115896，表示于1951财政年度采购，序号为15896（1951年采购了一批序号15881至15913的33架H-21C）。1957年进行了一次更改，当时将尾部或垂尾序号最大位数设置为五位，依据以上标准将使用序号最后五位，这样序号可能包括也可能不包括采购年度的最后一位数字。例如第18航空连的U-1A"水獭"序号为：U. S. ARMY 81713，表示1958财政年度采购，序号为1713（1958年从德·哈维兰加拿大公司采购了一批40架U-1A，序号1681至1720）。

　　有时候，陆军直升机使用序号的最后三位数来作为呼号，陆军技术报告中通常称之为飞机无线电呼号（Radio Call Numbers）。也可以经常看到序号的后三位数字被画在机头、侧窗或突出显示在塔架上。直至今天，许多资深的陆军飞行员提及他们以前的飞机时都只称呼序号中"末尾三位数"。

　　此外，制造商序号也值得一提。一架飞机被制造出来时，制造它的公司会给它分配一个制造商的序号，这个数字通常显示在安装在飞机内部某处的牌子上。飞机被卖给军方时，国防部会给它一个军用序号，制造商的序号与军方的序号之间没有关系，但常常互相混淆。如果一架军用飞机最终成为民用飞机，则由国家民用航空主管部门颁发一个民用登记号码。在美国，这个号码由美国联邦航空局发布，称为"N号"，因为都是由字母N开头。通常，美国联邦航空局使用飞机制造序号来跟踪这些飞机，例如许多C-47飞机在服役结束后最终落入平民手中，就可以通过制造商的序号来进行跟踪。

越战时期陆军直升机部分序号

AH-1G

66-15249至66-15357
67-15450至67-15869
68-15000至68-15213
68-17020至68-17113
69-16410至69-16447
70-15936至70-16105
71-20983至71-21052

CH-47A

62-02114至62-02137
63-07900至63-07923
64-13106至64-13165

65-07966至65-08025
66-00066至66-00125
66-19000至66-19097

CH-47B

66-19098至66-19143
67-18432至67-18493

CH-47C

67-18494至67-18551
68-15810至68-15869
68-15990至68-16022
69-17100至69-17126

70-15000至70-15002

0H-6A

65-12916至65-13003

66-07775至66-07942

66-14376至66-14419

66-17750至66-17833

66-17905

66-17918

67-16000至67-16126

67-16127至67-16686

68-17140至68-17369

69-15960至69-16075

UH-1A

57-06095至57-06103

58-02078至58-02093

58-03017至58-03047

59-01607至59-01716

60-03530至60-03545

UH-1B

60-03546至60-03619

61-00686至61-00803

62-01872至62-02105

62-04566至62-04605

62-12515至62-12555

63-08500至63-08738

63-12903至63-12955

64-13902至64-14100

UH-1C

64-14101至64-14191

65-09416至65-09564

65-12738至65-12744

66-00491至66-00745

66-15000至66-15245

66-15358

66-15360至66-15361

UH-1D

60-06028至60-06034

62-02106至62-02113

62-12351至62-12372

63-08739至63-08859

63-12956至63-13002

64-13492至64-13901

65-09565至65-10135

65-12773至65-12776

65-12847至65-12852

65-12857至65-12895

66-00746至66-01210

66-08574至66-08577

66-16000至66-16307

66-16308至66-16999

UH-1H

66-17000至66-17144

67-17145至67-17859

67-18558至67-18577

67-19475至67-19537

68-15214至68-15778

68-16050至68-16628

69-15000至69-15959

69-16650至69-16670

69-16692至69-16732

70-15700至70-15874

70-15913至70-15932

70-16200至70-16518

71-20000至71-20339

附录 3

越战期间美军直升机名称及标记

　　陆军直升机型号官方名称放在印第安部落名称之后，而海军和海军陆战队直升机的名称通常带有前缀"海"（Sea）。直升机除了官方名称之外，根据其任务的不同，还采用了许多俚语来识别不同的直升机类型，例如"斧头"（Chopper）、"鸟"（Bird）、"船"（Ship）、"太阳神"（Helios，主要由海军陆战队使用）等。武装直升机称为"炮艇"，运输部队的UH-1通用直升机称为"光头"，偶尔使用"校车"（School Buses）。不同于UH-1B和UH-1C武装直升机，AH-1G武装直升机称为"眼镜蛇"。"公猪""笨猪"等是指挂载不同武器系统的武装直升机，因为它们操作起来就像猪一样笨拙。一架在机鼻下方安装榴弹发射器的直升机有时也称为"青蛙"。轻型观察直升机被统称为"泥鳅"，但通常这个称呼主要是指OH-6"小马"轻型观察直升机。指挥与控制直升机被简称为"C&C"、"查理-查理"（Charlie-Charlie）或"切克-切克"（Chuck-Chuck），这种直升机的货舱内有一个控制台，有几个无线电台和一套安全通话设备。医疗后送直升机（救护直升机）被称为"除尘"，这是因为第一个医疗后送直升机部队采用了这个无线电呼号。

　　说完了直升机称呼，再来说一下直升机名称。美军历史上多次出现给军用飞机进行个人命名的情况，越南战争的独特之处在于几乎完全没有文件来证明它们的存在，但根据当时留下的照片及个人回忆等记录，到现在为止查明的越战直升机名称有3100多个。在当时的审查制度、政治背景和军事条令背景下，在越南的陆军直升机机鼻艺术和独特的名字流行开来，这也可以说是对二战时期陆军轰炸机和战斗机艺术传统的一种传承，并且有的也借鉴了二战时期的战机艺术，创作出了相当多的各具风格的艺术装饰和名称。这也可以用来平衡战争给疲惫的美国士兵造成的心理压力。

　　给军用飞机起个性化的名字并进行艺术涂装的传统可以追溯到第一次世界大战。1962—1973年间，从湄公河三角洲一直向北延伸到非军事区，从AH-1G到UH-1M在内的每种直升机，从第1航空分队到通用战术运输直升机连的陆军机组人员及飞行员中的许多人都会给自己的座机起个性化的名字，这些个性化的名字包括飞行员及机组人员的绰号和呼号，以及单位或排的名称、呼号、徽标和口号等，并且喷绘上了各种艺术形象。

　　经过航空史研究者们的收集和整理归纳，在越南战争中，军用直升机有4种基本的标记模式，分别是仅有名称、名称加艺术涂装、仅有艺术涂装，以及将名称作为艺术涂装。此外，有一些部队遵守了严格的"禁止个人标记政策"，因此这些单位的机组人员通常会为他们的飞机指定一个口头名称。在越南战争中，还有一种命名方法是根据配置飞机的序号来命名，例如"睾丸3"（Balls Three，序号66-15003）、"双一点"（Double Ace，序号66-16011）。对这些直升机名称的研究，给我们提供了研究参加越南战争的直升机机组人员心理状态的另类视角，也有助于研究美国陆军航空兵在越战中的这一段历史。

战争中使用最为广泛的"休伊"直升机，其机头处有一个可以拆卸的设备舱盖，这成为创作直升机机鼻艺术和名字的最好画布，它是直升机机身上进行涂装最为方便的地方，带有机鼻艺术和名字的这个机身部件也提供了一种独特的纪念。在战争中，部分直升机机鼻艺术是委托民间承包商、越南工匠和韩国工人来完成的，因此围绕直升机机场发展起来许多这种小作坊外。毫无疑问，除小作坊外，应用于直升机的大部分名称和艺术涂装都是由自学成才的美国大兵来完成的，他们手持画笔，竭尽全力为他们的飞机设计一个额外的身份，为这场战争留下了独特的印记。

越战直升机名称排行榜（前四十）[1]

序号	原文	译名	名称出处
1	Iron Butterfly	铁蝴蝶	摇滚乐
2	Patches	补片	航空金属板
3	Blood Sweat&Tears	血汗泪	摇滚乐
4	Peace/ Peace Maker/ Piece Maker	和平/和平使者	黑色幽默
5	VC Brith Control/ Brith Control	生育控制	黑色幽默
6	VC Window Maker/Window Maker	寡妇制造者	黑色幽默
7	Reaper /Reaper Grim	死神	死亡
8	Cheap Thrills	廉价娱乐	摇滚乐
9	Proud Mary	骄傲的玛丽	摇滚乐
10	Little Annie Fanny/Little Annie/Annie Fanny	小安妮·芬妮/小安妮/安妮·芬妮	《花花公子》杂志
11	Cherry，Cherry Boy/Buster/Girl/Picker/Popper/Super	樱桃，樱桃男孩/伙计/姑娘/皮克尔/波珀/冗员	菜鸟
12	Avenger	复仇者	喜剧小说《超级英雄》
13	Susie/Suzy Q/Susie Q/Su	苏西/苏西·Q//苏	摇滚乐
14	Easy Rider	逍遥骑士	电影
15	Good Vibrations	美好感受	摇滚乐
16	War Wagon	战车	电影
17	California Dreamer/Dreamin	加州之梦	摇滚乐
18	Flower Power	花的力量	青年文化口号
19	Linda/Linda Sue/Linda＇s lovel /Little linda	琳达/琳达·苏/琳达的爱/小琳达	女性名
20	Pusher/Pusher Man	毒贩子	摇滚乐
21	Rebel	叛逆者	毫不留情
22	Bad News	坏消息	玩火自焚

---

① 本表引自约翰·布伦南（John Brennan）所著《Vietnam War Army Helicopter Nose Art（Volume 1）》一书。

序号	原文	译名	名称出处
23	Executioner	邻子手	死亡
24	Foxy Lady	性感女郎	摇滚乐
25	Lucy/Lucy In The Sky with Diamonds/Lucy Sky Dreams	露西/露西在缀满钻石的天空中/露西天空之梦	披头士歌曲
26	Magnet Ass	磁性屁股	吸引火力的飞行员或直升机
27	Wild Thing/Wild Thang	野东西	摇滚乐
28	Donnal/Donna Sue	唐娜/唐娜·苏	女性名
29	Baby Huey	小休伊	卡通
30	Captain America	美国队长	漫画《超级英雄》
31	Crystal Ship	水晶船	摇滚乐
32	Born Free	生而自由	电影
33	Miss Carriage/The Miscarriage	流产	双关语
34	Pure Hell	纯粹地狱	超级地狱
35	Sat Cong	杀死越共	越南语"杀死越共"
36	Good Ship/Slick Lollipop	好船/光滑棒棒糖	陆军直升机电影片名
37	Have Gun Will Travel	有枪就去闯	西部电视
38	Rosemary's Baby	罗斯玛丽的婴儿	电影
39	Short/Short, Don't Shoot Me	萧特/萧特，别开枪打我	倒计时
40	Spirit In/Of The Sky	天上的灵魂	摇滚乐

直升机武器子系统型号

型号	武器及说明	配用机型情况
XM-1，XM-1E1	2挺7.62毫米M37C机枪	用于OH-13和OH-23直升机
M-2	2挺7.62毫米M60C机枪	用于OH-13和OH-23直升机
XM-3	2具48管2.75英寸火箭发射器	仅用于UH-1B/C直升机
XM-3E1，M-3	XM-3的改进型，发射管长4英寸	仅用于UH-1B/C直升机
XM-4	2.75英寸火箭发射器	用于CH-34直升机
XM-5，M-5	1具40毫米榴弹发射器，机首安装	用于UH-1B/C直升机
XM-6	4联装7.62毫米M60C机枪	用于UH-1B/C直升机
XM-6E1	4联装7.62毫米M60C机枪	用于CH-34直升机
XM-6E2	4联装7.62毫米M60C机枪	用于UH-1B/C直升机
XM-6E3，M-6	4联装7.62毫米M60C机枪	用于UH-1B/C直升机
XM-7	2挺7.62毫米M60C机枪	用于OH-6A，研制暂停，被M-27取代
XM-8	1具40毫米M129榴弹发射器	用于OH-6A
XM-9	XM-6/M-6系统的一种变型，用2具M75榴弹发射器取代4挺M60C机枪	用于UH-1B/C直升机
XM-11	SS-11导弹，6枚	用于UH-1B直升机
XM-16，M-16	4联装7.62毫米M60C机枪，2.75英寸7管火箭发射器	用于UH-1B/C/M直升机，后被M-21系统取代
XM-17	19管2.75英寸火箭发射器，2具M-159火箭吊舱安装在凯莱特挂架上	用于UH-1B/C直升机
XM-21，M-21	2挺M134机枪，2.75英寸火箭发射器，用2挺M134机枪改进M-16系统	用于UH-1B/C/M直升机
XM-22，M-22	AGM-22B反坦克导弹系统	用于UH-1B/C/M直升机
XM-23，M-23	1挺M60D机枪，直升机两侧舱门安装	用于UH-1D/H直升机
XM-24，M-24	1挺M60D机枪，直升机右侧舱门或左侧逃生舱口	用于CH-47直升机
XM-26，M-26	"陶"式导弹系统，发射器发射，光学跟踪有线制导	用于UH-1B/C/M直升机
XM-27，XM-27E1，M-27	1挺7.62毫米M134机枪	XM-27用于OH-6A，XM-27E1用于OH-6A和OH-58A直升机
XM-28，M-28	2挺7.62毫米M134机枪，或2具M129榴弹发射器，或两种武器各一	AH-1G直升机，机首炮塔安装
XM-29	1挺M60D机枪，柱销安装	用于UH-1B/C/M直升机
XM-30	2门30毫米XM140机炮	用于UH-1B直升机
XM-31	2门20毫米M24A1机炮，在直升机两侧吊舱安装	用于UH-1B/C/M直升机
XM-32	1挺XM213机枪或1挺M60D机枪，在直升机两侧货舱门和紧急舱口安装	用于ACH-47A直升机
XM-33	1挺XM213机枪或1挺M60D机枪，直升机后部跳板安装	用于ACH-47A直升机
XM-34	2门20毫米M24A1机炮，安装在直升机两侧前部	用于ACH-47A直升机
XM-35，M-35	1门20毫米M195机炮	用于AH-1G直升机
XM-41，M-41	1挺M60D机枪，直升机后部跳板安装	用于CH-47A直升机
XM-50	M-5系统和M-21系统组合，包括新瞄具，控制面板和改进的弹药储存设计	用于UH-1B/C直升机
XM-59，M-59	1挺7.62毫米M60D机枪和（或）1挺12.7毫米MXM213/M213机枪	用于UH-1D/H直升机
XM-93，XM-93E1	2挺7.62毫米M134机枪	用于UH-1D/H/N直升机，空军UH-1F/P直升机
XM-94	2具40毫米XM129/M129榴弹发射器	用于UH-1F/P/N直升机

参考书目

1. Ralph B. Young，Army Aviation in Vietnam 1961-1963，Huey Co Inc，1999.

2. Ralph B. Young，Army Aviation in Vietnam 1963-1966，Huey Co Inc，2000.

3. John J. Tolson，Airmobility 1961-1971，CreateSpace Independent Publishing Platform，1999.

4. John Brennan，Vietnam War Army Helicopter Nose Art（Volume 1），Fonthill Media，2018.

5. John Brennan，Vietnam Helicopter Nose Art（Volume II），Fonthill Media，2021.

6. John Brennan，Vietnam War Helicopter Art，Stackpole Books，2012.

7. Jim Mesko，Airmobile The Helicopter War in Vietnam，Squadron/signal publications，1984.

8. Wayne Mutza，UH-1 Huey Gunship，Squadron / signal publications，2004.

9. Wayne Mutza，AH-1 Cobra，Squadron / signal publications，2002.

10. Al Adcock，O-1 Bird Dog in Action，Squadron / signal publications，1988.

11. Wayne Mutza，C-7 Caribou in Action，Squadron/Signal Publications，1993.

12. Terry Love，OV-1 Mohawkin in Action，Squadron/Signal Publications，1989.

13. Wayne Mutza，CH-47 Chinook in Action，Squadron/Signal Publications，1989.

14. Wayne Mutza，U. S. Army Aviation in Vietnam，Squadron/Signal Publications，2009.

15. Wayne Mutza，H-13 Sioux，Squadron/Signal Publications，1996.

15. Jonathan Bernstein，US Army AH-1 Units in Vietnam，Ospery Publishing，2003.

16. Gordon L. Rottman，Vietnam Airmobile Warfare Tactics，Ospery Publishing，2012.

17. Peter Dorland and James Nanney，DUST OFF Army Aeromedical Evacuation in Vetnam，U. S. Army Center of Military Histoy，1982.

18. Wayne M. Dzwonchyk，Aviation，U.S. Army Center of Military Histoy，1986.

19. Richard P. Weinert, Jr.，A History of Army Aviation 1950-1962，Office of the Command Historian US Army Training and Doctrine Command，1991.

20. Wayne Mutza，Helicopter Gunships: Deadly Combat Weapon Systems，Specialty Press，2010.

21. FM1-40 Helicopter Gunnery，Headquarters Department of The Army，1973.

22. FM 1-110 Armed Helicopter Employment，Headquarters Department of The Army，1966.

23. FM1-5 Army Aviation Organizations And Employment，Headquarters Department of The Army，1959.

24. FM 1-15 Divisional Aviation Battalion And Group，Headquarters Department of The Army，1967.

25. 理查德·诺特，《"海狼"出击——美国海军"海狼突击队"战史》，海洋出版社，2016。

26. 国际航空杂志，《国外飞机手册》，知识出版社，1982。